한국 사회의 개인주의와 공동체주의

Individualism and Communitarianism in Korean Society

한국 사회의 개인주의와 공동체주의
Individualism and Communitarianism in Korean Society

2024년 8월 28일 초판 1쇄 발행

지은이 김동노
펴낸곳 연세대학교 출판문화원
주소 서울특별시 서대문구 연세로 50
등록 1955년 10월 13일(제9-60호)
전화 02) 2123-3378~80
팩스 02) 2123-8673
전자우편 ysup@yonsei.ac.kr
홈페이지 http://press.yonsei.ac.kr
인쇄 화신문화(주)

ISBN 978-89-6850-884-4(93300)

값 20,000원

책머리에

개인이 모여 공동체를 만들고 개인은 그 속에서 살아간다. 왜 개인은 공동체를 만들며 개인과 공동체의 관계는 어떻게 설정되는가? 개인의 행복을 위해 공동체는 어떤 의미를 지니는가? 공동체 속에서 개인의 자유와 권리를 어떻게 지킬 수 있는가? 개인은 공동체에 대한 책임을 어떻게 다할 수 있는가? 그리고 공동체는 개인을 어떻게 보호할 수 있는가? 이런 문제들은 개인이 공동체를 형성한 이후 지속해서 제기되었다. 당연히 수많은 사상가들이 이에 대한 답을 얻으려 했고 다양한 생각을 우리에게 제공해 주었다. 이들의 생각을 크게 나누면, 개인주의(혹은 자유주의)와 집단주의(혹은 공동체주의)라는 개념으로 묶을 수 있다. 개인이 우선하는가 혹은 공동체가 우선하는가에 따라 완전히 다른 생각이 제시되었고, 시간이 지날수록 철학적 깊이를 더해가며 논쟁을 이어왔다.

이 책은 이러한 문제들에 대한 오랜 고민의 결과이다. 많은 사상가가 제시한 답을 찾아보고, 이에 비추어 한국 사회를 분석하려는 것이 이 책의 의도이다. 개인주의와 공동체주의가 본격적으로 나타난 것은 근대 들어 개인성이 확립된 이후인 만큼 다양한 근대 사상가들을 검토했다. 개인을 새롭게 발견한 홉스에서 시작하여 로크, 스미스, 밀로 이어지는 영국의 사상가는 개인주의에 바탕한 자유주의 이론을 발전시켰다. 그들은 개인이 어떤 의도로 공동체를 형성하고, 그 속에서 개인의 자유를 어떻게 지킬 수 있는가를 탐색했다. 반면에 루소, 헤겔, 맑스와 같은 유럽 대륙의 사상가는 개인에 우선하는 공동체의 도덕성이 개인을 행복하게 만들 수 있음을 주장한다. 고전적 개인주의와 공동체주의의 생각은 현대에 들어 롤스와 샌델에 이르기까지 지속되어 깊이를 더해갈 뿐만 아니라 둘 사이의 모순과 결함을 극복할 수 있는 방안을 찾는 시도로 나아가고 있다.

한국 사회에서도 개인주의와 공동체주의의 생각이 맞서고 있다. 한국 사회는 전통적으로 공동체주의가 지배해 왔다. 개인이 힘을 모아 스스로 공동체를 만든 경험이 많지 않았던 한국에서는 공동체가 항상 개인에 앞서 존재했고 개인은 그 속에 자연스레 포함되었다. 개인은 자신의 행복과 이익을 위해 공동체를 만든 것이 아니라 공동체를 위해 봉사하고 희생하는 존재로 규정되어 왔다. 사회의 주변부에 있거나 취약한 위치에 있는 개인은 더욱 그러했다. 농민, 노동자, 여성, 어린이, 이주민 등이 바로 그들이다. 개인이 개인으로 존중받지 못하고 공동체를 위해 존재하는 것으로 개인과 공동체의 관계가 설정되었다. 개인은 가족을 위해, 회사를 위해, 국가를 위해, 민족을 위해 자신을 버리고 공동체를 위해 이바지하도록 요청받았다. 멸사봉공하는 개인이 곧 영웅이 되었다.

공동체주의가 지배하는 한국 사회는 개인의 희생을 바탕으로 빈곤을 넘어 경제발전을 이룰 수 있었고 경제위기를 극복할 수 있었다. 공동체주의는 정치적 독재 체제를 지속시키기는 힘이기도 했지만 이에 맞서 싸우는 저항 세력의 바탕이 되기도 했다. 19세기 후반 이후 개인주의를 주장하는 새로운 생각이 나타나기도 했지만 대부분 사회적 영향력을 가지지 못하거나 공동체주의에 포섭되었다. 개인의 자유와 권리를 주장하기도 했지만, 이는 개인성을 존중하기 때문이 아니라 공동체의 생존과 발전을 위해 필요했기 때문이다. 국가적 위기를 극복하기 위한 독립협회의 생각이 그러했고, 식민 지배에서 벗어나기 위해 개인의 개조를 주장한 민족주의자의 생각도 역시 그러했다. 때로는 개인주의의 강화가 공동체의 통합을 저해한다는 이유로 인해 개인주의를 이기주의와 동일시하는 왜곡이 일어나기도 했다. 이런 식으로 개인은 공동체에 의해 통제되었고 개인성을 발현할 기회를 상실한 채 살아왔다.

그러나 언젠가부터 이러한 공동체주의의 지배에 균열이 생기기 시작했다. 개인의 중요성이 인식되고 개인에 대한 존중이 강조되기 시작했다. 공동체에 매몰된 개인을 새롭게 정립하려는 움직임이 확산되고 있다. 최근 들어 개인화 경향은 더욱 뚜렷하다. 혼자 살기, 혼자 놀기, 혼자 밥 먹고, 술 마시기를 즐기는 개인이 점차 늘어나고 있다. 개인화가 단순히 살기 어려워진 사회적 환경에 따른 불가피한 대응 전략이 아니라 스스로가 삶의 주체가 되는 선택으로 널리 퍼지고 있다. 자신이 소속된 집단에 언제나 충성심을 가진 개인이 아니라 상황에 따라 개인의 정체성이 수시로 유연하게 바뀌는 사회가 되고 있다. 정치적 성향에서도 예전과 같이 진보 혹은 보수에 고정된 소속감과 지지를 보이는 것이 아니라, 진보와 보수의 경계선을 쉽게 넘나드는 유연성과 가변성을 가진 개인이 한국 사회에 자리 잡고 있다. 특히 젊은 세대를 중심으로 이러한 경향이 퍼지면서 가족, 직장, 사회에서 나이 든 세대와는 다른 차별성을 보이면서 갈등이 만들어지고 있다. 개인주의에 기반한 새로운 경향이 비단 젊은 세대에 국한되지 않고 한국 사회 전체로 퍼져나가고 있는 만큼 이 문제는 더욱 중요한 의미가 있다. 서로 다른 생각을 지닌 개인과 세대가 어울려 살아야 하는 사회로 바뀌고 있다.

이러한 변화의 계기는 1997년 겨울 느닷없이 한국 사회를 뒤흔들었던 경제위기로 여겨진다. 국가가 주도하는 경제개발을 통해 성장을 지속해 왔던 한국 사회에 1990년대 들어 나타난 글로벌라이제이션은 세계 금융자본의 자유로운 이동이라는 실체를 드러내면서 엄청난 충격으로 다가왔다. 이 충격은 마침내 한국 역사에서 찾기 힘든 거대한 위기로 귀결되었다. 국가의 보호 속에 성장하면서 시장 경제의 효율성을 추구한 적이 없었던 기업과 금융기관이 우선 위기를 맞았고, 뒤이어 국가 경제 전체가 무너졌다. IMF 구제 금융으로 위기를 생각보다 빠른 시간에 극복할 수 있었지만, 그 대가는 상상을 뛰어넘었다. 열심히 일하던 직장에서 해고된 노동자가 거의 300만에 이르렀고, 사회보장 제도가 전혀 없던 상황에서 온 국민이 생존의 위기에 내몰렸다. 극단적 선택이 일어나기도 했고 부모와 아이를 길거리에 버리고 보육원에 맡기기도 했다.

경제위기는 극복되었지만, 그 이후 한국 사회는 이전과는 완전히 다른 사회로 재구조화되었다. 국가의 통제를 받던 시장이 자유로운 자기 조정적 시장으로 바뀌었고, 한국 사회는 시장 경제의 원리인 신자유주의가 지배하게 되었다. 신자유주의와 함께 살아가는 개인의 일상적 삶은 불확실하고 불안정하다. 일자리가 만들어지지 않는 사회 구조 속에서도 취업의 어려움은 개인의 부족함 때문으로 여겨진다. 극단적 경쟁이 일어나는 시장 사회의 스트레스에서 비롯되는 사회적 고통은 우울증이라는 개인의 병리적 현상으로 간주되고 있다. 사회가 책임져야 할 문제가 개인의 탓으로 돌려지면서 정작 국가는 책임을 회피하고 있다. 그런 점에서 이 책은 경제위기 이후 신자유주의가 지배하는 한국 사회의 모습을 파헤쳐 보려는 목표를 지니고 있다. 자유로운 시장 경제가 가져온 개인의 부자유스러운 상황을 분석하고 해체된 공동체의 모습을 찾아보려고 한다.

공동체의 압도적 힘으로 인해 개인이 질식된 사회에서 개인성이 발현되고 개인이 존중되는 사회로 바뀌어 가는 것은 분명 반가운 일이다. 그러나 그 변화가 신자유주의의 시장 경제에 의해 주도되는 상황은 개인을 또 다른 위험으로 몰아가고 있다. 개인과 공동체의 관계를 어떻게 정립해야 개인을 보호할 수 있는가에 대한 심각한 고민이 필요한 시점이다. 이 책은 그 고민에 대한 답을 얻어가는 첫걸음이 되기를 기대한다. 개인의 자유를 보장하고 개인을 보호하는 공동체를 만들어야 한다. 개인의 권리를 지켜주는 공동체와 함께 공동체에 대한 책임을 다하는 도덕적 개인을 만들어야 한다. 개인과 공동체가 균형을 이루는 한국 사회가 되어야 할 것이다. 개인을 보호하는 공동체와 공동체를 돌보는 개인이 바로 우리 사회에 필요하다. 그런 사회가 되는데 이 책이 조금이나마 기여하기를 바란다.

성숙하지 못한 생각을 꺼내 글로 옮기는 일은 항상 어렵다. 많은 주저함 끝에 이 책을 쓰기에는 여러 사람의 도움이 있었다. 무엇보다 오랜 기간 수업과 토론을 통해 나에게 가르침을 준 학생들에게 감사한다. 지난 30년 가까운 시간을 뛰어난 학생들과 함께 시간을 보낼 수 있었던 것은 큰 행운이었다. 수업에서나 어디에서나 그들과 나누었던 얘깃거리는 나의 큰 자산이었다. 그들은 항상 내 생각의 근원이 되고 자극이 되었다. 그들의 격려와 지원이 없었다면 결코 이 책을 쓰지 못했을 것이다. 틈틈이 그들은 내 생각을 묻고 그 한계를 넘을 수 있는 새로운 씨앗을 뿌려주었다. 때로는 책을 쓰지 않음을 질책하기도 했고, 때로는 책을 쓰도록 격려하기도 했다. 그들의 도움에 진정 감사하며 그들에게 이 책을 드린다. 이 책에 조금이나마 잘된 것이 있다면 그들의 덕택이다. 그들의 도움에도 불구하고 이 책에 담긴 크고 작은 실수와 잘못은 모두 나의 몫이다. 부끄러울 따름이다. 앞으로 좀 더 나은 책을 쓰겠다는 약속으로 이해를 구하고 부끄러움을 넘어서려 한다.

이전에 쓴 몇 개의 짧은 글들이 이 책의 바탕이 되었다. 물론 이 책은 이전 글을 많이 수정하고 보완하여 새롭게 쓴 것이지만, 그 뿌리에 해당하는 글이 있기에 밝히려 한다. “개인주의, 집단주의, 자유주의, 공동체주의와 한국 사회의 변화”(사회이론, 63호, 2023 봄/여름)는 이 책의 모태가 된 글이다. 그리고 “개인주의, 공동체주의, 그리고 한국 사회의 공공성”(사회이론, 45호, 2014 봄/여름)도 이 책을 쓰는 데 부분적으로 활용되었다.

차 례

차 례

표 차 례

그 림 차 례

I 한국 사회의 개인과 공동체

1. 무엇이 문제인가?
2. 한국 사회의 개인 정체성

I 한국 사회의 개인과 공동체

1. 무엇이 문제인가?

어느 시대 어느 사회에서나 젊은이는 버릇없다고 비난받아 왔다. 나이 든 세대가 보기에 이들은 사회 규율을 어기면서 마구잡이로 행동하고 부모의 가르침조차 거부하는 사람이다. 인류 역사에서 가장 오랜 문명의 하나인 수메르(Sumer)의 동굴 속에서도, 그리고 고대 한(韓)나라의 사상가인 한비자(韓非子)의 고서에서도 젊은이들은 버릇없고 다루기 힘든 존재로 묘사되고 있다. 현재 우리 주변에도 이러한 한탄은 넘쳐나고 있다. 모두가 한때는 젊은이였지만 나이가 들면서 새로운 세대를 보는 눈은 한결같이 비판적으로 바뀐다. 결국, 인류 역사에서 모든 젊은 세대는 문제가 있다는 얘기가 된다. 진정 이들은 무슨 문제를 지니고 있는가? 이들이 문제인가 혹은 이들을 문제시하는 나이 든 세대가 문제인가?

한국 사회에서도 젊은이에 대한 비난과 비판적 태도는 오랜 기간 지속되어 왔다. 아마 한국 사회의 개인이 삼강오륜과 같은 유교적 전통에서 만들어진 수직적 인간관계에 길들여져 있기 때문일 것이다.

또한 집단주의 문화 속에서 개인은 자신을 내세우기보다는 집단을 위해 희생해야 하는 존재로 인식되어 왔기 때문에 그러할 것이다. 그런데 최근 들어 오래된 관습에 변화와 균열이 일어나고 있다. 젊은 세대의 반격이 시작되었다. 자신과 다르다는 이유로 비난하는 기성세대를 '꼰대'로 부르면서 젊은 세대의 관점에서 나이 든 세대를 비판하기 시작한 것이다. 한 관점이 절대적으로 옳은 것이 아니라 서로 상대적임을 주장하게 되었다. 젊은 세대와 나이 든 세대는 서로 다른 관점에서 자신을 정당화하고 다른 쪽을 비난하면서 맞서고 있다.

세대 간의 차이는 정치적 성향에서도 잘 드러난다. 개인의 정치적 성향을 구분하는 여러 기준 가운데 세대는 줄곧 중요한 요인의 하나로 간주되었다. 오랜 기간 한국 정치에서 세대에 따른 구분은 명확했다. 노년층의 절대적 보수 지지와 젊은 세대의 상대적 진보 성향으로 나누어져 왔다. 그런데 최근 들어 노년층의 정치적 성향은 그대로 유지되고 있으나 그 아래 세대에서는 상당히 가변성을 보여주고 있다. 가장 꾸준히 진보적 성향을 보이는 것은 40대와 일부 50대이고, 20대와 30대는 수시로 정치적 성향을 바꾸고 있다. 지난 몇 년간 실시된 여론 조사에서 이러한 경향은 지속되고 있다. 특히 20대는 '국민의힘'이나 '더불어민주당'에 대한 지지보다 어느 쪽도 지지하지 않는 비율이 가장 높다. 다른 세대와 비교해도 이들은 '지지하는 정당 없음'이 상당히 높은 편이다. 이들에게 있어서는 전통적인 진보/보수의 구분이 별 의미가 없는 것으로 보인다. 이들도 대선이나 총선에서는 결국 어떤 선택을 하겠지만, 이들의 결정은 고정된 정치적 이념이 아니라 다른 무엇인가에 의해 좌우되고 있다. 그만큼 이들의 정치적 결정은 상황에 따라 바뀌고 있다. 이 경향은 이들이 단순히 기회주의적이기보다는 예전의 진보/보수와는 다른 기준이 이들의 결정에 작용하고 있음을 보여준다.

이런 방식으로 세대 간의 차이와 충돌이 일어나는 모습은 현재 한국 사회 곳곳에서 확인된다. 그런데 이는 단순히 세대 간의 차이나 갈등으로만 이해될 수 있는 것이 아니다. 예를 들어, 젊은 세대가 기성세대를 비판하면서 사용하는 '꼰대'라는 용어도 세대 차이에만 국한되지 않는다. 흔히 젊은 세대 안에서도 구태의연한 태도로 기성세대 못지않게 전통적 인간관계에 순종적인 사람을 '젊은 꼰대'로 부르기도 한다. 나이 든 세대에서도 예전의 집단주의를 고수하지 않고 개인의 자유와 권리를 주장하는 자유주의적 철학에 공감하고 동조하는 경향이 분명 존재한다. 이들은 젊은 세대와 같이 생활하고 일하면서 일정한 정도로 젊은 세대가 가진 개인주의의 경향에 적응하면서 새로운 변화를 스스로 만들어 가고 있는 것이다. 그런 점에서 이는 세대의 문제이기보다는 한국 사회에서 오랜 기간 지속된 가치관에 대한 도전과 변화가 모색되고 있음을 보여준다.

그렇다면 표면적으로 세대 간의 차이와 갈등으로 드러난 현상들이 보다 깊은 차원에서는 한국 사회 전체의 변화를 상징적으로 표상하고 있는 것으로 이해할 수 있다. 단지 한국 사회에 나타난 새로운 흐름이 젊은 세대에서 먼저 그 모습을 드러내고 있을 따름이다. 실제로 이러한 현상들을 통해 우리는 한국 사회 전반에서 새로운 사회 구성원리가 자리 잡아가고 있음을 짐작할 수 있다.

이러한 변화의 밑에 놓여 있는 새로운 사회적 흐름은 무엇이며, 이 변화는 무엇에서 비롯되었는가? 이 변화로 인해 한국 사회는 어떻게 바뀌어 가고 있는가? 이것이 이 책의 주된 질문이다. 이 질문에 대한 접근에 있어 가장 주목되는 것은 한국 사회에 새롭게 형성된 개인주의의 경향이다. 전통적으로 집단주의 혹은 공동체주의가 강한 사회로 규정되는 한국에서 오랜 전통을 가로지르는 개인주의의 경향이 다양한 측면에서 나타나고 있다. 이러한 개인주의는 어떤 특징을 가지고 있으며, 왜 이 새로운 경향이 나타나게 된 것인가? 이런 문제에 대한 답을 찾으려는 것이 이 책의 목적이다.

물론 한국의 전통 사회에서 개인주의가 전혀 없었던 것은 아니지만 사회적 담론으로서 그리고 사회적 경향으로서 나타난 것은 비교적 최근의 일이다. 아마도 개인화와 개인주의의 형성에 가장 크게 기여한 것은 1990년대 후반의 경제위기 이후에 도입된 신자유주의의 흐름일 것이다. 1997년 겨울에 시작된 경제위기는 비교적 짧은 시간에 극복되었고 경제학의 관점에서 볼 때 위기는 끝난 것으로 여겨진다. 그러나 사회학의 관점에서는 위기가 끝난 것이 아니라 새로운 차원으로 변화했다. 한국 사회는 이 위기를 겪고 극복하는 과정에서 엄청난 변화를 경험했다. 경제위기 이후 한국 사회의 모습은 그전과는 완전히 다르게 바뀌었다. 우리 학계에는 흔히 경제위기 이후 나타난 계급 불평등에 많이 주목하는 경향이 있다. 이는 분명 한국 사회의 주된 문제 가운데 하나이며, 시간이 지날수록 심각한 사회 문제가 되고 있다. 그러나 이에 못지않게 중요한 변화는 개인이 일상생활을 살아가는 방식에서 나타난다. 경제위기를 맞으면서 전통적으로 의지했던 공동체의 보호가 허무하게 무너졌고, 개인들은 새로운 삶의 방식을 찾기 시작한 것이다. 그 모습이 바로 개인주의의 출현과 확산이다.

그런 점에서 이 책은 경제위기 이후 한국 사회의 전반적인 변화의 모습을 개인의 가치관 변화와 일상생활의 재구성이라는 관점에서 살펴보려는 의도를 지니고 있다. 보다 구체적으로는 최근 들어 한국 사회에서 어떻게 개인주의가 형성되어 가는지, 그리고 경제위기는 어떻게 개인주의의 확산을 가져왔는지, 개인주의의 확산이 전통적 공동체주의와 어떤 갈등과 대립을 초래하는지, 이를 넘어설 수 있는 실마리는 어떻게 찾을 수 있는지를 검토하려고 한다. 이러한 분석을 통해 현대 한국 사회가 변화해 가는 중요한 한 단면을 들여다보는 것이 이 책의 목적이다.

2. 한국 사회의 개인 정체성

개인이 개인다울 수 있는 가장 기본은 자신의 정체성을 갖는 것이다. '나는 누구이다'라는 규정이 곧 정체성 형성의 시작이다. 이러한 정체성은 대부분 타인과의 관계 속에서 규정된다. 물론 스스로 자신이 어떤 사람이라고 규정할 수도 있지만, 이는 사회적 정체성이 아니다. 진정한 개인의 정체성은 한 개인이 다른 개인과 다름을 인식하고 인정함으로써 형성될 수 있다. 헤겔(G. W. Hegel)이 말했듯이, 개체의 무규정성과 무구별성에서 규정성과 구별성으로 나아갈 수 있는 것은 개체의 특수성을 계기로 인해 가능하다(헤겔, 1994:59-61). 개인이 스스로 어떤 존재인지 규정하지 못하고 다른 개인과 구별도 되지 않는 상황에서 벗어나기 위해서는 각 개인의 독특함인 특수성이 필요하다는 의미이다. 이러한 특수성은 한 개인이 다른 개인과 다름을 통해 그리고 타인과는 구별되는 자신을 형성함으로써 실현될 수 있다. 한 개인이 다른 개인과 다름을 인식할 수 있는 것은 다른 개인과의 관계 맺음을 통해 그리고 궁극적으로 공동체에 속하게 됨으로써 가능해진다. 따라서 개인의 정체성은 개인과 타인, 그리고 개인과 공동체의 관계를 통해 확립되는 것이다.

개인이 공동체에 소속되면 개인은 혼자 존재하는 것이 아니라 공동체의 일원으로서 규정되는 정체성을 갖게 된다. 한 개인이 다른 개인으로부터 구별되는 이름, 성별, 가족, 계급, 시민, 국민, 민족 등의 정체성을 갖게 된다. 그러나 개인의 정체성은 고정된 것이 아니라 끊임없이 변화하는 역동성을 지니며 때로는 내적 갈등을 수반하기도 한다. 어릴 적에는 개인이 속하는 집단의 수가 제한되기 때문에 대부분 단순한 형태의 정체성을 지닌다. 자신의 이름, 가족 내 위치에 따라 아들 혹은 딸, 학교에서의 위치에 따른 정체성이 대부분이다.

그러나 나이가 들면서 점차 다양한 사회 집단에 속하게 되면서 다양한 정체성을 갖게 되고, 이러한 복합적 정체성으로 인해 서로 다른 역할들 사이의 갈등과 충돌이 일어날 수 있다. 예를 들어, 가족의 일원으로서 가족 이익을 우선할 것인지 혹은 사회의 일원으로서 공익을 추구할 것인지 사이에 갈등이 일어날 수도 있다. 때로는 개인이 공동체에 너무 강하게 통합됨으로써 스스로의 정체성은 상실하고 집단적 정체성으로만 살아가는 상황이 일어날 수도 있다. 자신이 소속된 공동체의 대의를 위해 자신의 목숨을 버리는 극단적 경우가 그러하다. 역으로 개인이 공동체에 충분히 소속되지 못하는 경우 개인은 외톨이가 되어 '원자화된 개인(atomized individual)'으로 존재하게 된다. 이렇듯 개인의 정체성은 개인과 집단의 관계 맺음에 따라 다양한 방식으로 규정될 수 있다.

한국 사회에서 전통적으로 개인의 정체성은 개인이 소속된 집단에 의해 일방적으로 결정되는 경향이 강했다. 예를 들어, 조선 시대의 개인은 '무슨 김 씨, 무슨 파, 몇 대'로 규정되었고, 그의 아내는 '무슨 박 씨'로 족보에 등재되었다. 이런 식으로 개인의 존재는 가족과 친족의 관계를 통해 의미를 부여받았다.

한국 사회에서 강한 집단주의는 상당히 오랜 기간 지속되었다. 그런 점에서 한국 사회의 특성을 규정할 때 가장 많이 사용되는 개념 가운데 하나가 집단주의 혹은 공동체주의이다. 개인의 자유와 권리를 주장하기보다는 공동체를 위한 개인의 희생이 존경받고 이상적인 것으로 받아들여져 왔다. 자칫 개인성의 중요성을 주장하면 이기주의적 인간으로 비난받기도 했다. 근대화 과정에서도 이러한 공동체주의는 더욱 강한 힘을 발휘했다. 개인은 경제발전을 위해 '민족중흥의 사명을 띤 존재'로, 국가 발전을 위한 산업 역군으로, 새마을운동을 위한 마을의 일꾼으로 자리매김되었다. 태풍이나 가뭄과 같은 자연재해의 시기나 경제위기와 같은 국가적 위기의 시기에 개인은 자신을 버리고 국가와 이웃을 위해 기여하고 봉사하도록 요청받았다. 항상 개인은 국가와 민족을 위해 동원되는 존재로 여겨져 왔다.

이렇게 완고한 집단주의에 균열이 일어나기 시작했다. 새로운 사회적 환경 속에 살게 된 젊은 세대가 가장 앞서 균열을 만들고 있지만 단지 그들에게만 국한된 현상은 아닌 듯하다. 자기를 찾고 개인성을 발현하려는 움직임이 나타나고 있다. 이는 집단 속에 파묻혀 있는 개인이 아니라 집단보다 개인을 우선시하고, 집단을 위해 개인이 있는 것이 아니라 개인을 위해 집단이 존재하는 것으로 인식하는 태도이다. 공동체에 대한 책임과 의무를 다하기 이전에 자유와 권리를 주장하는 개인들이 나타나기 시작한 것이다. 학교에서 선생에게 절대 복종하지 않고 권리와 인권을 주장하는 학생이 흔해졌고, 업무 외 회식이나 일상생활에 개입하는 상사의 명령을 거부하는 직장인이 드물지 않다. 분명 이러한 변화는 이전에 찾아보기 힘든 개인주의가 한국 사회의 한 부분으로 자리 잡아가고 있음을 보여준다. 전통적인 집단주의와 새로운 개인주의가 공존하며 뒤섞여 있는 그리고 때로는 갈등하고 충돌하는 모습을 쉽게 찾아볼 수 있다.

흔히 이러한 변화를 젊은 세대가 주도하다 보니 세대 간 갈등의 모습으로 비추어지기도 하지만 이는 단순히 세대 갈등이 아니라 한국 사회를 구성하는 원리의 변화로 이해되어야 한다. 예전의 집단주의 혹은 공동체주의와는 다른 가치관인 개인주의가 사회적 현상으로 퍼지게 된 것이다. 그렇다면 이러한 개인주의는 어떻게 한국 사회에

자리 잡게 되었는가? 이 개인주의는 어떤 특성을 지니고 있는가? 전통적 집단주의 혹은 공동체주의는 해체되고 있는가? 이러한 사회적 변화 속에서 개인과 공동체의 관계는 어떻게 정립되어야 하는가? 개인과 공동체의 조화로운 공존을 위해 어떠한 사회적 구성이 필요한가? 이러한 문제들이 새로운 사회적 환경 속에서 살아갈 우리가 해결해야 할 과제로 떠오르고 있다. 단순히 세대 간의 조화로운 공존을 넘어 한국 사회에 존재하는 다양한 개인들이 자신의 자유와 권리를 주장하면서도 공동체에 책임을 다하는, 그리고 공동체는 개인에게 의무를 부과하면서도 개인을 보호하는 그런 관계로 나아가기 위한 길을 찾는 것이 필요하다. 이를 통해 현재 한국 사회가 맞이한 다양한 문제들을 해결하고 사회를 구성하는 새로운 원리를 찾아갈 수 있을 것이다.

II

개인주의, 집단주의, 자유주의, 공동체주의 이론

1. 개인주의 대 집단주의
2. 자유주의 대 공동체주의
3. 개념의 복합성과 혼종성

II 개인주의, 집단주의, 자유주의, 공동체주의 이론[1]

한국 사회의 개인과 공동체에서 비롯된 문제들을 분석하기 위해 우선 몇 가지 이론적 논의와 개념적 정리가 필요하다. 이러한 논의에 많이 사용되는 개인주의, 집단주의, 자유주의, 공동체주의의 개념이 무엇을 의미하는지, 어떻게 이론적으로 정립되었는지, 한국 사회에서 이들이 어떻게 사용되고 있는지를 검토해 보기로 한다.

개인과 공동체의 관계를 설명하는 데 사용되는 개인주의(individualism), 집단주의(collectivism), 자유주의(liberalism), 그리고 공동체주의(communitarianism)의 용어는 다양한 상황에서 다양한 의미로 사용되고 있다. 국가에 따라 이 개념들이 서로 다른 의미로 받아들여지기도 한다. 서구에서 많이 사용되는 개인주의의 개념도 그러하다. 영국, 독일, 프랑스, 미국에서 개인주의는 서로 다른 함의를 갖고 있는데, 이 개념이 각 나라에서 사용된 역사적 배경과 함께 사회적, 문화적 맥락이 다르기 때문이다(Lukes, 1973:1). 영

1 개인주의, 집단주의, 자유주의, 공동체주의의 이론에 대한 논의는 김동노(2023:155-165)의 이전 글을 바탕으로 수정·보완하여 새롭게 작성되었다.

미권에서 개인주의는 자유주의와 결합하여 독특한 철학적 원리를 만들어 온 반면, 다른 지적 전통을 지닌 유럽의 대륙에서 사용되는 개인주의는 이와는 상당히 다르다. 특히 독일과 프랑스는 전통적으로 개인주의보다는 공동체주의가 강한 경향을 보여주기 때문에 이러한 차이가 더욱 두드러진다. 이런 식으로 각국의 지적, 문화적 전통과 함께 사회적 배경이 서로 다르게 작용하여 개념의 복합성이 만들어 지는 것은 어느 정도 불가피하다.

그러나 한국 사회에서는 이와는 다른 차원에서 의미의 복합성과 다의성이 발생하고 있다. 나라에 따라 개념의 차별성을 보이는 유럽과 달리 한국에서는 한 사회 내에서 개념들이 상황에 따라 서로 다른 의미로 사용되고 있다. 이 개념들이 서구에서 수입되어 다양한 학자에 의해 다양한 방식으로 번역되어 서로 다른 의미로 사용된 결과 개념의 다의성과 혼종성이 나타난 것이다. 서구에서 만들어진 개념이 한국에 수입되고 번역되는 과정에서 왜 이러한 혼종성이 나타났는지를 분석하는 것이 곧 한국 사회의 개인과 공동체의 관계를 규정하는 데 중요한 실마리를 제공해 줄 것이다.

흔히 서구에서 개인주의는 자유주의와 그리고 집단주의는 공동체주의와 동일시되는 경우가 많다. 그러나 한국에서는 유독 자유주의라는 용어는 많이 사용되지 않는다. 물론 정치철학으로서 자유주의에 대한 논의는 많이 되고 있지만, 개인과 공동체의 관계를 설명할 때 공동체주의의 대립 개념으로서 자유주의는 거의 사용되지 않고 있다. 이러한 맥락에서 먼저 각 개념의 원래 의미와 한국 사회에서 사용되면서 나타나는 의미의 다양성과 혼종성을 살펴보기로 한다. 개인과 공동체의 관계를 설명할 때 가장 많이 사용되는 대립축은 개인주의 대 집단주의 그리고 자유주의 대 공동체주의이기 때문에 이러한 이론적 틀 속에서 개념적 분석을 시도하려고 한다.

1. 개인주의 대 집단주의

개인주의와 집단주의를 대립축으로 하는 분석 틀은 대체로 심리학이나 비교문화 연구에서 많이 활용되고 있다. 가장 선구적인 연구는 호프스테드(Geert H. Hofstede)가 실시한 다국적 기업(IBM) 종사자의 직무 태도에 대한 비교 분석이다. 그는 50여 개국의 개인을 대상으로 한 설문 조사 자료를 분석하면서 각국의 심리적 경향을 비교하는 지표의 하나로 개인주의-집단주의를 사용하였다. 이후 이 연구는 확대 발전되면서 다양한 연구자에 의해 변형되었다. 그 대표적인 경우는 개인주의-집단주의의 대립축에 수평적-수직적 대립축을 교차시켜 2차원의 분석 틀로 발전시킨 트리안디스 등의 연구(Triandis and Gelfand, 1998)이다. 국내에서도 다양한 심리학 연구들이 이 분석 틀을 활용한 설문 조사를 통해 개인의 태도를 개인주의 혹은 집단주의로 분류했다.[2]

호프스테드(Hofstede, 1997:67, 73)의 연구에서 개인주의는 집단으로부터 자율적인 자기개념을 지니고 있고 집단의 이익보다는 개

---

2 대표적인 연구로는 나은영·차유리(2010), 조긍호(2000), 김기옥·윤원아(2000) 참조.

인의 이익을 우선시하는 태도로 규정된다. 반면에 집단주의는 집단 내외를 분명하게 구분하고 집단에 대한 충성을 보이기 때문에 개인보다는 집단의 목표를 추구한다. 개인의 정체성에 있어서도 서로 다른 태도를 갖고 있다. 개인주의는 집단과는 분리된 개인의 독립적 자아정체성이 있는 것으로, 집단주의는 개인의 정체성이 집단의 소속(감)에 의해 결정되는 것으로 이해한다. 따라서 개인주의의 지표에는 집단과는 독립된 자아개념의 발달 및 표현 정도가 포함되고, 집단주의에서는 집단에 대한 개인의 동조와 순응 정도가 측정 대상이 된다.

이를 발전시켜 개인주의와 집단주의를 수직적-수평적 대립축과 교차시켜 4분법의 분석 틀을 사용하는 경우(Triandis and Gelfland, 1998:118-119)에는 개인주의와 집단주의를 다음과 같이 구분한다. 수직적 집단주의는 개인을 집단의 일부로 인식하면서 집단 속의 위계를 인정하는 반면, 수평적 집단주의는 개인을 집단의 일부로 인식하면서도 모든 구성원을 평등하게 본다. 수직적 개인주의는 개인이 집단으로부터 자율적이지만 개인들 사이의 위계와 불평등이 있는 것으로 인정하는 반면, 수평적 개인주의는 개인이 자율적이며 동시에 개인들 사이의 관계도 평등한 것으로 인식한다. 일상생활에서 서로 다른 태도를 가진 개인들을 이러한 4분법으로 분류할 수 있는데, 이를 간략히 표시하면 다음과 같다.

표 1: 개인주의와 집단주의의 태도 차이[3]

	개인주의	집단주의
수직적	* 내가 다른 사람보다 잘하는 것은 매우 중요하다. * 경쟁은 자연의 법칙이고 다른 사람이 나보다 잘하면 긴장하게 된다.	* 자신을 희생하더라도 가족을 돌보는 것이 나의 의무이다. * 내가 속한 집단의 결정을 존중하는 것은 매우 중요하다.
수평적	* 다른 사람에게 의존하기보다는 자신에게 의존한다. * 다른 사람과 구분되는 나 자신만의 정체성은 매우 중요하다.	* 내 동료의 복지는 나에게도 중요하다. * 다른 사람과 협력할 때 기분이 좋다.

이러한 태도의 차이를 측정하기 위해 다양한 설문 문항이 개발되었다. 트리안디스 등(Triandis and Gelfland)은 위에 표에 들어있는 문항들을 포함하여 개인의 태도를 묻는 다양한 설문을 사용하여 수평적-수직적, 집단주의-개인주의를 측정했다. 이에 더하여 한국에서 많이 활용되는 싱글리스(Singelis)의 척도에는 다음 질문들이 주로 포함된다.

- 나는 여러 가지 점에서 다른 사람과 차별성이 있고 독특하기를 원한다.
- 나는 집단의 다른 사람과 의견이 다르더라도 논쟁하지 않으려 한다.
- 나는 다른 사람이 어떻게 생각하든 내 방식대로 일한다.
- 나는 집단의 이익을 위해서라면 개인 이익을 포기한다.

---

3 이 표를 포함하여 개인주의와 집단주의 연구에 활용되는 설문 문항에 관해서는 다음을 참조. https://fetzer.org/sites/default/files/images/stories/pdf/selfmeasures/CollectiveOrientation.pdf.

- 나는 개인적인 보상이나 칭찬을 받으면 기분이 좋다.
- 나는 개인적인 성취보다 다른 사람과 관계를 잘 유지하는 것이 더 중요하다.

이 설문들에 대한 답변은 주로 1-9점 척도를 사용한다. '매우 그렇지 않다'는 1점으로 그리고 '매우 그렇다'는 9점으로 수치화하고 합산한 결과에 따라 응답자를 개인주의 혹은 집단주의의 속성을 가진 것으로 판단한다.

개인의 심리적 태도에 기반하여 개인을 개인주의와 집단주의로 분류하는 이런 접근은 장단점을 지니고 있다. 가장 큰 장점은 비교연구의 가능성이다. 모든 질문이 누구에게나 적용될 수 있는 보편적 상황을 가정하고 그 상황에서 개인이 취하는 태도를 묻는 만큼 연구대상 집단들을 서로 비교할 수 있다. 따라서 다양한 집단, 연령, 젠더, 그리고 가장 거시적으로는 국가 사이의 비교연구가 이러한 설문 분석을 통해 이루어지고 있다. 심리학, 비교문화, 소비자 연구 등에서 주로 이런 접근을 활용하고 있지만, 일부 사회학 연구에서도 유사한 방식을 찾을 수 있다(장용석·조문석 등, 2012).

그러나 보편적 상황을 가정하는 질문은 흔히 응답자가 처한 상황에 따라 같은 질문이 다르게 해석될 수 있는 가능성을 배제하는 탈맥락적인(decontextualized) 한계를 지니고 있다. 개인이 처한 사회적, 역사적 상황에 따라 같은 질문의 의미가 달라지는 것은 당연한데, 이를 무시하는 탈맥락적 접근은 객관적 판단을 위협하는 요인이 된다. 예를 들어, "나는 다른 사람이 어떻게 생각하든 내가 좋아하는 방식으로 일한다"라는 질문은 전형적으로 개인주의의 지표로 사용된다. 그러나 집단주의 경향을 가진 개인도 "다른 개인이나 집단에 피해가 되지 않는다면" 이러한 태도를 취할 가능성이 충분히 있다. 실제로 다수의 질문이 이와 유사한 문제를 지니고 있다.

더구나 질문들 사이의 상호배타성이 떨어지는 경우도 흔해 이들을 개인주의와 집단주의 가운데 하나로만 분류하는 것이 적합하지 않을 수도 있다. 설문 조사에서 흔히 사용되는 문항 가운데 "공개적인 토론에서 자신의 의견을 적극적으로 표현하는 것이 좋다" 혹은 "타인의 잘못된 행동에 대해 자신의 생각을 솔직하게 표현하는 것이 좋다"와 같은 질문이 그러한 예이다. 이 질문에 대한 긍정성이 강할수록 개인주의 성향을 띤 것으로 볼 수 있지만, 그렇다고 집단주의 성향이 강한 사람이 이에 대해 반드시 부정적일 필요는 없어 보인다. 이런 식으로 같은 질문에 대한 답을 개인주의나 집단주의 가운데 하나로 귀속시키면서 다른 쪽에도 속할 수 있는 가능성을 완전히 배제하지 못하면 정확한 척도로서의 가치를 잃어버리게 된다.

또한 개인들이 어떤 심리적 태도를 지니고 있다는 것이 반드시 행동으로 표출되지 않을 수도 있다. 개인주의의 가치관을 지니고 있으면서도 집단주의적 행동을 보일 수도 있고, 때로는 두 특성이 동시에 나타날 수도 있다(김윤명, 2009:31; 박혜경·김상아, 2018:13). 예를 들어, 어떤 개인이 '자신의 생각을 주장하고 표현하는 것이 중요하다'는 개인주의적 태도를 갖고 있으면서도 실제 행동에서는 자신을 억제하는 집단주의적 행동을 할 수도 있다. 동시에 설문 조사에서는 일반적으로 옳다고 생각하는 태도와 자신의 태도 사이의 불일치가 나타날 때 흔히 전자를 답으로 선택하기도 한다. 이 경우, 태도 조사에서는 일종의 '정답 찾기'의 기준에 따라 응답하면서도 실제 자신은 이와는 달리 행동할 수 있다.

이러한 여러 요인을 고려하면 개인들의 심리적 성향에 근거하여 어떤 사회의 '사회적 특성'을 추론하는 것은 무리한 일반화를 가져올 수 있다. 흔히 개인의 분석을 통해 사회의 특성을 찾는 시도가 이루어지고 있지만, 개인과 사회 사이의 관계가 항상 일치하는 것은 아니다.

사회를 개인들의 단순한 총합으로 볼 것인지 아닌지에 대한 오래된 논쟁은 여전히 해결되지 않고 있다. 널리 알려져 있듯이, 뒤르켐(Emile Durkheim)은 사회가 개인들의 합으로 설명될 수 없는 자체의 독특한 특징을 지니고 있다고 주장했다. 반면에 베버(Max Weber)는 개인의 합과 사회를 동일시할 수 있기에 개인의 연구를 통해 사회의 특성을 찾을 수 있다고 주장했다. 그러나 베버도 사회의 특성을 파악하기 위해서는 개인의 행동을 분석해야 한다고 믿는 만큼 개인의 심리적 상태를 분석함으로써 사회를 이해할 수 있다는 것에 대해서는 회의적이다. 따라서 개인의 행동이 아닌 심리적 상태에 초점을 두는 연구 결과에 의존하여 개인 태도의 합을 곧 사회의 상태와 동일시할 수 있을지는 의문스럽다. 사회적 분석은 주로 집단적 현상으로 드러난 것을 대상으로 하는데, 이는 개인들의 심리적 상태가 아닌 행동의 패턴을 통해 파악되어야 할 것이다. 그런 점에서 분석단위로서 개인과 사회를 일치시킬 수 있는가에 대해서는 보다 조심스러운 접근이 필요하다.

2. 자유주의 대 공동체주의

개인과 공동체의 관계를 개인의 심리 상태가 아닌 사회적 현상으로 접근하는 경우에는 주로 자유주의-공동체주의의 분석 틀을 사용한다. 개인주의와 집단주의를 대비하는 심리적 분석과 달리 자유주의와 공동체주의의 분석 틀은 오랜 학문적 배경 속에서 철학적 논쟁을 거치면서 점진적으로 발전되어 왔다.

자유주의의 출발점은 전통적 공동체의 속박에서 벗어난 근대적 개인의 탄생이었다. 근대 들어 자유롭고 평등한 개인들이 공동체를 만들었다는 논리는 홉스(Thomas Hobbes)에서 시작하여, 로크(John Locke), 밀(J. S. Mill)과 칸트(Immanuel Kant)와 같은 계약론자들을 거치면서 완성되어 갔다.[4] 이들은 개인에게 타고난 자유를 부여하고 개인들 사이의 관계는 평등한 것으로 규정했다. 자유롭고 평등한 개인만이 계약의 주체가 될 수 있다는 점에서 자유와 평등은 근대적 개인을 규정하는 기본 특성이다.

개인에게 절대적 자유의 개념을 부여한 것은 홉스였다. 자신의 안전을 지키기 위해서는 무엇이든 할 수 있는 절대적 자유인 '자연권'

4 개인주의 기반의 자유주의 사상가들에 대한 보다 자세한 설명은 김동노(2011:68-75) 참조.

을 개인에게 부여한 홉스는 모든 개인이 자연권을 행사할 때 나타날 수 있는 위험을 '만인에 대한 만인의 투쟁'으로 표현했다(Hobbes, 1968:189). 그러나 이성의 힘으로 평화를 추구하는 자연법을 발견하면서 계약을 통해 모두가 동시에 자연권을 포기함으로써 투쟁 상태를 벗어나 안전을 획득할 수 있다. 개인들은 계약과 질서를 지키기 위해 정치적 공동체를 만들고 이에 절대적으로 복종하게 된다. 이런 식으로 홉스는 개인에게 절대적 권리인 자연권을 부여했지만 일단 국가가 형성되고 나면 개인은 국가에 절대적으로 복종해야 한다고 주장했다. 그런 점에서 그는 자유주의의 기반을 제공했으면서도 개인의 자유를 보장해주지는 못하는 한계를 지니고 있다.

홉스의 개인주의 사상이 영국식의 자유주의 전통으로 자리 잡게 된 것은 이후 로크와 밀을 거치면서이다. 로크는 개인의 자연권에 더하여 정치적 공동체의 부당함에 맞설 수 있는 저항권을 인정함으로써 국가가 계약의 원래 목적에 부합하지 않는 경우 계약을 무효화할 수 있는 가능성을 열었다. 이러한 개인의 자유에 관한 생각은 밀에 의해 절대적 가치로 인정받게 된다. 그는 사상과 양심의 영역 그리고 타인에게 영향을 미치지 않는 행동의 영역에 있어서는 개인이 절대적으로 자유로울 수 있음을 주장하여 정치적 억압과 함께 사회적 전제의 위험에서 벗어날 수 있도록 했다. 밀은 전제적 국가에 의한 개인의 억압 못지않게 다수의 지배에서 비롯되는 사회적 압력이 개인에게 가해지는 위험에 대해서도 경고하고 있다. 현대 자유주의 정치체제의 근간은 이와 같이 로크와 밀의 생각에 기반하고 있으며, 이는 영미식 민주주의 제도의 기초가 되어 현재 세계적으로 널리 퍼져있다.

이러한 자유주의 주장의 밑바탕에는 개인의 행복은 자신에게 일임할 때 가장 커질 수 있고 곧 사회 전체의 행복도 최대화할 수 있다는 믿음이 깔려있다. 이는 개인이 필요에 따라 공동체를 만드는 만큼 개인이 자유롭고 행복하기 위해서는 개인에 대한 공동체의 개입을 최소화해야 함을 의미한다. 결국 공동체는 개인의 이익을 추구하고 보호해 주는 한에서 의미를 가지며 그렇지 않다면 공동체의 존재 이유는 찾기 어려워진다. 이 생각은 개인이 만든 공동체가 국가이든 시민사회이든 똑같이 적용된다. 그런 점에서 자유주의에서는 기본적으로 개인에 대한 개입을 최대한 제한하는 '최소 국가'를 이상적인 것으로 생각한다.

이렇듯 개인주의와 결합된 자유주의의 기본 전제는 개인이 사적 이익을 추구하는 존재이며 이를 기반으로 공동체가 형성된다는 것이다. 개인이 정치공동체를 형성하는 이유는 개인으로서는 해결할 수 없는 개인의 안전과 사회 질서를 계약으로 획득할 수 있기 때문이다. 이런 설명은 자본주의 경제가 발전하면서 더욱 강력한 힘을 갖게 되었다. 고전 경제학자들은 개인의 사적 이익 추구가 곧 개인들 사이의 협력과 행복을 가져온다는 것을 설득력 있게 제시했다. 스미스(Smith, 1937:14)는 "우리가 저녁 식탁을 차릴 수 있는 것은 정육점이나 양조장이나 빵집 주인의 자비 때문이 아니라 그들이 스스로 이익을 추구한 결과"라고 주장했다. 개인의 사적 이익 추구가 그들 사이의 공통 이익을 가져오고 서로 간의 결속과 협동을 가능하게 한다는 것이다.

그러나 개인을 사적 이익 추구의 실체로 인식하는 자유주의 사상은 개인의 도덕성 형성을 어떻게 설명할 수 있는가라는 문제에 부딪히게 된다. 이에 대해 스미스는 『도덕감정론(*The Theory of Moral Sentiments*)』에서 개인이 가진 공감의 능력에 주목하고 시장 경제와는 다른 행동의 원리가 작동될 수 있음을 주장했다.

보다 근본적으로 이 문제를 해결한 것은 독일의 철학자 칸트였다. 그는 '너 자신과 다른 모든 사람의 인격을 언제나 동시에 목적으로 대하도록 행위하라'는 절대적 도덕의 명령을 제시하면서 도덕성을 실현할 수 있는 인간의 이성을 믿었다. 개인이 이성을 공적으로 사용할 때는 무제한의 자유가 허용되지만, 시민의 자격으로서 사적으로 사용하는 경우에는 제한될 수밖에 없다. 그는 이 원칙을 "하고자 하는 일에 관해 원하는 만큼 논쟁하라. 그러나 복종하라"(Kant, 1963:10)고 표현했다. 정신의 자유에 넘을 수 없는 한계를 스스로 설정함으로써 자유를 자율적으로 사용하도록 요청했다. 동시에 이성의 공적 사용에는 절대적 자유를 부여함으로써 '도덕적 개인'을 만들고 이를 공동체 형성의 기반으로 삼고 있다. 이런 방식으로 칸트는 자유주의와 개인주의의 결합을 새로운 차원으로 발전시킬 수 있는 기반을 마련했다. 나중에 보겠지만, 현대 자유주의의 대표적 사상가인 롤스(John Rawls)는 이 기반 위에 자신의 생각을 제시하면서 자유주의를 새롭게 정립하고 있다.

개인으로부터 출발하여 공동체의 형성을 설명하는 자유주의와 달리 공동체주의는 공동체가 개인에 우선하는 존재로 인식한다. 물론 루소(J. J. Rousseau)와 같은 계약론자들은 여전히 개인이 모여서 계약을 맺고 그 결과로 공동체가 형성된다고 주장한다. 그러나 헤겔이나 맑스(Karl Marx)는 계약의 개념을 포기하고 공동체 형성이 개인의 이익을 충족시키기 위한 것이 아니라고 주장한다. 이들에게 있어 진정한 공동체의 속성은 도덕성이다. 이 도덕성은 공동체주의가 자유주의를 비판하는 근거이기도 하다. 자유주의가 설정한 사회 속에서 개인은 어떻게 살아야 하는가를 가르쳐 줄 수 있는 도덕의 문화가 없기 때문에 선택의 자유는 가질지라도 어떤 기준에서 무엇을 선택해야 하는지를 알 수 없다는 것이다(Walzer, 1995:55). 더불어 칸트의 철학과 윤리학에 기반한 개인주의에서는 개인이 도덕성을 지니고 있다고 주장하지만, 여전히 이 도덕성은 개인적 차원에서 옳고 그름을 판단하는 만큼 개인들은 서로 다른 도덕성의 기준을 갖게 되는 한계가 있다.

이에 반해 공동체주의는 공동체가 개인을 넘어서는 도덕성을 지니고 있으며, 개인이 공동체에 완전히 통합됨으로써 공동체의 도덕성을 공유하는 것으로 주장한다. 고대 그리스 시대 이후 이러한 공동체의 도덕성을 실현하는 주체는 국가 혹은 정치사회로 여겨졌다. 국가는 공공성의 주체인 만큼 개인의 이익이 아니라 사회 전체의 보편적 이익(universal interest) 혹은 공공선(public good)을 추구하며, 이것이 곧 국가의 정의(justice)로 이해되었다. 근대에 들어 이런 생각을 공동체주의 사상으로 발전시킨 것은 루소와 헤겔이다. 루소는 공동체의 도덕성을 일반의지로 표현했고, 헤겔은 인륜의 도덕성이 절대적 이성의 형태로 나타난 것이 국가라고 주장했다.[5]

루소는 개인의 의지인 특수 의지와 달리 공동체 자체의 의지인 일반의지는 항상 보편적 이익을 추구하기 때문에 선(善)의 본질을 가졌다고 주장한다. 개별 의지의 주체인 개인은 자신의 특수 의지를 공동체의 일반의지와 합치시켜 이를 내재화함으로써 도덕적 존재가 될 수 있다. 일반의지가 능동적으로 표현된 것이 주권이며 수동적으로 표현된 것이 국가이다. 따라서 국가는 개인과는 달리 항상 보편적 이익을 추구하는 도덕적 실체이며, 개인들은 일반의지에 완전히 통합됨으로써 자유로울 수 있게 된다. 이런 방식으로 개인과 공동체의 통합이 도덕적 개인과 선한 공동체를 가져오게 되는 것이다.

공동체를 도덕성의 실체로 인식하고 개인들이 공동체에 통합됨으로써 공동체를 통해 자유롭고 행복할 수 있다는 생각은 루소에서 비롯되어 헤겔과 맑스도 공유했다. 헤겔은 개인들이 사적 이익을 추구함으로써 발생하는 소외나 불평등과 같은 시민사회의 모순을 완전히 극복할 수 있는 가능성을 국가에서 찾았다. 그 가능성이 현실태(現實態)로 바뀔 수 있는 이유는 국가에는 절대적 이성이 실현되어 있기 때문이라고 설명한다. 그런 점에서 국가는 논리적으로 개인이나 시민사회에 선행하며, 국가에 개인이 통합되어 공동체의 보편성을 획득함으로써 개인은 진정 자유로울 수 있다.

아이러니하게도 이러한 헤겔의 생각을 가장 잘 계승한 것은 헤겔

---

5 루소와 헤겔의 공동체주의 사상에 대한 보다 자세한 설명은 김동노(2011:75-80) 참조.

의 격렬한 비판자였던 맑스이다. 그가 이상적 공동체의 모습으로 제시하고 있는 공산사회에서 개인과 공동체의 관계는 헤겔이 제안한 국가와 개인의 관계와 그리 다르지 않다. 개인이 공동체에 완전히 통합됨으로써 진정 자유로울 수 있으며, 공산사회의 공동체는 자본주의 시민사회에서 살아가는 개인의 개별 이익을 넘어서는 보편성의 실체라는 점에서 그러하다.[6]

그 이후 자유주의와 공동체주의는 서로 다른 지적 전통을 형성하면서 계속 이어져 오다 두 입장이 새롭게 맞서게 된 것은 1980년대 들어서이다(Bell, 2011:101). 칸트의 전통을 이어받아 도덕성을 지닌 자유주의를 확립한 롤스가 『정의론(*A Theory of Justice*)』을 출판하자 이에 대한 공동체주의자들의 비판과 대안이 제시되었다. 로크의 생각을 극단적으로 발전시킨 노직(Robert Nozick)과 달리 롤스는 "불평등은 사회의 가장 취약한 계급의 이익을 최대화하는 수준까지 허용된다"는 차등 원칙(difference principle)을 통해 필요한 한도 내에서 재분배의 정당성을 제안했다. 흔히 노직으로 대표되는 자유지상주의(libertarianism)에서는 기회 균등과 절차의 공정성만 보장되면 그 결과에 대해서는 누구도 개입할 수 없다는 이론을 발전시켰다. 그러나 롤스는 계약의 도덕적 한계를 강조하고 기회가 균등하더라도 소득과 부를 공정하게 배분하지 못함을 주장했다. 개인의 타고난 운이나 능력, 역사적 혹은 사회적 우연성과 같은 임의적 요인들이 작동

6 이러한 공동체를 프롤레타리아가 주도해야 하는 이유는 바로 이 계급이 보편성의 주체이기 때문이라는 점(Marx 1970:141-142)은 맑스가 헤겔의 논리를 비판하면서도 상당 부분 공유하고 있음을 입증해 준다.

하는 과정을 통제할 수 없기 때문이다.

롤스의 자유주의 사상이 이전에 비해 상당한 정도로 도덕성을 강조하고 개인과 공동체의 관계를 재정립했음에도 불구하고 공동체주의자들은 이에 대한 비판을 전개했다. 현대의 공동체주의자 가운데 가장 대표적으로 자유주의를 비판하는 것은 샌델(Michael Sandel)이다.

현대의 자유주의와 공동체주의는 몇 가지 논점을 둘러싸고 대립하고 있다.[7] 이들은 개인이 공동체와 관계를 맺는 이유와 방식, 개인에 대한 공동체의 개입 등에 있어서 서로 다른 생각으로 맞서고 있다. 개인의 존재 형태에 있어 자유주의는 자유롭고 평등한 개인이 공동체로부터 독립된 자율성을 지니고 있다고 주장한다. 반면에 공동체주의는 이러한 '무연고적 자아(unencumbered self)'가 실제로 가능한가에 대해 문제를 제기한다. 오히려 개인은 처음부터 공동체 속에서 태어나고 공동체 속에서 성장하기 때문에 개인의 기본적 속성은 무연고적 자아가 아니라 사회적 자아라는 것이다.

사회가 추구하는 가치에서도 두 입장은 대립하고 있다. 자유주의에서는 자유와 평등, 기회균등, 공정성과 같이 어느 사회에서나 존중되어야 할 보편적 가치를 중심으로 공동체가 운영되어야 하고, 그 외의 어떤 특정한 공동체의 가치가 개인에게 강요되거나 주입되어서는 안 된다고 주장한다. 따라서 자유주의 사상은 다양한 가치의 중립성을 주장(Gauthier, 1992:158-159)하고 다원주의 사회를 지향한다. 이

7 현대 개인주의와 공동체주의 사이의 논쟁에 관한 보다 자세한 설명은 김동노(2014:88-93) 참조

에 반해 공동체주의는 공동체가 추구하는 특정한 가치를 설정하고 개인들이 이를 공유함으로써 바람직한 개인-공동체의 관계가 맺어질 수 있음을 주장한다. 때로는 구성원들이 공유하는 가치가 종교성을 띨 수도 있지만(Bellah et al., 1985), 시민사회에서 자발적으로 형성되거나 국가에 의해 주입될 수도 있다. 그런 점에서 공동체주의에서는 보편적 가치가 아니라 특정 집단이나 사회에 필요한 특수적 가치(particular values)를 개인들이 공유할 필요가 있고, 사익보다는 전체의 이익을 추구하는 가치가 다른 가치에 비해 우선성을 갖는다.

이렇듯 개인주의와 공동체주의가 추구하는 바람직한 사회의 모습은 상당히 대조적이다. 공동체주의에서는 사회 구성원이 특정한 가치를 공유하고, 개인은 이 가치를 통해 공동체에 통합되며 공동체의 가치 실현을 위해 책임과 의무를 다하는 그런 사회를 추구한다. 이런 사회는 좋은 사회(the good society)로 개념화된다. 그러나 자유주의에서는 개인이 출발점이 되어 개인의 자유와 평등과 같은 보편적 가치를 우선시하고, 개인이 자신을 위해 인위적으로 공동체를 만들기 때문에 공동체에 대한 개인의 권리가 우선 강조된다. 이런 사회는 흔히 올바른 사회(the right society)로 표현된다.[8] 좋은 사회를 추구하는 공동체주의는 공동체의 가치를 흔히 도덕적 선(virtue)으로 제시하며 이를 공동체가 궁극적으로 추구해야 할 목적으로 존중한다. 그러나 자유주의는 올바른 사회를 위해서는 가치의 공유가 아니라 개인의 자유와 평등을 지킬 수 있는 기회균등과 공정한 절차를 보장

8 좋은 사회와 올바른 사회에 관한 논의는 Sandel(1992:13-14) 참조.

해야 한다고 주장한다. 이것이 곧 공정성(fairness)의 핵심이며 자유주의가 주장하는 사회적 정의의 실체이다.

바람직한 사회의 모습이 근본적으로 다른 만큼 두 사상은 여러 구체적 영역에서 서로 다른 장단점을 지니고 있고 상호 비판의 대상이 된다. 공동체주의는 개인주의가 개인들 사이의 갈등을 적절히 인식하지 못하고, 개인주의 가치의 추구가 공동체를 와해시키고, 개인주의에서 강조하는 개인의 자유가 형식적 자유에 머무를 위험성이 있다고 비판한다.

개인주의에 대한 공동체주의의 가장 우선적인 문제 제기는 개인이 공동체 밖에서 원자화된 형태로 존재하는 것이 아니라 공동체 속에서 태어나 공동체를 통해 자아를 구성해 간다는 것이다(Knight, 2005:259). 그런 점에서 개인주의가 한 사회에서 추구하는 특정한 가치의 우선성을 인정하지 않고 모든 개인의 자유와 평등을 강조하는 것은 또 다른 문제를 가져온다. 개인주의에서는 모든 개인이 자유롭게 자신이 원하는 가치를 추구하다 보니 가치의 다원화를 가져오고 서로 다른 가치가 충돌할 수 있다. 그러나 개인주의는 이러한 갈등의 인식에 대해서는 상당히 무관심하다. 많은 경우 이러한 가치의 다원화와 갈등을 해결하는 방안은 다수결에 의한 결정인데, 이때에도 결정에서 배제된 소수자의 문제가 제기된다. 가치의 갈등과 소수자의 배제는 때로는 사회의 통합을 심각하게 저해하고 극단적으로는 공동체의 약화와 와해를 가져올 가능성도 있다(김수정, 2019:21).

보다 근본적으로 공동체주의는 개인주의에서 주장하는 개인의 자유와 평등이 진정한 자유와 평등을 보장하는 것인지에 대한 문제를 제기한다. 대부분 국가의 헌법에서 보장하는 자유와 평등은 개인의 참정권 보장과 같이 지극히 형식적인 자유에 불과하다. 오히려 이러한 형식적 자유와 평등에 대한 집착이 기회균등과 절차적 공정성에만 관심을 두도록 만들기 때문에 실질적으로는 개인들 사이의 불평등과 부자유를 초래할 수도 있는 것이다.

역으로 개인주의는 공동체주의가 전체주의 사회를 가져올 가능성, 공동체 내 개인들 사이의 위계성과 획일성을 조장할 위험성, 공동체 안팎을 차별하는 사회적 배타성을 조장할 수 있는 문제 등을 지적했다. 개인주의의 입장에서는 공동체주의가 가치의 다원성을 인정하지 않고 사회 구성원 모두에게 단일한 특정 가치를 받아들이도록 강요함으로써 개인의 동질화와 다원성을 부정하는 전체주의 사회로 이끌 수 있는 위험성을 경고한다(Calhoun, 1997:81). 특히 이 관점에서 중요한 것은 사회 구성원이 공유할 가치를 누가 어떻게 결정할 것인가이다. 이 가치가 국가에 의해 일방적으로 결정되고 하향식(top-down)으로 주입된다면 이 위험성은 현실이 될 것이다. 히틀러의 나치즘이나 소련의 스탈리니즘과 같은 전체주의가 그러한 예이다.

이런 정도로 극단적이지는 않더라도 단일한 가치를 통한 사회의 통합은 공동체 내 개인의 획일성을 조장할 가능성이 충분하다(국영희, 2011:184). 민족주의를 정치적 목적으로 사용하는 경우, 개인은 무엇보다 같은 민족의 일원으로 존재하기를 요청받게 된다. 이때 같은 사회적 공간을 공유하는 개인들 사이에는 민족과 비민족 사이의 위계성과 배타성이 나타날 수밖에 없다. 이러한 위계성과 배타성은 다양한 영역에서 발견된다. 사회의 주도적 가치를 따르는 주류 구성원과 그렇지 않은 비주류 구성원은 항상 이런 위계적 틀 속에서 관계 맺음을 할 것이고, 비주류의 구성원은 배타성과 차별을 경험할 가능성이 크다. 따라서 공동체주의의 확산은 한 사회 안에서 공동체에 소속된 개인과 그렇지 않은 개인 사이의 배타성을 극단적으로 심화시킬 것이다(Miller, 1990:229-251).

개인주의와 공동체주의의 차이와 대립은 어느 정도 불가피해 보인다. 서로 다른 철학적 원칙에 기반하고 있으며 개인과 공동체의 관계에서 무엇을 우선시할 것인가에 있어 근본적인 차이가 있기 때문이다. 그런 점에서 어느 한쪽 입장이 일방적으로 옳고 다른 쪽이 그른 것이 아니라 서로 다른 원리와 장단점을 지닌 것으로 인식하는 것이 적절하다. 그럼에도 불구하고 두 입장을 결합하여 새로운 길을 모색하는 시도도 일어나고 있다.[9] 이들은 개인에 대한 존중과 이에 기반한 공동체의 형성, 개인들 사이의 신뢰와 협력, 개인의 권리와 책임 사이의 균형과 조화, 개인의 자유와 공공선의 결합 가능성을 찾기 위해 다양한 시도를 하고 있다. 개인주의와 공동체주의가 갈등을 이루고 있는 한국 사회에서 어떤 결합이 가능하며 어떻게 두 입장이 조화를 이룰 수 있는가에 관해서는 결론부에서 다시 검토하기로 한다.

---

9 흔히 자유주의적 공동체주의(Liberal Communitarianism)와 공동체주의적 자유주의(Communitarian Liberalism)로 불리는 이 시도에 관해서는 Etzioni(1995)에 실린 글들 참조.

3. 개념의 복합성과 혼종성

다양한 학문적, 역사적 배경을 바탕으로 개인주의, 집단주의, 자유주의, 그리고 공동체주의의 개념과 이론이 발전되었다. 서구에서도 이 개념들이 국가에 따라 서로 다른 의미로 사용되고 있지만, 한국 사회에서 이들은 상당히 복합적인 의미를 갖고 있다. 개념의 다의성으로 인해 이들은 한국에서 서구와는 상당히 다른 뜻으로 사용되기도 한다. 서구에서 만들어진 개념이 한국에 도입되면서 '번역'의 과정을 통해 의미의 변화와 왜곡이 일어나는 것은 어느 정도 불가피하다. 그러나 이는 단순히 번역의 문제를 넘어서는 것이다. 이 개념들이 사용되는 사회적, 정치적, 문화적 배경이 다르므로 이러한 문제가 생기는 것으로 이해해야 할 것이다.

한국 사회에서는 개인주의, 집단주의, 자유주의, 공동체주의의 개념이 정확히 규정되지 않은 채 사용되기도 하고 이들 사이의 구분이 애매한 경우도 흔히 나타난다. 특히 강한 집단주의의 전통이 지배해온 한국 사회에서는 개인주의에 대한 부정적 인식이 널리 퍼져왔다. 근대적 개인의 발견과 함께 자유롭고 평등한 개인을 가정하고 개인주의를 발전시킨 서구의 정치철학과는 달리 한국 사회에서는 이러한 철학적 기반이 없는 상황에서 개인주의의 사상이 나타나기 시작했다. 따라서 전통적으로 집단주의가 강력한 힘을 갖고 사회를 통제해 왔던 상황에서 개인주의는 부정적으로 인식될 여지가 충분히 있었다.

그 결과, 한국 사회에서 개인주의는 흔히 이기주의와 동일시되면서 극복되어야 할 대상으로 받아들여졌다. 개인주의와 이기주의는 자신의 가치를 중시하는 내부 지향성을 띠고 있다는 점에서 유사하다. 그러나 이기주의는 타자에 대한 무관심과 피해를 초래하더라도 자신의 이익을 추구한다는 점에서 개인주의와는 분명 차별성이 있다(정호근, 1999:34). 개인주의는 다른 사람을 목적 그 자체로 대하는 데 비해 이기주의에서는 타인을 자신의 이익 추구를 위한 수단으로 인식한다는 점에서도 차이는 확실하다(최종덕, 2018:201). 그렇지만 한국 사회에서는 오랜 기간 개인주의가 이기주의와 동의어로 간주 되어 개인주의의 입지를 위축시켜 왔다.

개인주의에 대한 거부는 오랜 기간 독재 체제가 지속된 것과도 관련이 있다. 개인을 개인으로 남겨두지 않고 국가와 민족의 일원으로 통합시켜야 할 필요성을 느낀 독재 체제는 개인주의를 극도로 회피하고 통제했다. 개인성을 추구하는 국민으로는 국가가 필요로 하는 가치관의 주입과 통합이 불가능하기에 그러했다. 앞으로 다시 보겠지만, 특히 박정희 정권의 개발 독재 시대에는 개인을 '민족중흥의 역사적 사명을 띤 산업 역군'으로 만들어야 했기 때문에 개인성에 대한 강조는 자칫 정권에 대한 위협으로 여겨졌다. 민족주의나 국가주의와 같은 집단주의의 이데올로기를 통해 사회통합을 강화해 온 역사적, 문화적 배경으로 인해 한국 사회에서 개인주의는 제대로 자리 잡기 힘든 상황이었다(김수정, 2019:10). 현재에도 한국 사회에서 개인주의는 사회통합에 방해가 된다는 믿음이 널리 퍼져있다(장용석·조문석 등, 2012:312).

한국 사회에서 개인주의가 수용되는 독특한 과정으로 인해 개인주의는 서구적 개인주의와는 상당히 다른 의미로 받아들여지고 있다. 서구에서는 개인주의가 정치철학으로서 자유주의와 결합 되면서 단순히 개인의 이익을 추구하는 이념이 아니라 개인의 자유와 평등, 권리와 같은 자유주의의 기반 위에 자리 잡고 있다. 더 나아가 칸트 윤리학의 영향으로 인해 자율성이 개인 특성의 중요한 요소가 되면서 자유로우면서도 스스로를 통제할 수 있는 도덕성의 요소도 첨가되었다. 이에 반해 한국의 개인주의는 이러한 철학적 기반을 결여하고 있기에 서구에서 널리 퍼진 자유주의적 개인주의와는 다른 것으로 이해될 수 있다(정호근, 1999:37). 한국에서 개인주의를 논의할 때는 서구의 자유주의적 개인주의에서 주요한 덕목으로 지목되는 개인의 자유, 평등, 자율성, 관용성과 같은 요소들을 찾아보기 힘들다.

한국에는 서구의 개인주의가 추구하는 자율적 개인으로서 시민의 개념이 형성되지 않았다. 교육과정에서도 자유주의 철학에 기반한 개인주의의 요소들, 즉 개인의 가치, 자유, 자율, 존엄성, 독립심, 타인에 대한 존중과 신뢰, 프라이버시 등에 대한 교육은 적절히 이루어지지 않고 있다(최종덕, 2018). 개인의 자율성이나 자유는 쉽게 무시되고 타인에 대한 관용성도 높지 않은 개인주의가 뿌리를 내리고 있는 것이다. 관용이란 나와 다른 사람의 차이를 인정하고 서로 존중함으로써 생길 텐데, 상대에 대한 신뢰가 낮은 사회적 환경으로 인해 타인에 대한 관용성은 찾기 어렵다(정호근, 1999:42). 타인에 대한 배려와 신뢰, 그리고 관용성은 자신이 속한 집단 내로 한정되고 집단

밖의 개인에 대해서는 높은 배타성을 보인다. 서구에서는 개인과 공동체의 관계를 설명할 때 자유주의와 공동체주의를 주요 대립축으로 설정하는 데 반해, 한국에서는 공동체주의에 대립되는 개념으로서 자유주의는 거의 사용되지 않는 것도 이러한 이유 때문으로 보인다.

집단주의와 공동체주의의 개념에서도 비슷한 현상이 나타난다. 서구에서 집단주의는 대체로 개인의 이익에 앞서 집단의 이익을 우선시하고 개인의 집단 소속감이 정체성을 결정하는 데 중요한 요인인 것으로 규정된다. 반면에 공동체주의는 집단주의의 의미를 넘어서는 상당히 복잡한 철학적 배경을 지니고 있다. 공동체는 기본적으로 도덕적 실체이며 개인은 공동체에 통합됨으로써 도덕성을 확보하게 된다. 동시에 개인은 공동체를 통해 자유와 평등을 실현할 수 있는 것이다. 특히 자유주의와 대립되는 정치철학으로서 공동체주의가 자리 잡게 되면서, 공동체주의에서 주장하는 평등은 분배 결과의 평등이며, 이를 위해서는 공동체가 적극적으로 개입해야 함을 주장한다. 단순히 기회균등과 절차적 공정성을 보장하는 차원이 아니라 국가와 같은 공동체가 개인과 계급 사이의 재분배에 개입하여 분배의 결과에서 최대한 평등을 보장하는 것이 사회 운영의 목표가 된다.

그러나 한국 사회에서 공동체주의는 이러한 철학적 기반이 빈약할 뿐만 아니라 자유주의와 대립하는 모습을 찾기도 힘들다. 서구의 공동체주의가 개인과 공동체의 통합을 강조하는 이유는 그렇게 함으로써 개인을 보호하고 공동체의 도덕성을 개인도 공유함으로써 도덕적 책임을 실천하기 때문이다. 그러나 한국 사회의 공동체주의가 공동의 선을 지닌 도덕적 개인을 지향하고 있는가에 대해서는 회의적이다. 공동체가 추구하는 가치가 개인들에 의해 자발적으로 그리고 동의의 과정을 거쳐 형성된 것이 아니라 국가나 지배 집단에 의해 일방적으로 결정되고 하향식으로 강요되었다. 따라서 공동체에 의한 개인의 통합은 불완전하고 비도적적인 경우가 많았다(김동노, 2014:98-99). 특히 독재 체제의 지속 과정에서 개인을 국가나 민족이라는 공동체에 강제로 통합시키려는 의도가 있었기에 개인은 공동체에 통합되면서도 저항하는 모순적 현상이 나타났다. 공동체의 가치가 개인들에게 자발적으로 공유되지 못하니 공감과 윤리 의식도 발달하지 못하는 왜곡된 모습이 흔히 발견된다(박선영, 2016:47). 그 결과, 한국 사회에서 공동체주의는 서구와 같이 공공선을 추구하는 공동체주의로 나아가지 못하고 개인(성)을 극도로 억압하는 전체주의와 결합하여 한국식 집단주의의 형태를 취하게 되었다.

이러한 이유로 인해 한국의 공동체주의는 공동체 전체의 이익 혹은 공공선(公共善)을 추구하기보다는 집단 이익을 추구하는 집단주의와 동일시되고 있다. 개인도 공동체에 대한 책임 의식을 갖기보다는 공동체를 통해 자신의 이익을 추구하려는 경향을 강하게 드러낸다. 사적 이익을 추구하는 개인주의적 개인이 단순히 공동체를 통해 자신의 이익을 보다 쉽게 획득하는 현상이 나타나고 있는 것이다. 전통 사회에서도 국가 운영에 있어 공정성과 투명성이 떨어지다 보니 지배 계급이 임의로 공동체를 사적 이익 추구를 위한 수단으로 활용하면서 이러한 문제가 나타난 것으로 보인다. 개인을 집단으로 묶는 힘은 강하면서도 공동체의 공적 성격이 약해 공공성은 적절히 발전되지 못한 문제를 보여주었다(Song, 2000:88-89).

공공성을 상실한 집단주의가 가장 대표적으로 표현된 모습이 집단 이기주의이다. 가족 이기주의는 이른바 집단 이기주의의 대표적 모습이다. 지역공동체도 이와 크게 다르지 않다. 대부분의 지역 주민이 공동체 활동을 하는 이유는 공공선의 추구가 아니라 자신의 경제적 이익이 증진되기 때문이라는 연구 결과는 이러한 주장을 뒷받침한다(임승빈, 2019:34). 이런 맥락에서 한국의 공동체주의는 집단적 이익을 추구하는 연고주의와 같이 일그러진 형태로 발전되어 자기 모순을 드러낸다는 주장도 제기된다(윤평중, 1999:205).

물론 한국 사회에서도 공동체의 이익을 우선시하는 활동이 전혀 없는 것은 아니다. 1997년의 경제위기에서 보여준 금모으기 운동의 감동적인 모습이나, 2007년 태안 기름유출 사고에서 나타난 공동체적 헌신, 그리고 가뭄과 태풍에 따른 자연재해를 극복하기 위해 참여하는 이타적 기부 등은 분명히 우리 주변에서 찾을 수 있는 공동체주의의 행태이다. 그럼에도 불구하고 이런 모습은 상당히 중요한 위기의 국면에 나타났다가 위기가 극복되면 찾아보기 어렵다는 한계가 있다. 일상생활에서 한국 사회가 보여주는 행동 양식은 공동체주의보다는 집단 이기주의에 가깝다. 그런 점에서 비교문화 연구에서 한국은 집단주의로 범주화되면서도 공동체의 결속은 오히려 약하고, 필요할 때 개인들이 도움을 청할 수 있는 사회적 네트워크는 매우 취약하다는 모순도 나타난다(박선영, 2016:50; 『경향신문』,

2016.06.05).

그렇다면 한국 사회에서 개인주의와 공동체주의는 모두 개인 혹은 집단의 이익을 추구한다는 공통점을 보이기 때문에 개념적으로 정확히 구분하는 것이 쉽지 않다. 자유주의와 공동체주의의 철학적 기반이 취약하다 보니 두 개념 사이의 경계선이 명확하게 그어지지 않고 두 영역이 중첩되고 뒤섞이는 현상이 나타나는 것이다. 개인주의의 입장에서도 타인에 대한 관용성이 크지 않고, 공동체도 집단 이기주의를 추구하다 보니 타 집단에 대한 배타성이 강하게 나타난다.

한국 사회에서 개인주의와 공동체주의의 차이는 철학적 원리의 차이가 아니라 이익을 추구하는 경계선을 '나' 혹은 '우리' 가운데 어느 쪽으로 설정하는가에 의해 결정된다(정호근, 1999:38). 이런 공동체주의는 사실 서구적 공동체주의와는 상당히 다르며 앞에서 살펴본 집단주의에 가깝다. 결국 한국 사회에서는 서로 다른 원리에 근거하고 있어야 할 개인주의와 공동체주의가 실제로는 상당히 중첩되는 특성을 보이면서 서로 유사성과 친화성을 갖는 것으로 귀결되고 있다.

한국 사회에서 나타나는 개인주의와 공동체주의의 중첩과 혼종성으로 인해 한국인들은 두 특성을 동시에 지니고 있으면서 편의에 따라 개인주의 또는 공동체주의의 특성을 드러내기도 한다. 말로는 '우리'라는 공동체의 언어를 흔히 사용하면서도 막상 행동할 때는 개인중심이 되기도 한다(Alford, 1999:55). '우리 가족', '우리 회사', '우리 아내'와 같은 공동체적 언어가 넘쳐나면서도 공동체 속에서 개인은 사적 이익을 추구하는 경향을 보여주는 것이다. 물론 그 반대의 경향도 나타난다. 개인의 영광과 잘못을 공동체의 것과 동일시 한다. 올림픽에서 메달을 딴 선수의 영광은 개인의 것이 아니라 국가와 '우리' 모두의 영광으로 여겨진다. 반대로 한 한국계 학생이 미국 학교에서 총기 난사를 하자 모든 재미 교포와 한국 국민이 집단 반성문을 쓰는 듯한 분위기가 만들어 지기도 한다.

전통적으로 집단주의가 지배하던 사회에서 개인주의가 발생하면서 둘 사이의 중첩된 모습은 더욱 심해질 수밖에 없을 것이다. 그러나 한국 사회의 특성을 제대로 규명하려면 집단주의와 개인주의 사이의 전환이 언제 그리고 어떤 방식으로 일어나고 있는지에 대한 검토가 필요하다. 이러한 전환에 대한 적절한 이해를 위해서는 한국 사회가 변화해 온 모습에 대한 역사적 접근이 필요하다. 전통적으로 공동체 우선으로 살아왔던 사회에서 개인주의가 어떻게 발생하고 자리 잡아 가는지를 알기 위해서는 그 과정에 대한 역사적 궤적을 추적하는 것이 불가피하기 때문이다. 동시에 이는 사회적 현상에 대한 분석인 만큼 사회학적 접근을 요구한다. 개인주의적 현상이 언제 어떻게 나타나고 있는지, 그리고 이러한 변화가 전통적인 집단주의 혹은 공동체주의에 어떻게 균열을 가져오는지, 둘 사이의 갈등이 어떤 사회 문제를 일으키는지, 그리고 이에 대한 해결책은 무엇인지를 사회학적으로 분석하는 것이 바람직하다.

이러한 이론적 논의에 바탕하여 이 책에서 사용할 개인주의, 집단주의, 자유주의 그리고 공동체주의에 대한 개념정리가 필요하다. 일반적으로 개인주의와 집단주의는 개인의 정체성을 결정하는데 개인이나 집단 가운데 어느 것을 우선하는지, 그리고 개인과 집단의 이익 가운데 어느 것을 추구하는가에 의해 결정되는 경향이 있다. 동시에 이는 주로 개인의 심리적 상태나 태도를 측정한 결과에 의해 범주화된다. 반면에 자유주의와 공동체주의는 개인과 집단의 관계를 철학적 가치에 따라 특정화할 때 사용된다. 자유주의는 개인의 이익 추구라는 개인주의의 기본 성향에 더하여 개인의 자유, 자율, 평등, 권리와 같은 가치가 더해지면서 형성된다. 공동체주의는 '개인에 대한 집단의 우선'이라는 집단주의에 공동체의 도덕성, 개인의 책임과 의무, 공동체에 의한 개인의 보호와 같은 규범적 요소가 결합하면서 나타난다.

물론 현대 정치철학에서 자유주의와 공동체주의가 대립하기 이전에는 개인주의가 자유주의를 포함하는 넓은 의미로 사용된 경우가 흔하다. 대표적인 '사회'주의자인 뒤르켐도 개인 자유의 도덕적 기반, 개인의 정치적 의무에 대한 제한의 필요성과 같은 자유주의 요소들을 강조하면서 자유주의 대신 개인주의의 개념을 사용하였다(Lukes, 1969:14). 그런 점에서 개인주의와 집단주의가 자유주의와 공동체주의에 비해 포괄적이다. 실제로 한국에서도 자유주의와 공동체주의의 미발달로 인해 개인주의와 집단주의라는 개념이 보다 널리 사용되고 있다.

그러나 앞에서 설명했듯이, 한국 사회에서 공동체주의에 대립되는 개념으로서 자유주의는 거의 사용되지 않고, 집단주의는 집단 이기주의와 같이 부정적 함의를 지닌 용어로 간주 되는 경우가 많다. 따라서 이 글에서는 이러한 이론적, 역사적 맥락과 함께 현재 한국 사회과학의 개념사용 경향성을 고려하여 개인주의와 공동체주의의 개념을 주된 대립축으로 사용하기로 한다. 다만 개인주의가 자유주의와 결합 되는 경우에는 자유주의적 개인주의라는 용어를 사용하고, 공동체주의와 구분되는 집단주의의 개념을 사용할 필요가 있을 경우에는 집단주의의 용어를 사용하기로 한다. 특히 개인들의 집단적 심리 상태를 논의할 경우, 개인에 대한 집단의 통합이 지나치게 강해 개인성을 완전히 억압하는 경우, 공동체가 도덕성을 결여한 채 집단의 이익 추구에 매몰된 경우 등에는 공동체주의의 개념 대신에 집단주의를 사용하기로 한다.

III

현대 이전 한국 사회의 개인주의와 공동체주의

1. 전통 시대의 공동체주의와 개인주의의 발생
2. 식민지 시대의 개인주의와 공동체주의

III 현대 이전 한국 사회의 개인주의와 공동체주의

한국 사회는 전통적으로 강력한 공동체주의가 지배했고, 현대에 들어서도 독재 체제로 인해 그 경향은 더욱 강화되어 왔다. 개인들의 태도를 분석하는 대부분의 설문 조사에서도 여전히 한국 사회에서는 공동체주의 혹은 집단주의의 성향을 가진 개인이 많은 것으로 나타난다. 남한뿐만 아니라 해외에 체류 중인 북한 주민을 대상으로 한 조사도 거의 같은 경향을 보여주고 있다. 다만 북한 주민이 상대적으로 수직적 집단주의의 경향을 강하게 보인 반면, 남한 주민은 수평적 집단주의의 경향을 조금 더 높게 보여주는 정도의 차이가 있을 따름이다(양문수·이우영, 2016:46). 어떻게 한국 사회에서 공동체주의가 이렇게 공고화되었는지, 그리고 그렇게 될 수 있었던 이유는 무엇인지에 대해 분석해 보기로 한다.

1. 전통 시대의 공동체주의와 개인주의의 발생

한국 전통 사회에서 개인의 정체성은 철저히 개인이 속한 집단에 의해 규정되었다. 개인이 태어나면서 속하게 되는 가족, 씨족, 향촌 사회, 그리고 그 확장으로서 국가가 개인의 정체성을 결정했고, 개인은 개인으로 존재하기보다는 이러한 공동체의 일원으로서 존재의 가치를 인정받았다. 개인이 속한 다양한 공동체는 서로 분리된 것이 아니라 하나가 다른 하나의 연장이라는 의미를 가졌다. 가족의 확장으로서 씨족, 씨족의 확장으로서 향촌 사회, 그리고 향촌 사회의 확장으로서 국가가 있었다. 국가도 이러한 개념의 연속성에서 볼 때 가부장적 권력을 가진 정치집단으로 인식되었다. 개인은 다양한 공동체에 속하면서도 실제로는 다원적인 정체성을 갖는 것이 아니라 하나의 중첩된 정체성을 갖게 되었다. 이는 현대 사회에서 개인이 가족, 학교, 직장, 지역공동체, 국가에 속하면서 서로 분리된 공간적 영역과 분리된 정체성을 갖는 것과는 분명하게 대비된다.

전통 사회의 개인은 소속된 공동체의 수도 그리 많지 않을 뿐만 아니라 그 공동체들도 서로 중첩되기 때문에 하나의 공동체에 속하는 개인들이 다른 공동체에도 같이 소속되는 경향성을 보인다. 이에 반해 현대 사회에서 개인은 가족뿐만 아니라 학교, 회사, 친구 집단, 동호회 등과 같이 다수의 다양한 집단에 속하게 되고, 이들 공동체는 서로 다른 원리에 의해 구성되는 만큼 그 구성원도 서로 다르다. 그런 점에서 전통 사회의 개인과 공동체의 관계가 동심원적 구조를 만들고 있다면, 현대 사회에서는 방사형의 구조를 가진 것으로 이해될 수 있다. 전통 사회의 개인은 동심원적 구조 속에 있는 여러 공동체에 의해 겹겹이 통제를 받게 됨으로써 극도로 제한된 자유만을 갖게 되고 개인성도 발현할 수 없게 된다. 반면에 현대 사회의 개인은 서로 분화되고 단절된 여러 공동체에 동시에 속하면서 공동체에 의해 전인격적인 지배를 받지 않기 때문에 보다 자유로울 수 있고 공동체로부터 분리된 개인성을 발전시킬 수 있게 되는 것이다(Simmel, 1971:261, 269-270). 이렇게 대비되는 개인과 공동체의 관계 그리고 그에 따른 정체성 형성을 상징적으로 표현하면 다음의 그림과 같다.

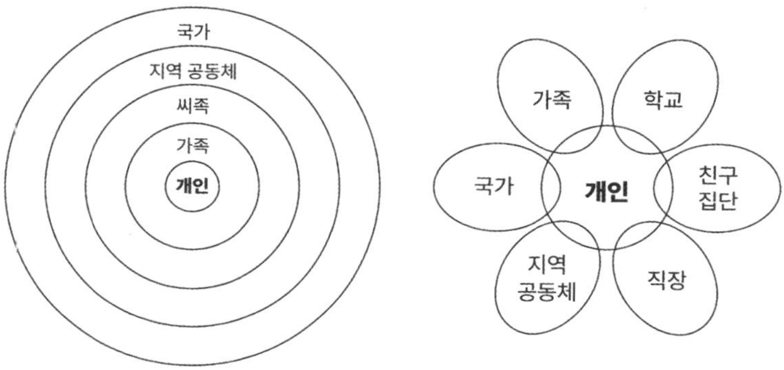

그림 1: 전통 사회와 현대 사회의 개인 정체성

다양한 공동체가 겹치는 전통 사회의 동심원 구조 속에서 개인에게 가장 직접적인 통제의 힘으로 작용한 것은 가족이다. 국가는 개인으로부터 너무 멀리 떨어져 있어 실제로 개인에게 힘을 미치지 못하는 경우가 많았고, 오히려 확대가족과 가족의 연장으로서 향촌 사회가 개인을 통제했던 것이다. 가족이 개인의 정체성을 규정하고 개인은 가족의 이익을 우선시하는 가족 중심의 사회 구조는 조선 시대뿐만 아니라 가족을 생산 단위로 삼는 많은 사회에서 발견된다. 그러나 조선 시대의 가족은 단순히 생산의 공동체라는 의미를 넘어 개인의 모든 행동을 규제하는 규범적 실체라는 점에서 보다 중요한 의미를 갖는다. 조선 사회에서 가장 중심되는 인간관계는 종법 질서로 표현되는 부자 관계와 가족관계였으며, 다른 모든 관계는 이에 종속되거나 그 확장으로 이해되었다. 심지어 가족은 국가에도 우선하여 유교적 가르침에 있어 가장 기본적인 인간의 규범은 부모에 대한 자식의 태도인 '효(孝)'였다.

효를 기반으로 가족이 운영되고 이를 사회적 차원으로 확장한 것이 가족주의이다. 흔히 가족주의는 "개인들의 행위와 태도를 결정하는 데 있어서 가족 집단의 유지와 기능이 최우선의 준거가 되는 가치체계"(Kulp, 1966:188)로 규정된다. 조선 시대의 가장 중심되는 사회 운영 원리가 바로 이 가족주의이다. 개인이 가족의 명예와 이익을 위해 행동할 수밖에 없는 사회 구조를 지니고 있었기 때문이다. 개인이 태어나면서 부여받는 지위도 가족에 의해 결정되고 이는 개인이 쉽게 고칠 수 없었다. 중인과 천민의 신분은 법적으로 규정되어 있어 자식에게도 물려주었다. 마찬가지로 양반의 자손은 3대 안에 과거 급제자가 나와야 그 지위가 유지되었지만 실제로는 이와 상관없이 한번 양반이 되면 계속 양반으로 남았고 평민의 자손도 역시 그러했다. 이런 사회 구조 속에서 개인이 자신의 정체성을 새롭게 만들 가능성은 거의 없었기에 개인의 가족 소속감은 클 수밖에 없었다. 따라서 개인의 정체성은 자신이 속한 가족의 뿌리인 본관(本貫)에 의해 결정되었다.

조선 시대의 가족주의는 농업사회가 가진 특성으로 인해 더욱 강화되었다. 농업경제는 일정한 시기에 대규모의 노동력을 결집해야만 유지가 될 수 있는데, 모내기나 추수 혹은 개간이나 수리 사업과 같은 경우에 특히 그러하다. 이때 가장 쉽게 노동력을 동원할 수 있는 것은 가족의 네트워크였고 따라서 확대가족 지향성이 강하게 유지될 수밖에 없었다.

물론 가족을 넘어서는 협동 조직으로 두레나 계와 같은 노동력 결집체가 있었지만 이들도 대부분 향촌 사회를 기반으로 작동되었다. 조선 시대에 널리 퍼진 마을 구조가 동족 부락이라는 점에서 향촌 사회의 지역공동체는 곧 확대가족이 확대된 형태로 이해될 수 있다. 같은 조상에서 비롯된 혈연의 공유, 재산의 공유, 그리고 동족 집단의 형성과 같은 유교적 전통과 더불어 농업경제에서 생존을 위해 개인들의 협동을 가장 쉽게 조직할 수 있는 원리로서 가족주의가 발전되었다(Kim, 1990). 이런 식으로 가족 이익과 공동체의 이익이 일치되면서 가족 이익을 위한 개인의 행위는 공동체의 이익을 침해하지 않고 오히려 증대시키는 결과를 가져올 수 있었다.

가족을 통한 신분의 세습이나 농업경제의 구조적 조건, 그리고 가족을 기본으로 삼는 유교적 규범의 영향으로 인해 조선 시대의 가족주의는 단단히 뿌리를 내렸다. 이는 개인에 대한 억압으로 보일 수도 있지만 다른 한편으로 개인의 이익과 가족, 그리고 공동체의 이익을 일치시키는 측면이 있었기에 오랜 기간 유지될 수 있었다. 그럼에도 불구하고 이러한 사회적 환경에서는 개인의 주체성 확립이나 개인성의 발현과 같은 근대적 개인의 모습이 나타날 수 없었던 한계는 분명하다. 공동체 중심의 사회에서 개인성을 발현한다는 것은 위계적 사회 질서를 유지했던 조선 시대에 큰 위협이 되었기 때문에 이를 받아들이기 쉽지 않았을 것이다. 이러한 위계질서를 깨려는 모습은 홍길동과 같이 소설 속의 인물을 통해서나 겨우 재현될 수 있었다.

조선 시대에 개인(성)에 대한 강조가 나타나기 시작한 것은 개화기에 들어서부터이다. 특이하게도 이 시기에 개인의 중요성이 처음 주장되면서 곧바로 서구적 자유주의의 요소를 강조하는 경향이 있었다. 19세기 후반 개화파에 의해 개인의 자유, 평등, 인권과 같은 개념이 사용되기 시작하면서 한국 역사에 처음으로 개인주의의 모습이 나타나는데, 이는 자유주의적 개인주의의 특성을 지니고 있었다. 일본의 후쿠자와 유키치의 영향을 받은 개화파는 그의 생각을 번안해서 전파했다. 박영효, 유길준, 서재필, 윤치호와 같은 개화파와 독립협회 인물들은 개인의 인권이 타고난 권리인 만큼 보장되어야 한다고 주장했다. 김옥균과 이동인을 중심으로 하는 초기 개화파의 결집 자체가 '인민의 권리를 세워 보자는 생각에서 비롯되었다'는 서재필의 주장은 어느 정도 과장된 듯하다(김도태, 1972:85). 하지만 개인의 존엄성과 인간 평등에 기반한 근대적 개인성의 확립이 이들의 중요한 사상적 지표가 된 것은 분명하다(김동노, 1998:52-53).

개인성에 대한 이들의 강조가 서구의 계몽주의에서 제시된 주권재민설과 인간 평등의 사상에 가깝게 접근하는 측면도 있었다. 유길준은 "무릇 사람이 세상에 태어난 사람됨의 권리는 현명하고 우둔

함이나, 귀하고 천하거나, 부하고 가난하거나, 강하고 약한 것의 구별이 없는 것이니, 이것이야말로 인간 사회의 가장 공평하고 정대한 원리이다"라고 주장한다(유길준, 1976: 124). 따라서 "사람이 세상에 태어난 뒤에 갖게 되는 지위는 사람이 만든 구별일 뿐이고, 본래 갖고 있는 권리는 하늘로부터 받은 공도(公道)인 것이다"(유길준, 1976:123). 인간의 이러한 타고난 권리를 지켜주는 것은 법률이며, 법률을 제정하는 근본 요지는 "국민들로 하여금 각기 그 일신을 잘 지키게 하여 처세하는 자유를 이룩하게 함으로써, 천하에 보편적이고도 공통적인 큰 이익을 누릴 수 있도록 하는 데 있다"(유길준, 1976:123). 따라서 유길준을 포함한 개화파가 법률에 의한 통치를 강조한 것은 한편으로는 근대적 관료제의 확립을 통한 중앙집권화를 추구하는 의미도 있지만, 다른 한편으로는 개인의 권리를 확보하려는 시도로 해석될 수 있다.

이후 자강기(自强期)에도 개인의 자유와 인권의 중요성을 주장하는 다양한 생각들이 『대한자강회월보(大韓自强會月報)』, 『대한협회회보(大韓協會會報)』, 『기호흥학회월보(畿湖興學會月報)』 등을 통해 계속 발표되었다(강명희, 2014:234-236). 남궁식(南宮湜)은 『대한자강회월보』에 실린 "자유론"에서 "자유는 부(富)와 힘(强)과 귀(貴)함과 권력(權)으로부터 나오는 것이 아니라 하늘에서 받은 천부의 것"임을 설파했다(남궁식, 1907:9). 윤상현(尹商鉉)도 『대한협회회보』에 실린 "자유성(自由聲)"에서 "자유는 천부의 관직이며 인생의 양식이라 .... 문명국민은 피로써 자유를 쟁취"한다고 표현하면서 개인 자유의 중요성을 강조했다(윤상현, 1909:3).

그러나 유의해야 할 것은 이 시기 개인의 자유와 인권이 강조된 이면에는 자유주의의 요소들이 국가를 강하게 만들고 독립을 지키는데 유용하기 때문이라는 생각이 깔려있다. 개인의 자유와 국가주의가 모순 없이 결합 되어 개인의 권리를 주장하면서도 우선 국가에 대한 의무를 다해야 한다는 것이 강조되었다.

1890년대의 『독립신문』이나 1900년대의 잡지에는 개인의 인권과 함께 국권(國權)의 중요성을 강조하는 글들이 넘쳐나고 있다. 이들이 적극적으로 개인의 자유와 평등을 통해 개인성의 확립을 주장했지만, 이것은 보다 중요한 대의인 국가의 권리에 종속되었다(김동노, 1998:53-54). 주권재민과 천부인권을 주장했던 유길준도 “국가를 천만년 경영하더라도 불변할 것이란 국민이 임금을 위해 충성을 다하고 정부의 명령에 복종하는 것이며”, “국가를 보전하는 일은 인간의 최대의 직분이다”라고 역설한다(유길준, 1976:156). 이는 개화파가 전통적인 생각과는 달리 개인성을 강조하지만 군주의 절대성을 부정하는 서구의 자유주의적 시민 사상과는 여전히 차이가 있음을 보여준다.

개인의 개인성을 주장하면서도 이를 다시 국가라는 공동체에 결속시키는 주장은 이후 자강기에 들어 더욱 강화되었는데, 이는 신채호(申采浩)에게서도 확인된다. 그는 물질적, 물리적 자아인 소아(小我)를 버리고 정신적, 영혼적 자아인 대아(大我)로 나아가야 함을 주장한다. 이렇게 되어야 진정한 자아가 될 수 있으며, 만물이 영원히 살 수 있다. 그는 이 진정한 자아를 다음과 같이 표현했다. "내가 국가를 위해 눈물을 흘리면 .... 천하에 눈물을 흘리는 모든 이들이 나이며, 내가 사회를 위해 피를 토하면 .... 천하에 가치 있는 피를 토하는 모든 이들이 나"이다(신채호, 1908:8). 여기서 말하는 나(大我)는 개인으로서 자신이 아니라 '우리'라는 공동체를 의미한다. 하나의 개인으로서 존재하는 '내'가 아니라 같은 목적을 위해 단결하여 같이 행동할 수 있는 '우리'가 바로 진정한 내가 되는 것이다. 따라서 불멸의 정신적인 나는 바로 국가를 위해 싸우는 사람을 대표하는 것이며 애국적인 '우리'를 의미하는 것이다(박노자, 2002:104).

그런 점에서 이 시기에 새롭게 나타난 개인주의가 겉으로는 서구적 자유주의와 유사한 모습을 하고 있지만 실제로 개인은 철저히 공동체에 통합된 개인을 의미한다. 그 공동체는 전통적 유교에서 강조한 가족이나 씨족이 아니라 국가인 것에서 차이가 있을 따름이다. 개인주의와 공동체주의가 결합하여 뒤섞여 있는 이러한 독특한 개인성을 '공동체주의적 개인성'으로 개념화할 수 있다. 전통 사회에서 개인성이 가족이나 지역공동체 속에 매몰되어 있었다면, 개화파는 그러한 개인을 전통적 집단에서 끄집어내어 보다 상위의 집단인 국가 속에 통합시키려 한 것으로 이해할 수 있다. 이들은 정부의 여러 형태에 관심을 보이면서 "서구의 정체(政體)가 우수함은 바로 개인의 자유와 권리를 보장함에 있고 이 자유와 권리가 나라의 부강함을 결정한다"(『漢城旬報』, 1883.11.10.)고 주장했다. 따라서 이들은 개인이 독자적으로 존재 의미를 갖는 것이 아니라 공동체에 소속됨으로써 의미를 획득하는 공동체주의적 개인관을 보여주었다. 이러한 생각은 당시 중국에서 나타난 서구 정치제도의 우월성을 주장하는 논지와 비슷하다(Grieder, 1981:106).

이들이 개인의 자유와 평등권을 주장하는 것은 이것이 바로 중앙집권제 국가 아래 개인을 결속시켜 국력의 회복을 도모하기 위한 선결과제였기 때문일 수 있다(김영작, 1989:142). 그런 점에서 민권에 대한 강조도 국가권력을 강화하기 위한 수단으로 이해될 수 있다. 이들이 주장한 개인의 자유와 평등을 통한 개인성의 확보는 국가와 개인 사이의 매개물을 부정함으로써 개인을 국가에 귀속시키는 결과를 가져온다. 뿐만 아니라 이들은 개인의 권리를 국가의 권리에 종속시킴으로써 국가의 통합이라는 최종목적에 이르는 수단으로 개인성을 강조하고 있다. 이러한 특성을 통해 한국에 나타난 최초의 개인주의는 전통적으로 강한 힘을 가지고 있던 공동체주의에 포섭된 것을 확인할 수 있다. 19세기 후반과 20세기 초반에 처음으로 개인주의가 발현되기는 했지만, 이는 완전한 개인주의가 아니라 공동체주의와 결합된 그리고 공동체주의의 우선성을 인정하는 그런 개인주의였다. 그만큼 전통 사회에서 공동체주의가 강력한 힘을 가지고 있었다.

2. 식민지 시대의 개인주의와 공동체주의

근대 초기에 시작된 개인주의의 유입과 이에 대한 강력한 공동체주의의 대응은 식민지 시기에도 지속되었다. 나라를 타민족에게 빼앗긴 식민지 상황이기에 개인을 집단으로 묶으려는 시도는 한층 강력하게 진행되었다. 한편으로는 식민 국가가 개인을 국가 속에 결속시켜 일본의 국민 혹은 신민으로 만드는 시도가 있었고, 다른 한편으로는 이러한 시도에 저항하면서 개인을 민족의 일원으로 재구성하려는 민족주의의 시도가 일어났다. 그런 점에서 이 시기는 다양한 민족의식과 민족주의가 성행하던 민족주의의 시대였다. 심지어 일본 제국주의가 파시즘으로 전환되기 이전에는 식민 지배를 정당화하는 주장과 행동도 민족의 이름으로 포장되었다.

식민지 시기를 분석한 연구들에서 이 시기의 개인은 민족을 중심으로 그리고 민족의 일원으로 통합되어 있었다는 주장을 쉽게 찾아볼 수 있다. 많은 민족주의 학자의 연구가 이러한 맥락에서 이루어져 왔다. 개인들이 일상생활에서 얼마나 민족을 생각하면서 살았는지는 여전히 의문의 여지가 있다. 그렇지만 이러한 주장이 어느 정도 설득력이 있는 것도 사실이다. 자유를 박탈당하고 차별받는 식민지인으로 살아가는 대다수 개인의 삶이 그리 행복하지는 않았을 것이다. 이들이 식민 지배에 대한 저항을 계속 꿈꾸지는 않았다고 하더라도 이 상황에서 벗어나기 위한 해결책으로 민족을 생각했을 가능성은 충분하다.

전반적으로 이러한 상황임에도 불구하고 이 시기에도 개인의 자유와 권리를 먼저 생각하는 개인주의의 경향은 확산되고 있었다. 특히 1910년대와 1920년대에 세계적으로 자유주의의 흐름이 널리 퍼지고 일본에서 '타이쇼 데모크라시(大正 民主主義)'가 자리 잡으면서 조선의 지식인들도 전통적 유교 체제에 억압된 개인을 해방시켜야 한다는 주장을 상당히 설득력 있게 제시했다. 당대의 영향력 있는 지식인이었던 송진우(宋鎭禹)는 유교로 인해 "사회는 정체되고, 발전의 희망이 막히는 결과를 초래하며, ... 유교(孔教)는 전제 사상의 단서이니 ...... 유교는 사상 자유의 특색을 발휘하도록 하는 문명 이상에 반대된다"(송진우, 1915:3)고 주장하면서 유교로부터 탈피해야 하는 이유를 제시했다.

신분제와 같이 개인을 억압하는 유교의 다양한 제도가 비판의 대상이 되었지만 가장 큰 관심을 끌었던 것은 가족제도였다. 조선 시대의 가족제도 특히 대가족제도는 개인을 억압하고 개인의 독립을 가로막는 가장 큰 장애물로 지적되었다. 송진우는 개인이 가족을 통해 사회에 이를 것이 아니라 직접 사회와 만나야 한다고 주장했고, 현상윤도 같은 입장을 갖고 있었다. 북태생(北態生)이라는 필명을 쓴 한 논자는 "절대 전제하에 입각한 이 대가족제도의 중위(重威)에 못 이겨 젊은 청년 자녀들은 남의 정신에 살아가는 한 개의 괴뢰(傀儡)가 되어 ... 진취성을 잃고 ... 나날이 시들어 간다"(북태생, 1931:32)라고 비탄했다. 젊은 세대가 희망과 자립심을 잃고 독자적 자기 존재를 찾지 못하는 이유를 전통적 가족제도에서 찾고 이를 타파해야 할 필요성을 역설하고 있다.

유교의 폐해에서 벗어날 수 있는 대안으로 이들이 생각했던 것은 개인주의였다. 특히 시대의 대세가 개인주의로 바뀌어 가고 있는 상황에서 조선은 구시대의 풍습에서 여전히 벗어나지 못해 발전을 이루지 못하고 있다는 비판적 인식은 개인주의의 수용을 정당화하는 논리가 되었다. 현상윤(玄相允)은 "조선 사람이 현대 문명의 중요한 특성인 물질주의를 모르고 개인주의를 경시한다"라고 비판한 후, 사상의 자유와 평등을 제창하면서 '나'를 찾는 개인주의를 앞세운 것도 이러한 맥락에서 이해될 수 있다(강명희, 2014:243). 송진우도 "오늘날 조선이 과거의 조선과 달라서 모든 정세가 세계적 조선이 된 이상 세계의 대세가 어떠한 방향으로 움직이는지 파악해야"하는데, 유럽에서 "문예 부흥과 프랑스 대혁명으로 인하여 민권 자유의 세계적 사조가 동양 정국으로 범람"하게 되었음을 지적한다(송진우, 1931:2). 그는 이러한 상황에서도 조선은 여전히 가족주의 제도와 봉건제도로부터 탈피하지 못함을 안타까워하고 있다. 이들이 이처럼 유교를 비판하고 동시에 조선이 지향해야 할 가치로서 개인들 사이의 평등, 사상의 자유 등을 제시한 것은 당시의 개인주의가 고전적 자유주의의 가치를 수용하고 있음을 보여준다(전재호, 2004:40).

이들이 주장하는 개인의 자유와 권리는 국가나 민족과는 분리된 개인 차원의 자유와 권리였다. 국가나 민족을 식민 지배로부터 해방시켜 공적 자유를 얻으려는 주장도 있었지만, 다수의 부르주아 민족주의자가 추구했던 것은 개인의 사적 자유에 가까웠다. 식민지 시기의 개인주의자들은 정치적 지향을 드러내지 않은 채 가족제도나 신분제도와 같은 유교 문화에 대한 비판과 전통으로부터 개인을 해방시키는 데 주목했다.

특히 개인의 자유와 권리라는 보편적 가치에 근거하여 개인이 사회를 위한 수단이 아니라 개인 자체로서 존재가치를 인정받아야 한다는 주장은 『개벽』에 실린 여러 글에서 확인된다(최주한, 2004:311, 319). 『개벽』 창간호에 실린 논설에서 오태환(吳台煥)은 "개인주의가 세계를 풍미(風靡)한 결과 청년의 사조가 점차 개인의 발전을 귀(貴)하게 보게 되었으며, 지금은 어느덧 자유의 시대가 되어 개인이 자유를 통해 자신의 능력을 활용하게 되었다"고 하여 개인주의의 장점과 시대적 불가피성을 내세우고 있다(오태환, 1920:83-84). 김기전(金起瀍)은 한 걸음 더 나아가 전통적인 개인과 집단의 관계를 뒤집어 놓고 있다. 그는 "자아와 세계는 하나이오 둘이 아니다. 자기는 곧 세계이다. ...... 사실 사회는 개인의 집단이 아니오 자기의 연장(延長)이다"(김기전, 1921:6)라고 주장했다.

이런 맥락에서 개인이 사회 변화와 개혁의 바탕이 되어야 한다는 주장도 나오게 되었다. 장덕수(張德秀)는 새로운 시대를 맞아 조선의 전통에 대한 비판이 필요함을 역설하면서 이러한 생각을 보여주고 있다. "비판적 정신이 없고 부화뇌동하는 가운데 무슨 진정한 여론이 있으며 진정한 여론이 없는데 무슨 진정한 자유가 있으리오"라고 하면서 "비판의 정신과 이성의 자각으로써 공상한 이상을 세우고 사회의 혁신을 기해야 한다"고 주장했다(장덕수, 1922:34-35). 이러한 경향을 반영하듯, 당시 다수 지식인은 조선이 맞이한 문제의 해결 방안을 개인에게서 찾았다. 이들은 조선이 당면한 문제를 제도의 개선이나 식민 지배가 가져온 정치 체제의 문제로 돌리지 않고 개인의 문제로 돌리고 이를 해결함으로써 조선이 발전하고 나아가 독립에 이룰 수 있을 것으로 인식했다.

이광수의 생각이 그러하다. 이광수는 소설 『무정』을 통해 개인성의 발현을 보여주고 있는데, 이는 근대적 개인의 탄생을 의미한다. 주인공 형식의 '속사람' 발견과 해방으로 표현된 개인의 '내면성'은 개인의 존재 의미를 찾아가는 데 필수적이다. 인간은 이 '내면성'을 통해 자기가 다른 누구와도 같지 않고 다름을 깨닫고 이를 통해 모든 선험적, 외적 강제로부터 자율성을 획득한 해방된 근대적 자아를 찾게 되는 것이다(김현주, 2004:268). 이러한 근대적 자아의 이미지는 주인공 영채가 봉건적 가치관을 버리고 자신을 위한 삶을 살아가려는 모습을 통해 더욱 강렬해진다. 그러나 이광수가 소설이 아닌 현실에서 부딪힌 인간은 소설 『무정』의 형식이나 영채와는 달리 여전히 봉건적 관습에 매몰되어 있기 때문에 개조가 필요한 개인이었다.

이러한 인식은 그의 "민족 개조론"에 잘 나타난다. 그에게 있어 민족 문제를 해결하는 데 가장 우선적인 과제는 개인을 어떻게 개조할 것인가였다. 그는 당시 조선 민족이 가진 가장 심각한 문제를 타락한 개인의 도덕성과 문화로 인식했고, 따라서 그 해결책으로 개인의 정신 개조를 제안했다. 조선 민족의 도덕성 타락의 근원을 허위, 나타(懶惰), 무신(無信), 사회성의 결핍으로 지적하고, 이를 개조하기 위해 무실(懋實)과 역행(力行)의 원칙을 제시했다. 조선이 처한 문제의 근원에는 타락된 민족성이 있는데, 이는 악정자(惡政者)의 도덕적 타락과 일반 민중의 도덕적 결함이 합쳐진 결과였다. 악정자는 허위의 인간이며 동시에 봉사의 정신이 없으니 국가와 사회를 위해 일하지 않았는데, 일반 민중이 이를 막지 못한 것도 타락한 도덕성 때문인 것으로 인식했다. 일반 민중은 "나타하야 실행할 정신이 업고 겁나(怯懦)하야 실행할 용기가 업고, 신의와 사회성의 결핍으로 동지의 공고한 단결을 엇지 못하기" 때문에 문제가 생긴 것이다(이광수, 1922:36-37). 그는 이를 극복하기 위한 근본 방안으로 무실과 역행을 제시했다. 여기서 말하는 무실은 거짓말을 말고, 속이지 않고, 말에 참되기를 힘쓰는 것이고, 역행은 공상과 공론을 말고, 하여야 할 일을 힘껏 행하는 것을 의미한다.

이광수의 민족 개조론에 담겨있는 생각은 두 가지 점에서 주목할 만하다. 하나는 이광수가 민족 개조를 위한 출발점을 개인의 개조에서 찾고 있다는 것이고, 다른 하나는 개인 개조는 정치적, 종교적 운동이 아니라 도덕성 개선이라는 문화 운동을 통해 이루어진다는 것이다. 우선 전자에 관해서 보면, 그는 개인의 개조가 민족 문제를 해결하는데 핵심인 것으로 인식하였다. 그러나 개인의 개조가 개인의 영역에서 끝나는 것은 분명 아니다. 개인의 개조는 민족의 개조 혹은 민족성 개선을 위한 것이다. 개인으로부터 출발하지만 개인을 넘어 민족과 연결하고 있다는 점에서 그는 개인주의의 태도를 보이면서도 완전한 개인주의자는 아니었다. 그에게 있어 개인은 끊임없이 사회 혹은 민족이라는 공동체와 연결되는 존재였다. 그는 "사회의 생명을 리(離)하여 개인의 생명을 상상치 못할" 것임을 천명하고 있는 만큼, 그에게 있어 개인은 사회와 불가분의 관계에 있는 사회적 개인으로 이해될 수 있다(김현주, 2004:279).

이광수의 생각은 당대의 지식인들 사이에 꽤 널리 퍼져있었던 것

같다. 천도교 지도자이자 『개벽』의 주간 겸 편집인이었던 이돈화(李敦化)도 유사한 주장을 했다. 그는 개인 개조의 필요성을 강조하면서, 개인이 "정성잇고 공경잇고 신용잇고 부지런하고 근기(根氣)잇는 마음으로 장래를 위하여 활동하지 안으면 안되기" 때문에 자립(自立), 자성(自誠), 자경(自敬), 자신(自信)의 정신을 길러야 한다고 주장했다(이돈화, 1934:6). 이광수와 마찬가지로 그도 문제의 근원을 개인의 도덕성에서 찾았고 따라서 해결책으로 정신 개조를 통한 도덕성의 함양을 지목했다.

이돈화는 개인 개조의 필요성을 주장하면서도 이는 개인을 위한 것이 아니라 민족이라는 공동체를 위한 것으로 인식했다는 점에서도 이광수와 유사성을 보여준다. 그는 『개벽』의 발간 초창기부터 이 생각을 가졌던 것으로 보이는데, "민족적 대생명(大生命)은 그 민족을 구성한 각 개인의 생명의 대근원"이라고 함으로써 개인주의와 공동체주의를 결합하고 있다(이돈화, 1922:17). 이광수와 이돈화의 생각은 당시의 개인주의가 공동체주의에 포섭되고 통합되고 있음을 보여준다. 이는 당시 개인과 개인주의를 주장하던 대부분 지식인에게서 나타나는 경향이기도 하다.

이들이 실제로 민족의 중요성을 인정하고 민족 문제의 해결 방안을 찾고 있음에도 이같이 개인적 차원으로 문제의 근원을 환원시킨 것은 정치적 해결을 회피하고 문화적 지향을 추구한 것과 연관되어 있다. 이광수는 개인 개조의 목표가 정치적인 어떤 주의와도 상관이 없고 자신은 문화 운동을 주창하고 있으며, 문화 사업을 통해 충분히 민족을 구제하여 행복과 번영의 길로 들어갈 수 있다는 주장으로 민족 개조론을 끝맺고 있다(이광수, 1922:70-72). 분명 식민지인으로 살아가는 조선인이 근본적으로 자유롭고 평등할 수 있는 길은 참정권, 자치권, 차별 철폐 그리고 더 나아가서는 식민 지배로부터 해방을 추구하는 정치적 운동을 통해 얻어질 것이다. 그러나 이들은 이 길을 택하지 않고 문화 운동을 통해 개인의 도덕성을 개조하고 향상하는 쪽으로 해결 방안을 선택했다.

개인의 자유는 공적 자유와 사적 자유로 나누어질 수 있다. 개인의 자유와 자율성이 사적 영역에 속한다면, 정치적 공간에서의 자기 결정권은 공적 자유에 속한다. 둘 사이의 연계를 부정하거나 혹은 사적 자유의 확보가 곧 공적 자유를 가져올 수 있다고 믿는 것은 자유주의에 기반한 개인주의의 입장이다. 반면에 사적 자유와 공적 자유가 불가피하게 연계되어 있고 사적 자유는 공적 자유를 통해 얻어질 수 있다는 주장이 공동체주의의 입장일 것이다.

그런데 개인주의의 입장을 가진 조선의 지식인들이 정치적 자유에 눈감으면서 개인의 개조를 통한 문화적 접근을 하는 것은 분명 공적 자유의 우선성을 의도적으로 회피하는 것이다. 자칫 조선 사회의 문제를 조선인의 정신 상태나 내면에서 찾으려는 시도는 일제의 식민 지배를 정당화하는 논리로 발전될 여지가 충분하다. 조선은 민족성에 문제가 있기 때문에 식민 지배를 받게 되었고 여기서 벗어나기 위해서는 개인 도덕성과 민족문화의 개조를 통해 방법을 찾아야 한다는 것은 조선의 열등함을 인정하고 그 열등함이 식민 지배를 가져온 것으로 인정하기 때문이다.

이러한 주장은 진화론에 근거하고 있다. 적자생존, 약육강식, 우승열패와 같은 진화론의 시각에서는 강대국에 의한 약소국의 식민지 개척은 자연스럽고 당연하다. 윤치호가 이러한 생각을 보여준다. 그는 "강한 인종이 약한 인종을 차지하면서 범한 모든 어리석은 행위와 범죄는 인종 전체의 궁극적인 향상을 위하여 하나님의 섭리가 지향하는 목표를 행하는데 필요악으로 보아야 한다"고 주장했다(정용화, 2006:12). 그런 점에서 시간이 지날수록 이들이 노골적으로 친일 사상과 행적을 보인 것은 단순히 우연의 결과는 아닐 것이다.

이들과 달리 공적 자유의 우선성을 인정하고 이를 추구하려는 시도도 있었다. 국가의 자유가 없는 상태에서 개인의 자유는 아무런 의미가 없다는 입장이 그러하다. 19세기 후반 조금이나마 성숙하던 개인의 탄생은 식민 지배가 시작되면서 조선의 근대 이행은 중단되고 국가가 사라졌기 때문에 개인과 사회는 어떤 자율성도 발휘할 수 없는 어두운 동굴 속에 갇히게 되었다는 것이다(송호근, 2013:440-441). 따라서 민족을 어둠 속에서 구하기 위해서는 공적인 자유 즉 민족의 독립을 우선 추구해야 한다는 생각이 제시되었는데, 그 가운데 하나가 바로 실력양성론이다.

식민 지배가 성립되기 이전에 나타났던 자강론의 흐름을 이어받은 실력양성론의 대표적 인물은 안창호(安昌浩)이다. 그는 민족의 힘을 키우기 위해서는 '건전한 인격'의 개인이 '민족사회'의 '각개 분자'임을 자각하고 민족적 이해를 위해 단결과 협동을 이루어야 한다고 주장했다. 이는 곧 개인이 공동체로부터 독립된 개체로 존재하는 것이 아니라 민족의 부분 혹은 기초단위임을 의미한다(정용화, 2006:16-17). 그렇다면 민족이 개인을 위해 존재하는 것이 아니라 개인이 민족을 위해 존재하고 민족에 완전히 통합되어야 존재 의미를 가지게 되는 것이다.

이러한 안창호의 생각에는 근대적 개인의 주요 특징인 사적 영역 혹은 개인의 자유와 권리라는 관점은 찾아보기 힘들다(장동진, 2005:48). 이후 안창호가 1920년대 후반 실력양성론에서 벗어나 사회대공주의(社會大公主義)를 제시하면서 이러한 경향은 더욱 강화되었다. 개인이 민족의 일원으로서 민족에 완전히 통합됨으로써 존재의 가치를 찾고 자신의 임무를 다하게 된다는 사회대공주의는 이전보다 한결 강력한 민족주의의 이상을 보여준다. 이러한 민족지상주의에서는 자유주의가 거의 완전히 포기되고 있음을 알 수 있다.

식민 지배가 지속될수록 자유주의적 개인주의는 점차 약화되고 강력한 공동체주의 혹은 집단주의가 그 자리를 차지하게 된다. 이때 개인을 통합하는 공동체는 크게 보아 둘로 나누어질 수 있는데, 하나는 민족이고 다른 하나는 국가이다. 식민 지배가 가져온 민족과 국가의 분리는 두 개의 서로 다른 공동체주의를 형성하는 기반이 되었다. 앞에서 설명했듯이, 개인의 민족으로의 통합은 강력한 민족주의로 표출되었다. 식민지 시기 다양한 민족주의가 형성되었지만, 이들은 민족의 고유성과 독특성을 기반으로 개인을 민족이라는 상위 집단에

통합하려는 공통된 시도를 하고 있다.[10]

이에 못지않게 강력한 공동체주의를 형성했던 것은 개인을 식민 국가에 통합시키려는 국가주의였다. 식민 국가가 단순히 약탈의 주체가 아니라 적극적인 의미에서 공공영역을 창출해 간 공적 실체였다는 주장(황병주, 2007:14)은 흥미로운 연구 거리를 제시하고 있다. 만약 이 주장이 설득력이 있다면, 식민 지배의 공적 영역에 포섭되었던 개인들의 의도는 자발성인지 아니면 동원에 의한 것인지의 문제가 제기된다. 만약 자발적으로 참여했다면 이들은 친일의 오명을 감당하거나 공공성을 기회로 자신의 이익을 챙긴 것으로 간주되어야 할 것이다. 그렇지 않다면 이들은 식민 지배에 순종한 피식민지의 비애를 경험한 것으로 보인다. 물론 양극단 사이의 어딘가에 회색지대도 분명히 있었고, 일부는 거기서 헤매고 있었을 수도 있었을 것이다.

개인을 국가에 강하게 통합하려는 시도는 1920년대를 넘어 식민 지배 후기로 갈수록 점점 노골적으로 표면화되었고 조선의 지도자 상당수가 이에 협력했다. 이 시기 일본의 국가가 파시즘의 형태를 띠고 있었던 만큼 개인은 무시되고 국가를 지상 최고의 존재로 신성시하는 경향이 식민지 조선에도 나타날 수밖에 없었다. 식민 지배 초기에 그나마 자유주의적 개인주의의 요소를 조금이나마 지니고 있었던 이들도 이 시기에 들어서는 완전히 개인주의를 포기하고 개인을 국가에 절대적으로 복종시키는 초국가주의의 입장을 표방하였다.

---

10 일제 시대에 발생한 다양한 민족주의에 관해서는 박찬승(2007) 참조.

그 대표적인 경우로 많이 언급되는 이광수의 변화된 모습은 이미 여러 연구에서 밝힌 것과 같다. 근대적 인간을 찾고 새로운 인간을 만들기 위해 개인 개조의 방편으로 도덕성 함양을 강조하던 그는 이 시기에 들어 개인주의란 '혼자 주의', '나 주의', '저만 아는 주의'이기 때문에 '인류 문화의 치명적 병인(病因)이 된다고 주장하였다. 새로운 시대의 새로운 인간을 만들기 위해 유교적 전통을 깨뜨려야 한다고 주장했던 그는 이제 오히려 전통 사회의 '집단주의적 우리주의'를 칭송하면서 공동체적 규제를 갈망하고 있다(박찬승, 2002:216). 이광수는 "개인은 집단의 良風美俗에 反하야 또는 집단의 이상과 이익에 反하야 자유의 행동을 하지 못하엿다. ... 만일 옛 朝鮮의 이러한 정신이 부활한다 하면 朝鮮은 어떠한 단체 사업이라도 할 능력이 생길 것이다"(이광수, 1932:2-3)라고 하여 집단주의적 정신을 되살려야 한다고 주장했다. 한 걸음 더 나아가 그는 여러 차례 무솔리니나 히틀러를 찬양하면서 결국 조선인을 식민 국가의 충성스러운 신민으로 만드는 과정에 동참했다. 이렇게 하여 그는 강력한 국가주의적 집단주의의 선봉에 서게 되었다.

민족주의와 국가주의가 서로 다른 공동체로 개인을 귀속시키고 결합하려 노력하지만, 두 입장은 같은 인식론에 근거하고 있다. 이들의 밑바탕에 놓여 있는 것은 사회진화론과 유기체적 공동체 사상이다. 세계적 흐름에 따라 사회진화론은 식민 지배 이전부터 조선의 지식인에게 큰 영향을 주고 있었는데, 식민지 시기에도 같은 경향이 이어졌다. 당시만 하더라고 진화론은 진보의 개념과 불가피하게 연결되어 있었다. 경쟁과 적자생존의 원리에 입각한 진화론은 사회가 점차 더 나은 상태로 진보하고, 뒤떨어진 민족이나 국가는 앞서가는 민족이나 국가의 모습을 모방함으로써 진화의 높은 단계로 나아갈 수 있다는 믿음을 담고 있다.

그리고 이러한 인식의 배경에는 사회유기체설이 있다. 사회유기체설은 사회, 국가, 민족과 같은 공동체는 하나의 유기체와 같아 부분으로서는 존재할 수 없고, 각 개체가 전체로 통일되어 하나의 공동체를 이루어야 개체의 가치와 의미를 찾을 수 있다는 생각이다. 김윤경은 개인주의를 비판하면서 이들은 "사회를 다만 개인의 집합체라고 보기 때문에 일개인의 이익을 더하면 곳 사회 전체의 이익이 된다고 보나 사회는 결ㅎ고 개인의 집합체가 아니요 한 유긔체"라고 주장하였다(김윤경, 1927:24). 따라서 이 유기체가 곧 진화의 대상이 되고 진보의 주체가 되는 것이다.

당시의 지식인에게서 이러한 주장은 쉽게 찾아볼 수 있다. 사회유기체설과 사회진화론은 당연한 진리로 받아들여졌고, 이들은 개인이 사회 혹은 공동체를 떠나 살 수 없고 사회가 개인을 떠나 있을 수 없다는 주장을 펼쳤다. 그런 점에서 식민지 시기 민족주의와 국가주의는 같은 인식론을 공유하면서도 개인을 귀속시킬 집단의 종류에서만 차이를 보이고 있다. 식민 지배에 저항하는 민족주의의 담론과 식민 지배를 정당화하는 논리가 모두 공동체주의에 근거하고 있기에 이런 모순된 모습이 나타난 것이다.

식민지 시기에 민족이나 국가와 함께 개인을 포섭하는 또 다른 범주는 계급이었다. 이는 주로 사회주의의 영향을 받은 지식인들이 주장했다. 이들의 생각에는 특히 부르주아 민족주의자의 개량적 민족 개조에 대한 반감도 담겨있다. 우파가 전형적으로 민족이나 식민 국가의 공동체에 개인을 강하게 통합하는 입장을 견지함에 따라 사회주의자들이 오히려 개인주의와 친화성을 가질 가능성은 있었다.

그러나 이들에게 있어 자유주의 기반의 개인주의가 갖는 한계는 분명했다. 이 시기의 자유주의는 오히려 시장 경제를 의미하는 경제적 자유주의의 의미로 널리 사용되었고, 자유경쟁의 폐해를 주장하는 사회주의의 비판 대상이 되었다. 따라서 자유주의는 등장하면서 바로 배척되는 운명에 처했다(강명희, 2014:252). 이는 맑스가 보여준 부르주아 민주주의에 대한 이중적 태도와 유사하다. 그는 한편으로 부르주아지 계급이 주도한 민주주의 제도의 확립이 인류 역사에 있어 중요한 진보의 계기가 되었음을 인정했다. 그렇지만 다른 한편으로 그는 이러한 민주주의가 가져온 인간의 자유는 형식적 자유에 불과하고 실질적 자유는 여전히 미완의 과제로 남겨두었다고 주장한다(Marx, 1970:29-31).

사회주의자가 보기에 민족주의의 가장 큰 결함은 민족과 계급의 분리였다. 민족주의자가 계급을 가로지르는 민족의 통합을 주장했지만, 사회주의 경향의 좌파에게는 민족 못지않게 계급의 중요성이 컸다. 따라서 민족과 계급의 두 공동체는 수시로 충돌할 수밖에 없는 상황이었다. 그 충돌이 일어난 대표적인 역사적 사건이 조선물산장려운동(朝鮮物産奬勵運動)이다. 이는 조선인이 만든 물산을 구매하는 소비자 운동을 통해 조선인 상공업을 육성하려는 국산품 애용 운동이었다. 민족주의의 색채가 짙은 실력 양성 운동이었던 이 운동은 계급적 이해관계가 다른 사회주의의 비판 대상이 되었다. 이 운동이 가져올 결과는 조선인 자산가 계급의 이익 충족이고 그 대가로 무산계급이 희생을 치르게 된다는 것이 비판의 요지이다(이성태, 1923).

이러한 비판은 사회주의 계열에서는 상당히 널리 퍼져있어, 민족 해방이 계급 해방과 분리되어야 한다는 주장이 제기되었다. ST라는 필명을 가진 논자는 "민족적 해방은 정치적 독립운동에 지나지 아니한 것이다. ...... 계급의 철폐를 목표로 하는 무산계급적 운동은 아니다. 그럼으로 순수한 민족적 해방을 표방한 정치적 운동이 달성한다 해도 그곳에는 의연히 계급적 구별이 잇슬 것"(ST, 1925:42-43)이라고 주장하면서 민족주의와 민족운동의 한계를 지적했다. 당연히 사회주의자들은 민족 해방보다는 계급 해방을 우선시하게 되었는데, 이는 곧 민족과 계급의 분리를 의미한다. 결국 민족주의자와 사회주의자는 개인을 어떤 공동체에 소속시키고 결합할 것인가를 둘러싸고 서로 다른 길을 갈 수밖에 없는 상황이었다.

식민지 시기의 개인과 공동체의 관계는 전반적으로 공동체주의가 강한 힘을 가졌던 것으로 이해할 수 있다. 물론 자유주의적 개인주의가 퍼지면서 일정 정도 영향력을 행사했던 것은 분명하다. 식민 지배 초기 지식인 상당수가 자유주의에 대한 믿음으로 개인성의 발현과 개인의 자유와 권리를 주장했다. 동시에 개인의 개조를 통해 민족의 문제를 해결할 수 있다는 주장을 전개했다. 박열과 같은 무정부주의자는 한결 급진적인 개인주의를 주장했다. 그는 민족 해방의 중요성은 인정하지만, 식민 지배에서 벗어난다고 개인이 모두 평등하고 자유로운 사회는 되지 않을 것으로 생각했다. 따라서 그는 정치적 운동을 통한 민족 해방이 아니라 '사회혁명'을 통한 개인의 해방이 근본적 목표가 되어야 한다고 주장했다. 그에게 있어서는 식민지 상황의 타파 못지않게 보다 근본적으로는 '개인의 자유'를 획득하고 이를 유지하려는 개인과 개인의 의지가 더 중요했다(전상숙, 2008:107).

그러나 식민지 상황에서 박열과 같은 극단적 개인주의자는 예외적이었다. 대부분의 경우에 개인성과 근대적 개인을 주장하더라도 이 개인은 결국 민족이나 국가와 같은 공동체에 결합되어야 하는 존재로 인식되었다. 그런 점에서 이 시대의 개인주의는 민족주의적 개인주의 혹은 국가주의적 개인주의로 여겨질 수 있다. 보다 많은 지식인은 민족이나 국가라는 공동체가 개인에 우선한다는 생각을 갖고 개인을 공동체 속으로 강하게 끌어들였다. 문제는 이들이 생각한 공동체가 서로 달랐다는 것이다. 때로는 민족을 호명했고, 때로는 식민국가, 그리고 때로는 계급을 개인이 소속해야 할 집단으로 설정했고 개인의 정체성을 결정하는 요인이라고 서로 다르게 주장했다.

식민 지배의 상황을 생각하면 이들 사이의 대립과 갈등을 넘어 서로 연합하거나 통합될 수는 없었는가가 가장 근본적인 문제로 떠오르게 된다. 여러 지도자가 이념과 파당을 넘어서는 통합과 단결을 역설했다. 송진우는 "무슨 주의니 무슨 사상이니 하야 여하히 선전하며 여하히 고취(鼓吹)한다 할지라도 이 모든 주의와 사상을 실현할 만한 단결력이 업서서는 빈승(貧僧)의 공염불에 불과할 것"이라고 하면서 단결을 통한 힘의 결집을 요청했다(송진우, 1924:92). 송진우와는 상당히 다른 민족주의를 추구했던 안창호도 이 점에서는 생각이 같았다. 그는 "조선의 모든 지도자는 각자 편협한 견해와 주관적 입장을 떠나 전 민족의 힘과 요구를 전과는 다른 형식으로 좀 더 심각한 민족적 대계(大計) 우에서 통일 집중"해서 민족운동의 새로운 계기를 마련하자고 제안했다(안창호, 1931:2-3). 그러나 아쉽게도 이러한 단결과 협력은 일어나지 않았다. 다수의 공동체주의가 범람하고 있었지만, 이들은 서로의 벽을 쌓고 있었다. 이들을 전체적으로 아우르는 공동체주의는 나타나지 않았던 것이다. 이것이 식민 지배 시기의 공동체주의에서 드러나는 결정적 한계이다.

IV

현대 사회의 공동체주의

1. 이승만 시대의 공동체주의

2, 박정희 시대의 개발 독재와 공동체주의

3. 독재 체제에 대한 저항 세력의 공동체주의

IV 현대 사회의 공동체주의

오랜 식민 지배에서 벗어난 이후에도 한국 사회에서 개인주의의 취약성은 개선되지 않았고, 여전히 강력한 집단주의 혹은 공동체주의가 개인을 통제했다. 이는 이승만의 독재 체제 형성에서 비롯되어 박정희 정권의 개발 독재 시기에 이르기까지 일관되게 나타난 현상이다. 그 이후에도 강력한 정치 체제의 구축을 통해 개인을 통제하고 국가의 목적을 위해 개인을 동원하는 과정이 지속되었다. 따라서 최근에 개인주의가 확산되기 이전의 한국 현대 사회는 전통 사회와 마찬가지로 여전히 개인이 공동체에 통합되어 개인성을 발현하지 못하는 특징을 보여주고 있다.

이러한 상황은 개인이 공동체에 책임을 다하고 공동체가 개인을 보호하는 서구의 공동체주의보다는 공동체의 목적을 위해 개인의 전면적 희생을 강요하는 집단주의에 가깝다. 지배 집단은 국가주의라는 이름의 강력한 공동체주의 이념을 통해 개인을 통제했다. 또한 독재 체제에 저항하는 담론으로 자유주의적 개인주의의 주장이 전개되기도 했지만, 저항 집단도 지배 집단 못지않게 강력한 공동체주의를 형성하는 아이러니를 보여주었다. 지배 세력의 강력한 공동체주의에 맞서 강력한 공동체주의로 저항하는 형태가 만들어진 것이다. 이러한 '과도한 공동체주의의 시대'의 모습을 분석해 보기로 한다.

1. 이승만 시대의 공동체주의

해방 이후 다양한 정치적 세력이 민족국가의 건설을 위해 다양한 정치적 이념을 내걸고 경쟁하고 있었다. 식민지 시기에 계급구조가 기형적 형태로 왜곡되었고, 해방 이전에 이미 분단이 결정된 상황이었기에 사회적 대립과 갈등은 충분히 예견되었다. 식민 지배 정책으로 인해 지주가 일방적으로 혜택을 보면서 해방될 즈음에는 전체 농민의 약 80%가 소작농으로 전락하면서 계급들 사이의 갈등이 첨예하게 형성되는 구조가 만들어진 것은 진정 식민 지배의 가장 심각한 폐해일 수 있다. 더불어 2차 세계대전이 끝나기 직전 소련군이 한반도로 진주함에 따라 종전 이후 조선에 대한 통제권을 소련에 넘겨줄 위험에 직면한 미국은 한국의 분할 점령을 기획하고 위도 38도선을 경계선으로 소련에 제안했다. 미국의 분단 제안을 소련이 받아들임으로써 조선은 냉전 체제의 희생양이 되어 해방과 함께 분단을 맞는 비극을 경험하게 되었다.

해방정국의 이러한 상황은 남북한 사이에는 물론이고 남한 내에서도 심각한 사회 갈등을 초래할 수밖에 없었다. 여러 정치세력이 주도권을 잡기 위해 서로 경쟁하면서 갈등하는 구조가 만들어진 것이다. 김구를 중심으로 하는 임시정부, 친일 경력에도 불구하고 다시 권력을 잡으려는 한민당, 해외에서 귀국한 이승만이 경쟁의 주축이 되어 시간이 지날수록 격렬한 다툼을 이어가고 있었다. 그 틈새에 중도파와 좌익 세력도 자신의 이상적 국가와 사회에 관한 이념과 이미지를 제시하면서 민중의 관심을 끌려고 애썼다. 이들은 모두 민중을 결집함으로써 우위를 점하는 전략을 취하였기 때문에 이 시기는 다양한 공동체주의 혹은 집단주의가 경합하는 시기이기도 했다. 이 경합 속에서 개인이 개인성을 발현하고 집단으로부터 자유와 자율성을 획득하는 자유주의적 개인주의가 자리 잡을 가능성은 극도로 제한되었다.

우리는 이미 이 경쟁의 결과를 알고 있다. 이승만이 미군정의 후원하에 단독정부 수립을 위한 초석을 마련했고, 결국 1948년의 5·10 선거로 만들어진 제헌의회에서 초대 대통령으로 선출되었다. 그의 취임은 남북한 분단 체제가 공고화되는 과정이었으며, 이 과정은 1950년의 한국전쟁으로 완성되었다. 분단 체제의 구축은 이전에 하나로 묶여 있던 민족이 두 개의 국민국가로 분리되는 계기이며, 새로운 민족주의를 탄생시키는 결정적 요인이 되었다. 남과 북에서 서로 다른 방식으로 개인을 민족의 이름으로 호명했다. 남한 내에서도 개인들은 민족의 일원으로 그리고 때로는 국가의 구성원으로서 집단 속에 매몰되어 갔다. 좌파와 우파가 대립하면서 민족주의가 분화되고, 우파 내에서도 서로 다른 이해관계를 민족주의로 정당화하면서 더욱 세분화되었다. 이렇게 형성된 다원적 민족주의에 대해 모두 설명하기에는 힘에 부치기에 지배 세력이 시도한 민족과 국가를 통한 공동체주의의 형성에 대해 알아보기로 하자.

초대 대통령이 된 이승만(李承晩)은 19세기 말 어린 나이에 만민 공동회에 참여했고, 고종의 폐위를 통한 공화정을 꿈꾸었으며, 미국 유학을 통해 자유주의와 민주주의를 직접 체험했다. 그럼에도 불구하고 대통령이 되면서 권력을 행사하는 과정에서는 이와는 상당히 모순된 모습을 보여주었다. 그는 스스로 자유민주주의의 수호자라는 정치적 선전을 계속하면서도 억압적 전제정치를 이끌어갔다. 이를 뒷받침하는 수단으로 강력한 공동체주의의 전통을 활용할 필요가 있었다. 일민주의(一民主義)는 바로 그렇게 탄생했다. 이승만은 새로운 국가를 위한 통합의 필요성을 다음과 같이 주장했다.

> "우리 민족은 하나다. 국토도 하나요, 정신도 하나요, 생활에도 하나요, 대우에도 하나요, 정치상 문화상 무엇에고 하나다. ..... 하나가 미처 되지 못한 바 있으면 하나로 만들어야 하고, 하나를 만드는 데에 장애가 있으면 이를 제거하여야 한다."(이승만 1949:7)

이처럼 이승만은 어떤 방법을 써서라도 개인들을 하나의 공동체로 완전히 결속해야 함을 강조했다. 모든 민족의 요소를 공유하는 개인들의 통합은 자연스럽고 필연적이기도 하다. 이러한 강력한 통합을 통해 개인의 개인성은 완전히 사라지고 정신과 문화 그리고 생활에 있어 모두 동질적인 하나로 묶여야 하는 것이다. 여기서 말하는 개인의 하나 됨이 곧 일민(一民)이다.

일민주의는 단독정부 수립 이후 50년대 초반까지 정부의 공식 이데올로기이며 국시(國是)가 되어 민족과 국가의 지도 원리로 작동했다. 이승만이 일민주의를 강하게 추진한 것은 분명하지만, 이승만이 이 이념을 만든 주체인지에 대해서는 여전히 이론의 여지가 있다. 이미 많은 연구가 밝혔듯이, 이승만이 제시한 일민주의의 이념은 지극히 단순하고 간략하다. 이 이념의 이론적 빈약함을 메운 것은 안호상(安浩相)과 양우정(梁又正)에 의한 추가 설명 문서들이다. 이들의 헌신적 작업에도 불구하고 여전히 일민주의는 이론적, 철학적 빈약함과 내적 모순을 포함하고 있는 이념임은 분명하다(서중석, 1997:156; 임종명, 2005:268). 그러나 중요한 것은 철학적 이론으로서 일민주의의 가치보다는 정치적 이념으로서 일민주의가 가진 정치적 의미와 실천적 함의이다. 일민주의가 곧 이승만 초기의 전제정치와 집단주의를 정당화하는 수단으로 활용되었기 때문이다.

실제로 이승만 시대의 정치적 상황은 해방 정국에서 비롯된 여러 분열과 갈등을 극복하기 위한 정치적 이념을 필요로 했다. 해방과 함께 맞이한 분단은 물론이고 이로부터 비롯된 여러 문제를 해결하는 것은 이승만 정부의 당면 과제였다. 이승만은 분단 체제에서 단독정부를 수립함으로써 정권의 정당성을 확보해야 할 뿐만 아니라, 남한이 민족의 대표임을 표상함으로써 남북한 경쟁에서도 우위를 점해야 했다. 동시에 그는 통일을 지향하며 남북 협상을 주장하는 집단이나 남한 내의 좌우 연합을 주장하는 세력에 대한 우위를 차지하기 위한 정치적 이념과 실천이 필요했다. 이런 모든 조건은 남한 내의 개인들을 민족이나 국가라는 공동체 속에 하나로 묶어야 할 필요성을 보여준다. 그런 점에서 비록 이승만이 아닌 다른 누군가가 정치적 지도자로 분단국가를 이끌게 되었더라도 일민주의와 유사한 정치적 이념을 부르짖었을 가능성은 충분하다. 이는 결국 개인주의를 압도하는 공동체주의가 형성되기에 유리한 사회적 조건이 마련되었음을 의미한다.

이승만에게 있어 이러한 정치적 상황을 해결할 수 있는 수단으로 만들어진 것이 일민주의이다. 따라서 일민주의는 당연히 강력한 공동체주의의 특성을 보여주는데, 우선 개인을 민족이라는 집단에 강력하게 통합시키는 시도를 한다. 이 통합의 노력은 민족주의의 본원적 요소들을 강조하는 것에서 출발한다. 민족주의에 관한 다양한 이론 가운데 본원주의(primodialism)는 개인들이 본원적 요소를 공유함으로써 일종의 인종적 공동체인 에스니(ethnie)를 구성한다고 주장한다. 민족은 혈연, 조상에 대한 신화와 역사, 문화를 공유함으로써 특정한 영토 안에 결합되어 강한 결속감을 지닌 집단을 형성한다는 것이다(Smith, 1986:32).

일민주의에서도 혈연, 문화, 역사와 같은 본원적 요소들이 모두 활용되었다. 그 가운데 가장 우선적인 중요성을 갖는 것은 혈연이다. 민족은 무엇보다 피를 나누어 가진 집단으로 정의되었다. 일민주의의 철학적 기반을 제공한 안호상은 "한 겨레인 일민은 반드시 한 핏줄이다"라고 주장하면서, "한 핏줄이 일민의 각 사람에게 통함은 오직 자연적 필연성이다"라고 강조했다(안호상, 1950a:26-7). 이런 식으로 그는 민족이 혈연을 매개로 하는 자연적 집단임을 주장했다. 물른 혈연을 공유하지 않더라도 민족의 구성원이 될 수 있기는 했지만, 역사적 경험과 문화를 공유해도 혈연적 기반을 지니지 못한다면 차등의 구성원이 되었다(이건희, 2023:40).

민족 구성의 기준을 이렇게 혈연에 의존하게 되면 내적 결속을 강화하는 긍정적 측면이 있지만 동시에 외적 배타성이 강해지는 문제를 수반하게 된다. 타고난 혈연은 바꿀 수가 없고 이를 공유한 개인들은 모두 동등한 자격으로 민족의 일원이 될 수 있다는 점에서 내적 포용성과 결속성은 강할 수밖에 없다. 이는 민족주의가 구성원 모두를 동일시하고 동질화하면서 그들 사이의 평등을 가져오는 긍정적 효과가 있다는 주장과 맥락을 같이 한다. 실제로 이승만은 일민주의의 4대 정강을 제시하면서 평등이라는 가치를 가장 중요하게 설정하고 있다. 일민주의는 (1) 문벌을 타파하여 반상의 구별을 없애고, (2) 빈부를 동등하게 대우하고 자본가와 노동자가 협조해서 같이 이익을 보게 하고, (3) 남녀동등을 실행하고, (4) 지방 구별을 없애도록 하는 것을 그 내용으로 한다.

이승만은 "하나인 민족으로서 무엇에고 또 어느 때고 둘이 있을 수 없다. 계급이 없어야 하며 차등이 없어야 한다. 하나이거니 지역이란 무엇이며 하나이거니 남녀란 무엇이냐"(이승만 1949:7)라고 주장하면서 모든 차별을 넘어서는 평등과 동등을 내세웠다. 이러한 주장에서 볼 수 있듯이, 일민주의는 민족 구성원의 구별과 차별 없이 모드를 하나로 묶어 민족이라는 상위 공동체로 통합하려는 시도로 이해될 수 있다. 개인들 사이의 평등을 도모하고 자유와 평등의 인권을 제시하고 있다는 점에서 자유주의적인 요소가 없는 것은 아니지만 보다 근본적으로 일민주의는 강력한 통합을 목표로 하기에 자유주의와 개인주의에 대해서는 비판적이다. 서구 자유주의의 기반이 되었던 자연법사상에 대해 일민주의는 상당히 적대적이다. 일민주의는 자연법 이론이 국가를 일개의 물체로 보면서 개인주의와 공리주의를 북돋운다고 비판한다(임종명, 2005:289). 이는 일민주의에서 보는 민족이란 단순히 개인들의 결합이 아니라 개인을 넘어서며 그 자체의 존재가치를 가진 숭고한 실체임을 보여준다.

개인이 일민주의에 통합되면서 모두가 동등해지고 평등해진다는 생각은 최소한 민족 구성원에 대한 포용성을 의미한다. 어떤 개인이라도 일민주의를 지니게 되면 민족의 구성원으로 간주되며 그에 따른 권리를 획득할 수 있게 된다. 이는 자연적 요소인 혈연 못지않게 정치적 이념으로서 일민주의가 민족을 구성하는 데 결정적 요인임을 내세우는 것이다. 일민주의를 뒷받침한 안호상은 "자연적 한 핏줄과 역사적 한 운명은 백성을 한 백성(一民)으로, 주의(主義)를 한 백성주의(一民主義)로 만드는 근본 요소이다"라고 함으로써 주의가 혈연만큼이나 중요한 민족 결속의 기반임을 증언했다. 이렇게 주장할 수 있었던 이유는 일민주의로 인해 개인들이 동질화되고 동일성을 획득함으로써 민족으로 통일될 수 있기 때문이다(홍태영, 2015:102). 그러나 개인의 동질화와 동일성은 곧 개인성의 상실을 의미하는 만큼 개인주의가 널리 퍼지기에는 치명적인 장애가 되며, 이는 전형적인 공동체주의에 속한 개인들 사이에 나타나는 특성이기도 하다. 그런 점에서도 일민주의는 개인주의를 억압하고 개인을 공동체 속으로 강력하게 끌어들이고 있는 모습을 보여준다.

일민주의가 이런 방식으로 포용성을 가진 것은 사실이지만, 이는 민족 구성원 전체를 포함하는 넓은 의미의 포용성이 아니라 일민주의를 가진 개인만을 포함하는 좁은 범위로 한정되어 있다. 일민주의가 강한 통합을 목표로 하는 만큼 일민주의로 결속되지 않는 개인에 대해서는 아주 강한 배타성을 가졌다. 심지어 이는 같은 피를 가진 개인이라고 하더라도 주의를 공유하지 않으면 하나가 될 수 없는 배타성을 의미한다. 일민주의가 어떤 개인이 민족에 속할 자격이 있는지를 결정하는 요인이 되면서 민족의 구성 요인으로서 '피'는 일민주의라는 '주의'로 대체되었다(임종명, 2005:281). 일민주의는 민족을 이념에 따른 정치적 공동체로 변형시킨 것이다. 이렇게 하여 혈연을 바탕으로 민족이 구성된다는 본원주의의 생각에서 출발하여 '주의'를 중심으로 하는 새로운 형태의 민족주의가 탄생 된 것이다.

일민주의의 배타성은 대한민국을 이끌어갈 정치 체제를 모색하는 과정에서 더욱 강화되었다. 민족주의는 기본적으로 '우리' 민족과 '타자'를 구분하고 '타자'에 맞서는 '우리' 민족의 결속성을 강화하는 원리이기 때문에 민족주의가 구체적으로 어떤 정치 체제와 결합될 것인가는 또 다른 차원의 문제이다. 민족주의가 민족 구성원 모두를 담는 커다란 그릇과 같다면 그 그릇 안에 무엇을 넣을 것인가는 새로운 문제이다. 따라서 민족주의가 정치 운영의 원리로 전환되면 민족이 추구하려는 특정한 정치제도와 결합되어야 하고, 어떤 정치 체제를 선택할 것인가는 각국의 여러 환경적 요인과 지도자나 지배 집단의 정치적 성향에 따라 결정될 것이다. 당시 대한민국도 같은 문제에 직면하고 있었다. 분단국가라는 특수성을 기반으로 그리고 세계적으로 냉전 체제가 형성되어 가던 시점에서 다양한 선택지를 놓고 무엇을 선택할 것인가를 저울질하는 상황이었다.

물론 세계적으로 가장 널리 퍼져있던 정치 체제는 자본주의와 공산주의였다. 그런데 흥미롭게도 일민주의는 양자를 모두 거부했다. 특히 공산주의에 대한 반대 의사는 아주 명확했다. 이승만의 반공주의는 이미 널리 알려져 있다. 그는 이를 기반으로 단독정부를 수립할 수 있었으며 정권을 연장하는 가장 강력한 수단으로 활용했다. 공산주의에 대한 그의 반감은 단순히 북한의 공산주의자나 남한 내의 좌익에 국한되지 않고 소련의 공산주의에 대한 비판에서 출발한다. 그는 러시아에서 볼셰비키 혁명이 일어났을 때 애초에는 공산주의자들이 농민에게 땅을 주고 배고픈 자에게 밥을 준다고 선전했지만 결국은 공산당 세력만 확대되는 결과를 가져왔고, 한국의 공산주의자들은 이들의 명령에 따라 움직이는 괴뢰(傀儡)라고 비난했다(서중석, 1997:174). 식민 지배에서 겨우 벗어나 독립된 국가에서 공산주의자에게 외세 의존의 괴뢰라는 오명을 씌우는 것은 상당히 효과적인 전략이었다.

더하여 이승만과 안호상은 공산주의가 이론적으로는 개인들의 평등을 주장하지만 실제로는 평등한 사회를 가져온 것이 아니라는 비판을 제기한다. 이들은 공산주의가 가져온 결과는 공산당 간부와 관료가 이익을 독점하는 불평등한 사회라는 주장을 내세운다. 공산주의 국가는 당과 관료의 이익을 추구하는 관료 독재주의에 빠지게 되었고, 산업의 국유화와 국가 관리 중심의 경제 체제를 구축하면서 이러한 경향은 더욱 심화되고 있다는 것이다.

안호상과 함께 일민주의의 또 다른 수호자였던 양우정은 소련과 같은 공산주의 국가에서는 새로운 착취가 행해지고 있다고 비판했다. 소련은 "착취 제도를 없이한다는 것을 표방하여 새로운 권력을 조성하고 새로이 계급을 대립시켜 개인의 자유와 인권을 말살하고 새로운 독재 관료 계급이 생살흥탈지권(生殺興奪之權)을 겸하여 노동자와 인민의 생활을 착취하고" 있다는 것이다(양우정, 1949:103). 공산주의와 마찬가지로 사회적, 경제적 평등을 주요 원리로 제시했던 일민주의는 공산주의의 평등 주장이 허위임을 밝히면서 동시에 일민주의의 평등사상이 진정한 평등을 추구한다는 정당화가 필요했다. 이런 필요성은 공산주의에 대한 비판을 더욱 강화하는 결과를 가져왔다.

이승만은 또한 공산주의가 계급 갈등을 조장하여 분열을 일으킨다고 비판했다. 민족의 이름으로 통합을 이루어야 할 해방 정국과 분단 국가의 상황에서 공산주의는 통합을 저해하는 이념이라고 평가절하함으로써 정치적 권력의 주도권을 확실히 확보하려는 그의 의도가 보인다. 이는 1946년의 신탁통치를 둘러싼 좌우의 갈등을 통해 더욱 뚜렷해졌다. 애초 좌우 모두 반탁의 입장을 보이다 좌익이 태도를 바꾸자 이승만은 극렬히 비난을 퍼부었다. 일부 언론에서 소련이 신탁

통치안을 제안하고 주도한다는 오보를 널리 퍼트리면서 좌익을 '조선 민족을 소련의 노예로 만드는 매국매족의 행위'를 하는 집단으로 규탄하는 사회적 분위가 형성되었다.

이로 인해 반탁운동은 곧 반공 운동이며 민족주의 운동과 동일시되었다. 친일 집단이 반공을 주장하면서 이들은 민족주의의 우산 아래로 피신할 수 있는 길을 열었다. 결국 해방 이후 친일파 청산의 과제는 수면 밑으로 가라앉고 민족주의는 우파의 전유물이 되고 말았다. 이런 방식으로 이승만의 민족주의는 한층 공산주의에 대한 배타성을 강화했다(김수자, 2008:97). 이렇게 이승만은 공산주의를 배제하였고 이후 좌익과 민족 연합을 추진했던 김구와 중도파까지도 배척함으로써 일민주의는 민족이라는 공동체의 범위를 좁히면서 공동체에 속한 개인들 사이의 동질성을 높이는 방향으로 발전되었다. 이는 곧 다양한 개인에 대한 관용성을 낮추는 과정이며 동시에 개인주의에 대한 억압을 강화하는 것으로 이해할 수 있다.

흥미롭게도 공산주의에 대한 반대 입장을 보였던 일민주의는 자본주의에 대해서도 비판적이었다. 이승만은 빈부의 차등을 없애고 평등을 추구하겠다는 원칙을 일민주의의 기본으로 채택한 만큼 경제적 불평등을 조장하는 자본주의의 경제 체제에 대해 일정한 거리를 두고 있는 것이 분명하다. 그러나 그가 명시적으로 자본주의 체제에 대해 반대했는지는 뚜렷하지 않다. 반면에 다른 일민주의의 주창자들은 반자본주의 입장을 분명히 밝히고 있다. 안호상은 자본주의가 차별, 불평등, 물질주의적 태도와 자유방임의 정치를 초래한다고 비난했다. 또한 양우정은 자본주의가 자유라는 미명 하에 타인의 잉여 노동을 수탈하고 착취하여 소수의 이윤을 추구하고 자본을 축적하는 체제라고 비판했다(임종명, 2005:292).

이는 당시에 사회주의 경향이 사회 전체에 널리 퍼져있었던 것과도 관련이 있는 것으로 해석된다. 해방 이후 미군정이 실시한 여론조사에서 사회주의를 선호한다는 응답자가 전체의 약 70%를 차지하고 있던 상황(전상인, 1999:247)에서 자본주의는 당시 민중에게 그리 매력적인 경제 제도가 아니었다. 동시에 당시의 지식인들이 상당한 정도로 사회민주주의의 경향을 갖고 있었다는 점에서도 이러한 주장을 제시한 것은 이해할 수 있다.

그러나 문제는 일민주의가 정치 경제 체제로서 공산주의와 자본주의를 모두 비판하고 배척하면서도 적절한 대안을 제시하지 못하고 있다는 것이다. 이는 서구의 파시즘과 유사한 특징을 보여준다. 1차 세계대전과 2차 세계대전 사이에 이탈리아와 독일에 나타난 서구의 파시즘은 자본주의(혹은 자유주의), 공산주의, 보수주의를 모두 배격하는 특징을 지니고 있다(채오병, 2016:19). 서구의 파시즘이 기존의 정치적 이데올로기와 체제를 부정하면서 독자적인 체제를 구축한 것과 달리 이승만의 일민주의와 독재 체제는 스스로 대안적인 체제를 만들지 못한 차이와 한계를 보여준다.

그럼에도 불구하고 일민주의에는 파시즘적인 요소가 상당히 포함되어 있는 것은 사실이다. 유럽보다는 일본에서 만들어진 파시즘과 유사한 요인이 나타나는 것 같다(채오병, 2016:36). 이는 식민 지배를 통해 경험한 일본 파시즘의 학습 효과 때문일 수도 있고, 혹은 일본과 같은 유교 문화권에서 나타나는 공통점에서 그 이유를 찾을 수도 있을 것이다.

일본과 한국의 파시즘적 체제에서 공통으로 발견되는 요인 가운데 가장 눈에 띄는 것은 가족국가의 개념이다. 우리는 이미 일민주의가 개인의 자연적 기초인 핏줄에 근거해서 민족을 구성하고 있음을 확인했는데, 핏줄의 결속을 통해 개인은 곧 가족 그리고 가족의 확대와 연장으로서 국가 그리고 민족을 형성하게 되는 것을 쉽게 예상할 수 있다. 이렇듯 일민주의에서는 가족의 연장으로서 마을, 마을의 연장으로서 국가가 성립된다고 주장한다. 여기서 국가는 민족과 동일시될 수 있다. 당시의 국가가 분단국가임에도 불구하고 이 국가가 민족의 정당성을 독점하기 때문이다. 이것은 곧 이승만 시대의 국가가 민족과 동일시되면서 민족주의는 실제로 민족의 일원이면서도 국가의 구성원이 아닌 개인을 민족의 범주에서 배제함을 알 수 있다. 이렇게 하여 이승만의 민족주의는 민족에 앞서 국가가 우선적으로 중요성을 갖는 국가주의로 전환되었다.

국가와 민족을 가족의 연장으로 이해하고 교육하는 것은 가족에서 발견되는 사랑이 개인과 공동체를 이어주는 연결고리가 될 수 있기 때문이다(임종명, 2005:276). 국가를 가족의 연장으로 그리고 국가의 본질을 가족적 사랑으로 파악하는 것은 곧 국가의 지도자인 이승만이 가부장인 아버지와 같은 존재로 존경받고 숭상되어야 함을 의미한다. 일민주의가 궁극적으로는 개인숭배로 연결되는 이유가 바로 여기에 있다. 실제로 일민주의의 전파자들은 열렬히 이승만 숭배자가 되었다. 이승만을 국부(國父)로 칭송했고, 이승만 생일에는 중앙청에서 공무원들이 기념식을 거행하면서 이승만의 장수와 건강을 기원하는 만세 삼창을 부르기도 했다. 안호상은 “위대한 우리 대통령은 이 민족과 영원히 계셔야 할 것”이라고 칭송했다(안호상, 1950b: 이건희, 2023:36 재인용). 결국 이승만은 민족과 동일시되는 모습으로 재현되었고 일본의 천황에 비견할 위치에 놓이게 되었다.

국가를 가족의 연장으로 인식하는 가족 국가관은 한국의 전통 사회에서도 찾아볼 수 있는 모습이다. 조선 시대에도 그러했지만 특히 개항 이후 서구 문물이 들어오면서 유교적 가족국가의 형태가 서구적 진화론과 결합되면서 유기체적 국가관으로 변형되는 것을 이미 앞에서 확인했다. 이승만 시기에 나타난 가족국가도 이와 같은 특징을 포함하고 있다. 안호상은 일민주의가 단군 시대부터 전해 내려온 것을 이승만이 계승 발전시켰다고 선전하면서, 일민의 의미에는 유기체적인 한(一) 백성과 한(一) 민족의 의미가 담겨있다고 주장했다(홍태영, 2015:99).

그렇다면 국가와 민족은 고립된 개인들의 총합이 아니다. 모든 개인이 국가와 민족 속에서 한 몸의 부분들이 되어 서로 유기적으로 결합해 있고 또 그래야만 한다. 개인의 존재 의미는 유기체 속의 한 부분이라는 것에서 발생한다. 마치 사람에게 있어 눈, 코, 입과 같은 각 기관은 그 자체로서는 전혀 의미가 없고 사람의 몸이라는 유기체에 결합하였을 때만 의미를 갖는 것과 같은 논리이다. 역으로 국가와 민족은 개인으로는 환원될 수 없는 자체의 목적과 의지를 지닌 것으로 이해해야 한다. 이러한 개인과 공동체의 통합에서는 각 개인의 개인성은 완전히 소멸되는 것이 당연하다. 개인주의를 억압하는 강력한 공동체주의의 압도적 모습을 다시 확인할 수 있다.

그런데 일민주의가 그 근원을 단군에서 찾고 있다는 것은 일민주의의 또 다른 중요한 특징을 보여준다. 일민주의가 전통에 대해 상당히 비판적 태도를 견지하면서 인간들 사이의 불평등과 차별을 가져온 전통적 사회 제도를 타파해야 한다고 주장했으면서도 그 본질적 내용에서는 복고적인 측면을 드러내고 있는 점에서 모순이다. 유교에 바탕한 가족국가의 모습을 띠고 있는 것도 그러하고, 단군과 홍익인간과 같은 고대의 이상적 지배자와 지배 이념에서 정당성을 찾는 것도 일민주의의 내적 모순을 드러낸다. 일민주의는 전통에 대한 비판과 부정을 보여주면서도 전통에서 그 가치를 찾고 있다는 점에서 논리적 불일치를 포함하고 있다.

이런 맥락에서 이승만과 일민주의의 전도사들은 현대적인 서구 민주주의의 도입을 불가피하게 받아들이면서도 이를 한국적으로 변용시키고 있다. 이를 민족적 민주주의라는 용어로 표현하면서, 그 정당성을 한국의 전통에서 찾고 있다. 민족적 민주주의의 국가를 수립하기 위한 이념적 도구로서 제시된 것이 일민주의인데, 민족적 민주주의와 일민주의는 한국의 전통을 매개로 연결되고 있다. 한국은 오랜 전통을 지닌 하나의 단일 민족이고 그 전통에서 한국식의 민주주의의 씨앗을 발견할 수 있다는 것이다. 특히 일민주의자들이 주목한 것은 단군과 홍익인간 외에도 신라의 화랑도 정신과 신라의 아름다운 민주주의 전통이었다. 안호상은 "우리가 말하는 민주주의, 이 민주주의는 신라의 민주주의가 세계에서 가장 발전하였으며 .... 세계의 참된 민주주의는 우리나라에서 시초했으며 세계에서 최고 발전, 극단의 발전은 우리나라에서 한 것입니다"라고 역설했다(이건희 2023:33).

전통에 바탕한 민족적 민주주의는 개인의 자유와 권리와 같은 자유주의의 가치를 거부하는 독재 체제 구축에 기여했다. 혈통의 공유에 기반한 하나의 통합된 민족 공동체를 주장하는 일민주의는 새로운 국가 건설을 위한 이데올로기로서의 가치가 인정되더라도 자유주의적 개인주의에는 분명 강한 부정적 요인으로 작용했다.

일반적으로 민족주의는 민족 구성원인 개인들 사이의 평등을 높이지만 개인을 공동체에 강하게 통합시키는 이데올로기로 작용하기 때문에 개인이 이 압박에서 벗어나기는 힘들다. 결국 사회의 다원성과 다양성을 약화시킬 수밖에 없다. 일민주의도 이러한 특성을 지니고 있다. 일민주의는 개인들 사이의 극단적인 동질성을 키우려 한 것이고 따라서 이런 주장 앞에서 개인의 존재가치는 찾기 어려울 수밖에 없다(강준만, 2004:172). 일민주의와 이승만 체제는 이런 식으로 개인에게 개인성을 포기하도록 강요하고 개인을 민족과 국가라는 집단 속으로 묶어 넣었다. 민족의 입장에서 볼 때 그 국가는 분단된 반쪽짜리 국가였고, 그 민족은 일민주의라는 이념을 받아들이지 못하는 민족 구성원을 배제하는 배타적 민족주의였다.

일민주의는 민족주의의 틀 속에 어떤 내용의 정치 및 경제 체제를 구성할 것인가에 대한 명확한 이론적 기반을 지니지 못했다. 공산주의와 자본주의를 모두 배제하면서도 새로운 대안은 없는 공허함을 보여준다. 이 모든 철학적 이론의 빈곤함을 메운 것은 결국 전통적 가족국가의 가부장인 이승만에 대한 개인숭배였다. 국부인 이승만이 국가의 중심이 되었고, 그의 독단적 의지가 곧 국가의 방향과 운명을 결정하였다. 이러한 파행적 모습이 곧 민족적 민주주의에 담긴 모순적 요소들의 결합으로 나타났다. 이것이 곧 이승만 시대에 나타난 '한국적' 민주주의이자 '한국적' 파시즘이다.

일민주의는 1953년에 이론적 주창자였던 안호상과 양우정이 권력을 상실하고 정치의 영역에서 이를 이끌어갔던 대한민족청년단이 힘을 잃으면서 정치적 지배 이념의 위치에서 멀어졌다. 그러나 한국전쟁을 거치면서 그리고 시간이 지날수록 이승만 독재 체제가 공고해지면서 일민주의에서 비롯된 집단주의의 힘은 더욱 강해졌고 이승만이 대통령에서 물러날 때까지 지속되었다. 이러한 모습이 이승만의 뒤를 이어 독재 체제를 구축한 박정희 시대에 민족적 민주주의의 이름으로 다시 재현된 것은 역사의 우연이 아닐 것이다.

2. 박정희 시대의 개발 독재와 공동체주의

4·19의거를 통해 이승만의 독재 체제를 무너뜨리고 탄생한 제2공화국은 적극적으로 자유주의와 민주주의를 추구하는 듯했지만 실제로 구체적 성과를 올리기에는 너무 짧게 끝나고 말았다. 연일 계속되

는 시위와 집권당인 신민당 내부의 분열, 그리고 4·19의거를 이끌었던 대학생의 평화적 통일 방안 논의 등이 군부의 눈에는 '사회적 무질서'로 보이기에 충분했다. 이를 빌미로 마침내 1961년에 박정희 장군이 주도하는 군사 쿠데타가 일어났고 성공한 군부는 혁명 공약을 발표하면서 그 실체를 드러냈다. 6개 항으로 된 혁명 공약의 상당 부분은 반공 친미 국가의 형성을 선언하고 있는데, 이는 미국으로부터 쿠데타의 정당성을 확보하기 위한 상징적 조치로 보인다. 혁명 공약에서 국민에게 던지는 가장 중요한 항목은 "절망과 기아선상에서 허덕이는 민생고를 시급히 해결하고 국가 자주 경제 재건에 총력을 경주한다"라는 선언이었다. 이로 인해 경제발전을 통한 빈곤의 해결이 곧 쿠데타의 정당성에 결정적으로 중요한 요인이 되었다.

경제발전을 통한 정당성의 확보는 조국 근대화의 이름으로 진행되었다. 그 첫 작업은 전통에 대한 부정이었다. 제2차 세계대전 이후 세계적으로 널리 퍼진 근대화론(modernization theory)의 영향으로 추측되지만, 박정희와 새로운 정치적 지배 집단은 제3세계 빈곤의 원인을 내적 요인에서 찾았다. 그 가운데에서도 특히 주목한 것은 개인의 심성이었다. 유교의 영향으로 인해 열심히 일하지 않고 경제적 부의 축적이 부정적으로 인식되는 상태에서는 경제발전이 불가능하기에 국민정신의 개조가 필요했다. 따라서 박정희 체제는 경제개발을 위해 개인들의 심리적 상태를 개선하는 과정을 추진하게 되었다. 식민지 시기에 개인의 개조를 통해 민족의 해방을 성취할 수 있다는 주장과 겹쳐지는 모습이다. 그때와 마찬가지로 박정희 시대에도 다시 유교적 전통이 극복되어야 할 과제로 주어졌고 적극적으로 이에 대한 비판과 비난이 쏟아졌다. 그런 점에서 박정희는 한국의 역사를 "퇴영(退嬰)과 조잡(粗雜)과 침체(沈滯)의 연속사(連續史)"로 규정했으며(박정희, 1997(1963):252), 이를 극복하여 새로운 정신사를 개척하는 것이 시대의 임무라고 주장했다.

새로운 국가를 만들어 가는데 가장 큰 걸림돌은 유교의 역사적 유산이었다. 박정희는 유교가 개인에게도 잘못된 도덕성과 습속을 키웠고 새로운 정치제도로 한국이 지향해야 할 민주주의와도 어울리지 않는다고 지적했다. 조선 시대의 악습으로서 사대주의와 자주정신의 결여, 게으름과 불로소득 관념, 개척정신의 결여, 기업심의 부족, 악성적 이기주의, 명예 관념의 결여, 건전한 비판 정신의 결여 등이 지적되었다. 이는 유교에서 비롯되어 새로운 시대정신에 어울리지 않기 때문에 이를 넘어서는 인간의 창조가 필요하다고 역설했다. 그는 이러한 전통의 병폐에서 벗어났을 때 민주주의를 이 땅에 정착시킬 수 있다는 주장으로 나아갔다.

> 儒教가 政治에 이용되어 『君君臣臣 父父子子』(論語)나 『三綱五倫』과 같은 教說은 주로 封建的 身分制를 대변해 주고 横的인 人格의 平等을 원리로 하는 民主主義와는 정반대의 縱的인 上下 主從關係 위에서 民衆의 盲目的 順從만을 가르치고 건전한 自由의 意識이 성장할 여유를 주지 않았다. …
> 그런데 이러한 모든 惡習들은 결국 이 나라에서 건전한 福祉民主國家建設을 해치고 있는 것이다. 기왕에는 西歐 民主主

義라는 나무가 接木에 성공치 못함을 보고 이제 우리 民族史의 原木을 培養하지 않으면 안 되겠다는 自覺에 눈뜬 것이다.(박정희, 1962:60, 84)

위의 인용문은 상당히 중요한 의미를 담고 있다. 우선 박정희가 전통적 유교에 대해 강한 비판적 의견을 지니고 있음을 보여주는 동시에 얼핏 평등을 원리로 하는 민주주의를 추구하는 듯한 인상을 주고 있다. 수직적 주종관계에 기반한 유교의 전통 속에서 평등과 자유가 성장하지 못함을 아쉬워하는 부분은 그가 마치 자유주의의 가치를 존중하고 있는 것으로 해석될 여지를 남겨두고 있다. 동시에 그는 서구 민주주의가 이 땅에 뿌리내리기에는 부적합하다고 강조하면서 새로운 길을 열어야 한다고 제안한다. 이는 결국 그가 시간이 지날수록 독재 체제를 공고히 하면서 그 정당성을 한국의 전통에서 찾고 서구와는 다른 '한국적' 민주주의의 길로 가게 됨을 예견해 주는 것이기도 하다.

개인의 자유와 평등에 관한 박정희의 언급은 상당히 피상적이고 그나마도 이후로는 별로 등장하지 않는다. 그는 오히려 개인을 공동체를 위해 일하는 인간으로 만들고 개인에게 특정한 가치를 주입하려는 전형적인 공동체주의의 특징을 보여준다. 우선 개인들은 조국 근대화와 경제발전을 위해 오랜 습속을 바꾸도록 요청받았다. 그들은 새로운 정신을 가진 새로운 인간으로 태어나도록 강요받았다. 그 새로운 인간은 개인 자신을 위한 것이 아니라 공동체가 필요로 하는 정신을 가진 그러한 인간이었다. 새로운 사회의 정신으로서 근면,

성실과 같은 덕목이 새로운 근대의 선(善)으로 제시되었고, 이를 통해 국민을 열심히 일하는 경제적 주체로 만드는 과정이 시작되었다. “인간 개조 없이는 지금 우리 민족이 지닌 조국 근대화와 민족중흥이라는 새로운 역사 창조를 성공적으로 이룩하기는 어렵다”(박정희, 1969:288)는 인식하에 그는 국민정신 개조를 통한 경제 운동을 전개했다.

새로운 정신으로 무장한 개인에게 주어진 과업은 ‘민족중흥의 역사적 사명’을 완수하는 것이었다. 개인을 공동체로 통합하고 경제개발에 참여하는 새로운 임무를 부여한 것은 국가였지만, 국가는 이를 민족의 이름으로 정당화했다. 이는 역사적 전통에서 건져낸 민족이라는 보물을 활용하여 독재 체제에 저항하는 사람들조차도 거역하기 힘든 민족 공동체 속으로 개인을 편입시키려는 의도로 보인다.

박정희는 개인이 국가의 구성원인 ‘국민’이기 이전에 ‘민족’의 일원이기를 요구했고 그럼으로써 민족을 통해 국가에 통합되는 정치체제를 구상했다. 이것이 바로 그가 전통과 함께 부정하고 싶었던 서구와는 대비되는 새로운 한국적인 근대의 모습이다. 개인을 완전히 독립적인 존재로 개별화시키고 원자화된 자율적 개인을 국가로 통합시키려는 서구 민주주의에 대해 그는 항상 비판적이었는데, 그 대안을 민족을 통해 찾으려고 했다(김동노, 2010a:331).

서구 민주주의에 대한 박정희의 대안은 민족적 민주주의라는 이름으로 탄생하였다. 그는 민주주의를 위해서는 민족의식을 가진 개인이 필요하며 올바른 민족의식을 가진 이후에야 민주주의가 가능하다는 주장을 통해 민족과 민주주의를 결합했다. 민족적 민주주의 속에서 개인은 자주적 결정권을 가진 독립된 정치적 주체로 인정받지 못하고 민족의 일원으로 정체성이 규정되었다. 개인의 입장에서 본다면, 민족이라는 공동체의 일원으로 자신의 주된 정체성이 규정된다는 것은 자유와 권리를 공동체를 위해 양보해야 하며 그렇지 않으면 민족의식이 없는 인간으로 간주됨을 의미했다(김동노, 2010a:331). 이는 이미 이승만에게서 확인되었던 민주주의의 변형과 자유주의로부터의 일탈을 의미한다.

자유주의에서 주장하는 민주주의는 개인의 자유와 평등, 자율성을 기반으로 하는 보편적 가치를 추구하기 때문에 어느 곳에서나 동일한 형태의 민주주의를 목표로 한다. 이에 반해 자유주의의 보편적 가치를 부정하는 독재 체제에서는 항상 민주주의 앞에 특정한 공동체가 추구하는 가치를 반영하는 수식어를 넣어 제한된 민주주의를 제시한다. 이는 엄밀한 의미에서 자유주의적 민주주의와는 어긋나는 것이다.

그런데 한국 현대 사회에는 이승만에 이어 박정희 시대에 이르러 다시 민족적 민주주의라는 집단주의적 형태의 정치제도와 사회적 가치가 나타났다. 이러한 왜곡된 민주주의에 대한 개념과 제도의 정착은 이후 더욱 강화되어 결국 1970년대 들어 '한국적 민주주의'라는 기형적 형태의 이념과 제도를 만들어 냈다. 어디에도 민주주의의 요소를 찾기 힘든 제도적 변형 속에서 개인은 모든 자유와 권리를 포기하고 국가가 요구하는 모습으로 살아가기를 강요받았고 이에 대한 저항은 극심한 대가를 수반했다. 개인주의 특히 자유주의의 기반을 가진 개인주의는 질식될 수밖에 없었고 파시즘의 형태를 띤 집단주의가 성행하는 사회적 환경이 만들어졌다. 시간이 지날수록 이러한 경향이 점점 더 강화되어 갔던 것이 박정희 시대였다.

박정희 정권에서 개인을 강하게 공동체로 흡수시켰던 또 하나의 중요한 계기는 경제발전을 위한 동원 체제였다. 경제발전은 '민족중흥의 역사적 사명' 가운데 가장 중요한 위치를 차지하기도 했지만 무엇보다 박정희 자신의 정치적 운명과 직결되어 있었다. 박정희는 여러 중요한 정치적 전환점에서 자신의 권력을 정당화하기 위해 경제발전과 조국 근대화 같은 상징들을 활용했다. 그는 "이 세대에 이 나라 국민으로 태어나서 평생에 소원이 있다면, 우리들 세대에 우리의 조국을 근대화해서 선진 열강과 같이 잘 사는 나라를 만들어 보자는 것이다"라고 역설했다. 민정 이양 이후 열린 첫 대통령 선거에서도 자신의 출마 이유를 "자립경제를 재건하기 위해서는 새 일꾼이 나와야 되기 때문"이라고 정당화했다(박정희, 1967:57; 심융택, 1972:3). 수많은 반대에도 불구하고 3선개헌을 통해 집권을 연장할 때도 그리고 유신헌법을 제정하면서 한국 역사상 가장 강력한 전체주의적 국가를 만들 때도 그 명분은 항상 경제발전의 완성이라는 목표로 포장되었다.

경제발전이 박정희에게 그만큼 중요한 의미가 있기 때문에 이를 위해 개인을 총동원하는 체제를 구축하는 것은 당연했다. 경제발전이 박정희 자신의 평생 사명이기도 했지만, 그는 이를 민족의 과업으로 만들었고 개인은 민족의 구성원인 이상 이를 위해 헌신의 노력을 다해야 한다고 설득했다. 다시 민족주의가 경제발전을 위한 동원의 수단으로 활용되고 있는 모습을 확인할 수 있다. 경제발전이 민족중흥의 역사적 사명으로 자리매김하면서 이는 민족 구성원 모두가 참여해야 할 도덕적 선으로 간주되기 시작했다. 국가를 구성하는 개인을 단지 개별화된 개인으로 두는 것이 아니라 민족이라는 보다 높은 차원의 집합체에 통합시키고 이를 통해 경제발전이라는 역사적 사명을 성취하는 기획이 진행되었다. 이러한 시도에 있어 개인은 국가와 민족으로 완전히 통합되어야 하는데, 민족은 국가의 상위 개념으로 설정되었다. 개인을 국가에 앞서 민족에 우선 통합하는 정치 체제를 구상했다. 이를 민족적 민주주의라는 개념으로 제시했다.

박정희는 개인의 자유와 권리와 같은 보편적 가치를 추구하는 서구의 민주주의와 달리 민족적 민주주의에서는 민족의식이 있어야 민주주의가 가능하다고 주장했다. 한편으로는 당시의 야당과 운동권의 저항 세력이 추구했던 서구식 민주주의와 차별성을 보여주는 것이기도 했지만 보다 중요하게는 '한국 민족'이라는 특수한 가치를 중심으로 하는 공동체주의의 성격을 드러낸다. 민족적 민주주의에서는 개인을 독립된 정치적 주체로 설정하지 않은 채 민족이라는 상위 집단에 통합된 하위 개념으로 설정했다. 그렇게 함으로써 개인에게 개인으로 존재하기 이전에 민족의 일원으로 존재하기를 요구하고 개인의 이익보다는 민족이라는 전체의 이익을 추구하도록 요구할 수 있는 기반을 마련했다(김동노, 2010b:214-215).

만약 개인이 이러한 민족의 부름에 적절히 호응하지 못하면 이는 개인의 문제가 아니라 민족의 문제가 된다. 개인의 불완전한 민족 공동체로의 통합은 민족의 위기를 가져오게 되는 것이다. 그는 한국 사회에는 "'살아도 같이 살고 죽어도 같이 죽는다'는 운명 공동체로서의 민족적 자의식이 너무도 결여되어 있고", 이러한 '민족의식의 결핍'은 곧 위기를 가져온다고 주장했다(박정희, 1962:17). 그런 점에서 박정희는 당시를 민족의식이 결여된 위기 상황으로 규정하고 개인을 민족이라는 공동체 속으로 통합시키려 했다. 이제 개인의 운명은 개인적으로 결정되는 것이 아니라 민족이라는 공동체에 의해 결정되고 모든 개인이 하나의 운명 공동체를 구성하는 것으로 인식되었다.

자유주의에서 주장하는 것과 같이 개인이 자신의 이익과 권리를 우선시하게 되면 이러한 개인은 이기적 개인으로 치부되고 민족의 운명에 상처를 가져온 배신자로 전락하게 된다. 이렇게 개인을 국가를 넘어서는 민족이라는 공동체에 결박시킴으로써 박정희는 억압적 국가체제에 대한 저항을 민족에 대한 반역으로 돌릴 수 있는 기반을 마련한 것이다. 민족과 국가를 동일시하는 국가주의적 민족주의의 현실이 바로 그러하다. 분단 체제 속에서 이승만과 박정희를 잇는 국가주의의 강화와 확산은 민족의 대표성을 분단국가가 독점함으로써 이에 대한 저항과 비판을 단순히 억압적 국가에 대한 것이 아니라 민족에 대한 반역으로 몰아가는 길을 열어 놓은 것이다. 동시에 개인은 자신의 정체성을 국민의 일원이기 이전에 민족의 일원으로 규정함에 따라 민족이라는 공동체에 충성하도록 강요받았다.

이러한 목적을 달성하기 위해서는 개인의 생각을 새롭게 만들 필요가 있었다. 개인이 뿔뿔이 흩어져 있거나 민족이라는 집단정신이 강하게 뿌리내리지 못하면 박정희 정권이 생각했던 목표는 달성할 수 없었기에 이를 위한 방안이 필요했다. 이 목적을 달성하기 위한 수단의 하나로 만들어진 것이 국민교육헌장이다. 박정희 정권을 지지하던 수십 명의 이데올로그들이 참여하여 만든 국민교육헌장은 1968년 12월 5일 선포되어 전 국민에게 보급되었다. 이승만의 일민주의 이론가였던 안호상이 당대의 철학자 박종홍 등과 함께 기초위원으로 참여했던 것은 이승만과 박정희 정권의 성격이 그리 다르지 않음을 입증한다. “우리는 민족중흥의 역사적 사명을 띠고 이 땅에 태어났다”라는 문장으로 시작하는 이 헌장은 “나라의 융성이 나의 발전의 근본임을 깨달아, 자유와 권리에 따르는 책임과 의무를 다하며, 스스로 국가 건설에 참여하고 봉사하는 국민정신을 드높이도록” 요청한다. 개인의 자유와 권리에 우선하는 책임과 의무를 강조함으로써 자유주의적 개인주의의 가치보다는 공동체주의가 우선임을 역설하고 있다.

전국의 초중고등학교에서 학생들에게 암송을 강요했고, 이를 수행하지 못하는 학생에게는 벌칙이 가해지기도 했다. 강요된 민족정신의 주입이 학교 현장에서 널리 퍼져 일어나고 있었다. 동시에 민족정신을 빛낸 인물들에 대한 교육이 강화되면서 전통을 재창조하려는 움직임으로 이어졌다. 그 대표적인 인물이 이순신 장군이었다. 임진

왜란이라는 국가의 위기에서 자신을 희생하면서 나라를 건져낸 이순신에 대한 칭송과 존경은 이미 조선 시대부터 있었지만 이를 다시 민족의 영웅으로 되살려 상징화시킨 것은 박정희 정권이었다. 박정희 시대 이순신 장군의 성역화가 진행되어 아산 현충사를 증축하고 현판을 박정희가 직접 써 걸기도 했다. 서울 시내 한복판인 광화문 사거리에 거대한 이순신 동상이 세워지고 많은 초중고등학교에서도 이를 모방한 작은 동상이 만들어져 어린이들 가슴에 멸사봉공의 정신을 심어주려 했다. 그 외에도 베트남 파병을 위해 훈련하던 중 부대원이 던진 수류탄을 온몸으로 막아 자신을 희생하면서 부대원을 구한 강재구 소령도 학교에서 위대한 영웅으로 가르쳤다.

물론 이들의 애국애족과 희생정신은 충분히 높이 평가하고 존경해야 하지만 이러한 흐름이 보여주는 것은 당시 가장 이상적인 인간상으로 설정된 것은 멸사봉공의 정신을 가진 개인이라는 사실이다. 이러한 개인은 개인주의에서 상정하는 인간의 모습과는 상당히 거리가 있고 바로 공동체주의에서 추구하는 개인의 모습과 일치한다.

박정희 시대에 공동체주의를 강화한 또 하나의 중요한 계기는 새마을운동이었다. 1970년대 들어 본격적으로 진행된 이 운동은 농촌 지역의 경제적 낙후를 해결하고 박정희의 정치적 기반을 더욱 공고히 하려는 목적을 지니고 있었다. 1960년대에 시작된 경제발전이 어느 정도 성과를 거두기 시작하자 절대적 빈곤을 탈피하면서 상대적 빈곤이라는 새로운 문제가 등장하기 시작했다. 수출 주도의 경제성장 전략을 쓰면서 저임금 노동자의 생존과 노동력 재생산을 유지하기 위해서는 저곡가 정책을 써야만 하는 상황이 계속되었고, 이는 결국 농촌 경제의 피폐로 귀결되었다.

박정희 정권이 시간이 지날수록 억압력을 높여감에 따라 이에 대한 비판과 반감도 커졌다. 특히 경제성장의 수혜자였던 도시 중간계급에서 그러한 경향이 두드러진 것은 역사의 아이러니이기도 했다. 반면에 농촌 지역은 계속 박정희 정권에 대한 지지를 보내고 있었는데, 농촌 지역의 지지도가 1970년대 들어 하락의 기미를 보이면서 박정희 정권은 농촌 지역과 농민을 위해 뭔가를 하지 않을 수 없게 되었다. 이렇게 하여 식민지 시대의 농촌진흥운동과 유사한 성격을 지닌 새마을운동이 탄생하게 된 것이다.

1970년 박정희가 농촌 지역의 개발 필요성을 강조하는 연설과 함께 시작된 새마을운동은 이듬해부터 정부가 상당한 재정적, 행정적 지원을 제공하면서 농촌의 경제적 상황과 생활환경 개선을 상당히 성공적으로 이루어 갔다. 이 운동이 농촌 지역에서 성공을 거두자 이후 도시도 포함하는 전국적 운동으로 확산되었고, 박정희 정권 이후에도 계속되고 있다.

전국의 거의 모든 농촌 지역에서 새마을운동이 전개되었다. 정부가 시멘트와 철근, 전기, 통신 시설과 같은 사회 기반 시설을 구축하는 데 필요한 자원을 제공하고, 농촌 마을에서 노동력과 필요한 경우 토지를 기여하는 방식으로 진행되었다. 민관의 협동을 통해 시너지 효과를 높이는 것이 이 운동의 핵심적인 전략이었다(김동노, 2010a:335). 행정기관의 개입과 지원이 중요한 요인임에도 불구하고 공식적으로 이 운동은 근면, 자조, 협동과 같은 가치를 내세우면서 개인의 자발적 참여를 필수 요소로 삼았기 때문에 개인들을 지역공동체로 통합시킬 필요가 절실했다. 박정희는 "전 부락민들이 자기 일처럼 누가 뭘 하라, 말라 하는 소리 없이 전부 자진해서 참여하게 되는데, 그것이 바로 협동 단결입니다. …… 여기에 정부가 주민들 힘만으로 안 되는 문제를 조금씩 도와주면, 눈에 보이지 않는 동안에 부락이 성장"할 것이라고 설득함으로써 개인들을 지역공동체 속으로 묶었다(박정희, 1978:98-99).

형식적으로는 개인이 자발적으로 참여하는 것으로 되어있었지만 실제로 개인은 바깥에서 오는 압력에 직면했다. 때로는 지역의 행정기관에서 이러한 압력을 주기도 했지만 보다 중요하게는 마을 공동체에서 오는 압력이 더 일상적으로 개인에게 가해졌다. 국가는 새마을운동을 추진하면서 마을 단위로 지원과 보상을 해주는 방식을 취했기 때문에 국가가 원자화된 개인을 국가로 통합하는 것이 아니라 마을이라는 지역공동체를 매개로 삼아 동원하였다.

마을에서는 최선의 결과를 얻기 위해서 마을 구성원을 최대한 동원해야했고 이를 위해 여러 가지 방법이 활용되었다. 마을 구성원들이 자체적으로 새마을 지도자를 선출하고 마을 개발위원회를 구성하여 운동을 진행했다. 이들에 대한 행정기관의 지원만큼이나 개입도 분명히 있었지만, 마을의 협조 없이는 이 운동이 성공을 거둘 수 없었기 때문에 행정기관의 개입도 최대한 자율성을 높이는 방향으로 이루어졌다. 이런 방식으로 마을 공동체의 자율성과 협동을 높이는 노력의 결과로 개인이 아닌 '우리'라는 공동체 정신이 어느 정도 높아진 것은 사실이다.

그러나 개인의 자발적 참여와 협조가 쉽지 않은 경우도 충분히 있었다. 이런 경우에는 보다 강압적인 방식으로 공동체 정신의 주입과 집단 압력이 행사되기도 했다. 특히 마을 공동체를 위해 개인적 희생을 감수해야 하는 경우에 그러했다. 개인들은 노동력을 무상으로 제공해야 할 뿐만 아니라 때로는 마을 안 도로의 확장이나 경운기가 다닐 수 있는 농로의 개척을 위해 자신의 땅을 기부하도록 강요받았다. 그러한 희생이 예외적이 아니라 꽤 널리 퍼졌던 것으로 확인된다. 한 자료에 의하면, 마을 주민들이 해마다 제공한 노동 일수는 마을당 평균 약 800일에 달했고, 토지 소유자들이 공동체를 위해 '희사'한 토지 면적은 마을당 평균 1,700평에 이르렀다(내부무, 1977:142; 박진환, 2005:115-116).

공동체를 위한 희생이 강요되는 가운데 자발적으로 앞장서 공동체 정신을 실현한 지도자에게는 보상이 주어졌고, 강압적 방법으로도 공동체를 위한 희생을 거부한 사람에게는 제재가 가해졌다. 자조의 목표하에 운동이 진행되었기 때문에 지도자들에 대한 직접적인 보상은 없었지만 다양한 간접적 보상이 제공되었다. 영농자금의 우선 대출, 자녀 장학금의 우선 배정 등이 대표적이다. 매년 우수 지도자로 선정되는 경우 전국으로 중계되는 행사에서 국민적 영웅으로 칭송되기도 했다.

반면에 새마을운동에 협조적이지 않은 개인은 마을 공동체로부터 따돌림을 받았다. 새마을운동과 같이 운동의 결과로 얻어지는 이익이 공동체 구성원 전체에게 돌아가는 경우 합리적 계산을 하는 개인은 무임승차자(free riders)가 될 가능성이 크다. 따라서 개인이 개인주의적 태도를 최대한 억제하고 공동체의 윤리를 따르도록 만들어야 이 운동이 성공할 수 있다. 공동체에 대한 책임과 의무를 다하지 않는 개인에게는 공동체의 이익을 나누어 가질 때 배제되는 것은 물론이며 마을의 일원으로 취급하지 않는 사회적 왕따가 일어나기도 했다. 이런 사회적 배제의 방법(social ostracism)은 조그만 마을 공동체에서 더 이상 개인이 생존할 수 없도록 만드는 강력한 제재의 힘으로 작용했기 때문에 개인은 어쩔 수 없이 공동체에 통합되어 그 윤리와 규범을 따르게 되었다.

박정희 정권은 다양한 방법을 통해 공동체주의를 확산하면서 민족과 국가 그리고 마을 공동체를 위해 헌신하는 개인을 주조해 갔다. 이런 사회적 환경에서 자유주의적 개인주의가 뿌리를 내릴 가능성은 극단적으로 제한되었다. 특히 정치 체제가 억압적이고 전체주의적인 형태를 띰에 따라 개인의 자유와 권리, 자율성과 같은 자유주의의 원칙과 가치를 주장하는 것은 정권에 대한 도전으로 인식되어 강한 통제의 대상이 되었다. 당연히 개인은 정권에 순종하고 국가와 민족을 위해 자신을 희생하도록 교육받았고 그렇게 만들어져 갔다. 조국 근대화를 위한 경제 건설에 앞장서는 산업 역군으로서 그리고 마을 공동체를 위해 기꺼이 자신의 노동력과 토지를 기부할 수 있는 사람이 되어갔다. 심지어 자신의 노동 대가가 제대로 지급되지 않더라도 열심히 일하고, 원하지 않음에도 불구하고 자신의 노동력과 물질적 자원을 희생하는 것이 미덕으로 여겨졌다.

그러나 강력한 공동체주의가 널리 퍼져있었지만 서구의 공동체주의에서 주장하는 개인과 공동체의 관계가 확립되었는지는 회의적이다. 서구 공동체주의의 원리는 개인이 공동체를 위한 책임과 의무를 다하고 공동체의 도덕적 가치를 개인이 공유하는 한편 그 대가로 공동체는 개인을 보호하고 돌보는 관계가 형성된다. 박정희 시기의 공동체주의가 이런 모습에 가깝지는 않았다. 개인의 책임과 의무는 강조되었지만, 국가나 민족이라는 공동체가 개인을 얼마나 보호하고 보살펴 주었는가에 대해서는 상당히 부정적이다. 오히려 개인은 공동체를 위해 일방적으로 희생함과 동시에 개인성의 발현을 포기하고 공동체에 매몰되어 있기를 강요받았다. 이는 부정적 의미로 사용되는 집단주의의 전형적 모습에 가깝다.

3. 독재 체제에 대한 저항 세력의 공동체주의

한국 역사에서 오랜 기간 독재 체제가 지속되면서 개인의 자유와 권리, 자율성은 정치적으로 억압되고 사회적으로 존중되지 못하는 상태가 지속되었다. 물론 그 기간에도 이에 대한 저항은 수시로 그리고 폭발적으로 분출되어 한국 사회를 바꾸는 계기가 되었다. 이승만 체제에 대한 저항으로 일어난 4·19의거, 박정희 체제에 끊임없이 저항했던 학생 중심의 민주화 운동, 박정희 사후 군부 정권의 재확립을 막기 위해 수많은 희생을 가져왔던 광주민주화운동, 그리고 마침내 정치적 민주화를 가져오는 데 결정적으로 기여한 1987년의 6월항쟁이 그러하다. 이러한 사회운동은 다양한 의제를 내걸고 독재 체제에 저항했지만 가장 기본적인 공통 분모는 민주화에 대한 요구이다. 독재 체제를 민주주의 정치 체제로 바꾸어 개인의 자유와 권리를 확보하자는 것이었다.

독재 체제에 대한 비판과 저항은 많은 경우 자유주의와 개인주의의 논리에 바탕하고 있었다. 이승만 체제에 대한 일부 지식인과 대학생의 자유주의적 저항이나 박정희 정권에 대한 제도권 야당과 특히 이를 이끌었던 김대중의 정치적 지향은 자유주의의 성격을 띠고 있었다. 이승만 집권기인 1950년대 중후반 들어 신학자 니버(Reinhold Nieber)의 기독교 사상에 영향을 받은 한국의 신학자들과 실존주의에 매력을 느낀 지식인들이 개인의 도덕성과 자아의 발견을 강조하면서 자연권적 개인의 개념을 제안하기도 했다(윤상현, 2019:171-173). 흔히 공동체주의에서는 공동체가 도덕적 선의 실체이기 때문에 개인보다 우월하며 개인이 공동체에 통합됨으로써 공동체의 도덕성을 나누어 가질 수 있음을 주장한다. 그러나 니버는 개인의 도덕성과 사회의 비도덕성을 언급하면서 개인에 대한 공동체의 위험을 주장했다. 니버의 영향을 받은 한국의 신학자들 가운데 특히 김재준은 이러한 생각을 그대로 이어받았다.

당시의 지식인 많이 기고했던 『사상계』에는 1950년대 중반 이후 개인주의 경향의 글이 꽤 여럿 실리기도 했다. 1955년에는 '자유의 본질, 자유의 과제'라는 특집을 마련하여 자유에 관한 니버와 러셀

(Bertrand Russell)의 글을 번역하여 소개함과 동시에 안병욱, 신상초 등이 쓴 자유주의에 관한 글을 실었다. "자유의 윤리", "자유주의의 현대적 고찰", "한국 자유민주주의의 과제" 등과 같은 제목이 보여주듯이, 이 글들은 자유주의 사상을 다루는 이론적 검토와 함께 한국 사회에 자유주의를 뿌리내리기 위한 고민을 담고 있다. 같은 호에는 70권에 가까운 자유주의의 주요 저서를 소개했는데, 이에는 로크, 벤담(Jeremy Bentham), 밀, 홉하우스(L. T. Hobhouse)와 같은 저명 사상가는 물론이며 국내에 거의 알려지지 않았던 다수의 사상가가 쓴 자유주의의 글이 포함되어 있었다(『사상계』, 1955).

동시에 『사상계』를 위시한 다양한 경로를 통해 실존주의 문학에 관한 관심도 높아졌다. 실존주의 문학도 역시 인간의 실존적 주체성과 내면성을 인식하게 함으로써 개인 자신을 발견하려고 하는 점에서 개인주의와 연결되는 요소를 지니고 있었다.

이승만에 이어 박정희 체제에 맞서 싸웠던 대표적 제도권 야당이었던 민주당도 자유주의의 원리를 민주주의의 기반으로 제시했다. 민주당은 박정희 정권에 맞서 "인간의 자유와 인격이 존중되고 도의(道義)가 사회생활의 바탕이 되는 .... 진정한 민주국가를 건설하는 것이 우리 당의 목표이다"라고 밝혔다(신민당, 1968:21). 이는 민주당이 추진한 박정희 체제에 대한 투쟁이 개인의 자유와 개인적 인격의 존중이라는 자유주의의 가치를 통해 이루어지고 있으며 동시에 이러한 가치의 확립을 위한 것임을 보여준다.

김대중도 역시 자신의 저항 논리를 자유주의와 민주주의에서 찾았다. 그는 민주주의와 자유로운 시장 경제가 궁극적으로 한국이 추구해야 할 가치라고 강조했다. 박정희 정권이 개인의 자유를 억압하는 이유로 북한과의 대립에서 비롯되는 안보 문제를 제시하자, 김대중은 "개인의 자유가 있을 때만 동족끼리라도 싸워 반공할 이유가 있다"고 반론을 폈다(김대중, 1975a). 또한 박정희가 유신체제라는 극단적 억압 체제를 구축하면서 '한국적 민주주의'라는 이름으로 정당화하자, 김대중은 이에 맞서 "어떤 형용사가 덧붙여진 민주주의라도 그것이 민주주의라는 이름을 가진 이상 명실공히 국민이 주인으로서 행동할 수 있는 권리가 보장되어야한다"고 주장했다(김대중, 1975b). 이런 식으로 김대중은 자유주의의 가치인 개인의 자유와 권리를 박정희 정권에 대한 저항의 논리로 제시했다.

그러나 이러한 경향에도 불구하고 전반적으로는 강력한 공동체주의에 기반한 독재 체제에 저항하는 세력도 못지않게 공동체주의적이었음에 주목할 필요가 있다. 박정희 시대 신민당과 같은 제도권 정당과 함께 독재 체제에 맞서 싸웠던 또 하나의 중요한 세력은 '운동권'이었다. 운동권의 개념이 시대에 따라 바뀌었고 무정형적인 형태를 띠고 있는 만큼 이를 엄밀히 규정하는 것은 거의 불가능하다. 그러나 박정희 정권에서 시작하여 군부 독재에 계속 저항했던 주체들은 어느 정도 명확히 밝힐 수 있을 것이다. 저항적 대학생 조직, 노동운동 세력, 개신교와 가톨릭의 종교 집단, 그리고 함석헌과 장준하 등으로 대표되는 재야 세력이 바로 그들이다. 이들은 독재 정권에 대해 비타협적인 태도로 지속해서 강력히 맞섰다.

운동권이 추구했던 목표는 주체에 따라 서로 차이가 있었지만, 이들은 공통적으로 자신들의 운동을 민족과 국가의 이름으로 정당화했다. 이승만과 박정희 시대에 저항의 상징과 같은 역할을 했던 『사상계』는 앞에서 보았듯이 자유주의적 개인주의를 강조하는 글들도 실렸지만 보다 많은 경우에 국가에 대한 개인의 통합과 근대화를 위한 개인의 기여가 필요함을 강조했다(윤상현, 2019:170, 176). 독재와 저항 집단이 모두 국가와 민족을 위해 개인이 일정 정도 양보와 희생을 해야 한다는 논리에 기반하고 있다. 다만 그들이 상정한 국가와 민족이 누구인지에 있어서 서로 차이가 있었을 따름이다. 독재 세력이 생각한 국가와 민족은 정권이나 독재자와 동일시되는 반면, 저항 집단에서는 국가와 민족을 위해 이러한 정권과 독재자를 몰아내야 한다고 맞섰던 것이다.

지배 집단이 분단 체제를 공고히 하고 이를 정치적 수단으로 활용했다면, 저항 세력은 이에 반하는 목표를 설정함에 따라 민족의 성격도 서로 다르게 규정했다. 지배 집단은 이념을 기준으로 민족을 구성하면서 반공을 우선적 가치로 설정했다. 이들은 반공에 동의하지 않는 민족 구성원은 민족의 범주에서 배제하는 방식으로 민족주의를 규정했다. 반면에 저항 집단은 이념을 뛰어넘는 민족의 본원적 요소인 혈통, 역사, 문화, 언어 등의 공유를 민족의 기본 구성요소로 설정했다. 그런 맥락에서 저항 집단은 많은 경우 '통일'을 민족주의의 중요한 지향점으로 제시했다.

이는 김구와 이승만의 대립으로부터 시작하여 박정희 정권과 전두환 정권에까지 이어지는 흐름이었다. 이승만은 단독정부 수립을 위해 통일보다는 외세로부터의 '독립'을 주장하면서 김구의 민족 통일 우선 원칙과 대립되는 방향으로 민족주의를 전개했다. 이후 김구의 이러한 입장은 운동권의 중요한 한 축을 구성하면서 반공을 국시로 하는 국가주의적 민족주의에 맞서는 인종적 민족주의를 발전시키는 데 기여했다. 특히 한국 사회의 기본적 모순을 대외 종속성으로 규정한 운동권의 민족자주(National Liberation)파가 저항 운동의 주체세력으로 부상한 경우에는 오랫동안 한국 사회에서 금기시되었던 반미 운동이 활성화되면서 민족주의의 급진성이 한층 높아졌다. 이러한 경향은 이념을 넘어서는 민족의 통합을 추진한다는 점에서 대내적 결속성을 높일 수 있기는 하지만 민족 외부에 대한 배타성도 동시에 강화되는 계기가 되었다.

물론 민족주의의 색채가 비교적 약했던 저항 운동도 있었다. 대표적으로는 노동 운동을 중심으로 하는 계급 지향의 운동이 그러하다. 노동 운동이나 사회주의 지향의 운동이 민족을 완전히 도외시하는 것은 아니지만, 이들은 한국 사회의 보다 중요한 모순을 계급 갈등에서 찾고 있다는 점에서 개인을 민족보다는 계급의 정체성으로 묶으려 한다. 이러한 관점에서 보면 개인은 사라지고 오직 자본 대 노동이라는 대립 구도만 눈에 띄게 된다. 물론 1970년대나 1980년대 초반까지만 해도 노동 운동이나 좌파 지향의 사회주의 운동이 '노학연대'라는 이름으로 계급과 함께 민주화라는 거대한 목표에 동참했다. 그러나 1980년대 중반 이후에는 노동 운동이 계급 운동의 성격으로 전환하면서 노동자 계급의 이익을 추구하는 운동으로 바뀌었다. 이러한 전환이 이루어지고 나서 진행된 계급 운동은 계급 이외의 이슈는 부차적인 것으로 돌리고 주변화하는 경향을 보여주고 있다. 민족과 마찬가지로 계급이라는 집단에 개인을 독단적으로 끌어들이고 강하게 묶으려는 시도가 이루어지고 있다.

강력한 독재 체제에 저항하기 위해서는 민족이나 계급이라는 집단에 개인을 강력히 묶을 필요성이 있었기에 조직 내의 결속성을 강화하는 시도는 자연스럽게 나타날 수밖에 없었다. 더하여 운동권이 맞섰던 독재 체제가 고도로 중앙집권화 된 강한 국가였다는 점에서도 저항 세력은 더욱 단단한 조직적 단결이 필요했다. 강한 국가에 맞서는 강한 시민사회가 필수적으로 요청되었고 당시 시민사회의 미성숙으로 인해 유일하게 국가에 맞섰던 것이 운동권이었기 때문에 이들은 중앙집권화 된 조직화를 추구할 수밖에 없었다. 이러한 전통이 이어져 민주화 이후에 만들어진 시민사회의 운동단체들도 대부분 거대하고 중앙집권화 된 조직 체계를 추구하였다. 한국의 시민사회를 대표하는 경실련, 참여연대, 환경운동연합, 녹색연합, 여성민우회 등이 모두 그러한 형태를 띠고 있다. 이는 소규모의 풀뿌리 조직을 중심으로 일상생활의 삶의 질을 개선하려는 목적으로 시민 운동을 추진하는 미국이나 일본과는 상당히 대조적인 특징이다.

강력한 국가에 맞서는 강력한 저항 조직이 만들어질 필요성은 충분히 인정된다. 그러나 이로 인해 조직 운영에서 개인이 무시되는 것은 분명 자유주의적 개인주의의 원리와는 어긋난다. 조직이 개인에 우선하고 개인은 필요에 따라 자신을 희생해서라도 조직을 지키고 보호해야 한다는 운영 원리가 부지불식간에 운동권에 자리 잡게 되었다. 국가와 민족이라는 공동체를 위한 운동에 있어 개인은 항상 희생할 수 있는 존재로 가정되었다. 1970년대와 1980년대 운동권의 투쟁 패러다임도 이러한 강력한 공동체주의에 기초하고 있어 필요한 경우 대의를 위한 작은 희생을 감내했어야만 했다(강준만, 2004:157, 160).

개인에게 공동체를 위한 희생을 요구할 수 있는 이유는 이들이 운동의 정당성을 도덕성에서 찾고 있기 때문이다. 자신들은 올바른 일을 하고 있고 자신들이 추구하고 있는 도덕적 선은 전체를 위한 것인 만큼 민족과 국가를 위한 개인의 희생은 불가피하다는 것이다. 이들은 세계를 운동권과 비운동권으로 나누고, 운동권은 공동선을 추구하는 올바른 사람이라는 인식을 강하게 공유하고 있었다. 심한 경우 이들은 선을 독점하고 있다는 태도도 보여준다. 그런 점에서 이들과 조선 후기 유학자가 보여준 위정척사의 배타적 태도를 동일시하는 학자도 있다(채진원, 2022:153).

물론 이들은 민주화라는 한국 사회 전체를 위한 공공선을 추구하며 이를 위해 자신의 이익을 포기했을 뿐만 아니라 상당한 대가를 치르고도 운동에 참여했다. 그런 점에서 이들이 주장하는 도덕적 정당성에 대해 이의를 제기할 수는 없다. 그러나 문제는 이들이 도덕적 정당성을 독점하는 이면에는 자신들 이외의 다른사람들을 부정의로 규정함으로써 주변화하는 배타성이 있다는 것이다. 이러한 경향은 이들이 민주화 이후 본격적으로 제도권 정치로 옮기고 나서도 정치인들을 여전히 운동권 출신과 비운동권 출신으로 나누고, 운동권 출신이 아닌 사람들을 주변화하는 것에서도 확인된다(강준만, 2016:48).

운동권이 도덕성을 바탕으로 정당성을 확보하게 되면 이를 추진하는 조직을 어떻게든 지키려는 습속이 나타난다. 심지어 조직 내 개인의 희생을 감수해야 하는 경우도 있고, 운동권 안에서도 일부 구성원은 주변화되더라도 이를 참고 견뎌야 하는 경우도 있다. 1980년대 운동권에 널리 퍼진 '조직 보위론'이 바로 이러한 입장을 대변하는 논리이다. 이는 조직 보존 혹은 조직 보호를 위해 운동권 내부의 문제를 무시하거나 도외시하는 경향을 의미한다. 자신이 아닌 공동체를 위해 도덕적 선을 추구하니 서로 공감을 바탕으로 개인을 희생하더라도 결속력을 다져야 한다는 생각이 운동권을 지배하고 있었던 것이다. 이러한 운동권의 문화를 비판적으로 보는 일부 학자들은 이를 순화해서 '의리의 공동체'로 표현하기도 했고 심한 경우에는 '진보 파시즘'으로 비난하기도 했다(강준만, 2016:49; 이한수, 2020)

이러한 집단주의적 운동권 문화에서 가장 주변화되고 희생을 강요받았던 이들은 여성이다. 이는 운동권의 공동체주의가 표출되는 방식의 하나가 가부장제 문화였기 때문이다. 운동을 위해 같이 조직에 속해 있으면서도 운동권 내에서도 성적 위계는 존재하고 있었고, 여성은 항상 주변화되었다. 남성 운동가가 거대 담론의 생산자로서 벽보의 내용을 만들면, 이를 받아 적어 대자보를 만드는 것은 여성의 역할이었다. 진보적 운동이 이론적으로 남녀 평등을 내세우면서도 운동권 내부에서는 다시 성적 분업과 위계가 나타난 것이다. 한편으로는 여성에게 전통적인 성 역할과 남성 중심의 문화에서 벗어나 진보적 여성이 되라고 외치면서도, 다른 한편으로는 운동 조직 내부에서 여성은 전통적 성 역할을 맡는 모순을 보여주고 있다(김혜숙·조순경, 1995:143-144).

여성의 주변화는 극단적으로 운동권 내부의 성폭력을 은폐하려는 시도로 나타나기도 해 비난의 대상이 되었다. 이는 자신들의 조직이 추구하는 민족, 민주화, 계급 해방이라는 위대한 도덕성을 위해 개인의 비도덕적 행위를 숨기고 없는 것으로 만드는 모순이다. 혹은 한국 사회 전체가 경험하는 군대 문화의 내재화된 남성성이 운동권에서도 그대로 표출되는 군사주의의 한 특성으로 이해할 수도 있다(권인숙, 2005). 운동권 일부에서 일어난 일을 전체의 문제로 만드는 것도 문제이지만, 이를 무시하고 외면하는 것도 똑같이 문제이다. 이러한 경향은 그만큼 독재 체제에 맞서는 저항 세력의 지향도 민족, 국가, 계급과 같은 거대 조직에 개인을 몰아넣고 개인의 희생을 당연시하는 특성을 지니고 있음을 보여준다.

독재 체제에 맞서는 가장 극단적인 저항은 개인이 자신을 완전히 희생하는 것이다. 1970년 평화시장 봉제공이었던 전태일 열사의 분신으로 시작된 이러한 방식의 처절한 저항은 분명히 운동의 효과를 상승시키는 데 크게 기여했다. 그는 독재 정권의 노동 억압 정책에 맞서 정부가 노동법을 지키지 않는 것에 절망하면서 '근로기준법을 준수하라'는 단순하지만 절박한 외침과 함께 자신을 희생함으로써 이후 노동 운동과 민주화 운동의 거대한 물꼬를 텄다.

그 이후 계속 극단적 저항이 이어졌다. 1975년 유신체제에 저항하던 김상진 열사의 자살 이후 다수의 희생자가 1980년대와 1990년대에 나타났다. 대부분 학교에서 일어났고 분신의 방법을 택한 경우가 많았다. 이는 공적 장소에서 다수가 목격하는 방법이라는 점에서 개인적 희생이 아니라 공적인 목적의 희생임을 보여주는 것이다(임미리, 2016:328, 337). 또한 처음에는 독재 체제에 대한 규탄이 주된 목적이었으나 시간이 지날수록 저항 세력에게 호소함으로써 저항을 활성화하려는 목표로 바뀌어 갔다. 당연히 이러한 행위는 도덕성으로 정당화되는데, 보다 큰 대의를 위한 그리고 국가와 민족을 위한 개인의 희생이라는 점에서 뒤르켐 식으로 표현하면 이타적 자살에 해당한다.

공동체를 위해 개인적인 대가는 포기하면서 자신을 완전히 희생했다는 점에서 그 가치와 의미는 충분히 인정된다. 그러나 이는 독재 체제의 공동체주의가 강해질수록 이에 맞서는 저항 세력의 공동체주의도 동시에 강해지고 있음을 보여준다. 이를 통해 우리는 독재 체제의 강한 공동체주의에 맞서는 강력한 저항의 공동체주의를 확인할 수 있다.

운동권이 이러한 경향을 띠게 된 것은 여러 이유에서 찾을 수 있을 것이다. 유교적 위정척사의 전통에서 기인한다고 주장하는 연구도 있고, 군사문화를 통해 체득한 군사주의의 남성성이 운동권 문화의 근원임을 주장하는 연구도 있다. 어쩌면 이들이 학교 교육을 통해 받았던 멸사봉공의 애국애족 정신과 국민교육헌장의 국가주의적 내용이 이들의 사유 방식에 상당한 영향을 미쳤기 때문일 수도 있다(박노자, 2002:97). 민족과 국가를 위해 희생하는 개인이 당연시되는 교육을 주입받아 습속이 되었고 그 교육을 만들어 낸 독재 체제에 저항할 때도 같은 방식으로 행동하게 되었던 것이다. 그런 점에서 운동권의 문화도 결코 한국 사회의 전반적인 문화 코드와 그리 다르지 않았음을 알 수 있다. 결과적으로 독재와 저항은 모두 국가와 민족을 위한 개인의 희생을 강조하는 같은 논리의 틀에 갇혀있고, 국가와 민족의 주체와 내용을 서로 다르게 설정하여 대립하고 있을 따름이다.

V 현대 사회의 개인주의

V 현대 사회의 개인주의

오랜 기간 한국 사회는 공동체주의 중심으로 진행되어 왔다. 19세기 후반 이후 개인주의가 도입되면서 새로운 사조로 관심을 끌기도 했지만 대부분 공동체주의에 의해 압도되었다. 19세기 후반의 국가적 위기, 식민 지배, 분단과 한국전쟁, 급속한 경제성장과 경제위기, 독재 체제의 형성과 유지와 같은 역사적 우연성이 개인 삶의 불안정성과 불확실성을 높였다. 한국 사회가 역사적으로 경험한 불확실성을 해결하기 위해서는 개인보다 공동체가 우선적 중요성을 가졌을 수 있다.

이런 사회적 환경으로 인해 개인에 대한 공동체의 억압은 지속되었고 공동체는 통제와 억압의 주체로 작동했다. 개인은 국가와 민족이라는 공동체를 집합적 규율 체계로서 경험한 반면 공동체는 개인을 통제하는 실체가 되었다. 그런 점에서 한국 사회에는 공동체가 압도하는 사회 구조가 만들어졌고, 개인주의를 주장할 때도 개인의 권리와 자유가 공동체를 위해 필요하다는 식으로 변형되었다. 개인과 개인주의가 그 자체로서 가치를 인정받기보다는 공동체주의와 연결되는 형태로 존재해 왔다.

그러나 최근 들어 이러한 주도적 흐름에 변화가 나타나기 시작했다. 개인의 중요성이 인식되고 개인이 목소리를 높이는 경향이 새롭게 등장하고 있다. 그러면서 이 흐름을 어떻게 해석해야 할 것인가에 대한 관심이 커지고 있다. 새로운 변화가 가장 가시적으로 드러나는 것은 이전에 볼 수 없었던 개인화의 경향이다. 혼자 살기, 혼자 놀기, 비혼, 비출산과 같은 사회적 경향이 나타나면서 그 의미를 찾기 시작했다. 이 경향이 널리 퍼지면서 단순한 개인적 취향의 문제가 아니라 사회적 현상이 되었고, 이를 설명하기 위한 시도가 이루어지고 있다. 이것이 진정 새로운 개인주의의 탄생을 의미하는지, 만약 그렇다면 어떤 개인주의를 의미하는지에 대한 분석이 필요한 시점이 되었다. 이를 위해 한국 사회에서 개인주의는 어떻게 받아 들여왔는지를 우선 분석하기로 한다.

1. 개인주의의 억압과 왜곡

공동체가 개인에 우선하는 전통을 지켜온 한국 사회에서 개인주의 특히 자유주의와 결합된 개인주의는 제대로 자리 잡기 어려울 수밖에 없었다. 공동체에 맞서 개인과 개인성의 가치를 주장하는 행위는 공동체에 대한 위협으로 간주되었다. 개인이 가족이나 지역공동체에 완전히 매몰된 전통 사회는 물론이고 현대에 들어서도 독재 체제가 지속되면서 자유주의 사상은 권력에 도전하는 위험한 생각으로 치부되어 탄압되었다. 자유주의 기반이 결여된 개인주의마저도 사회적 통합에 방해된다는 이유로 억압되거나 왜곡되었다.

집단의 우선성을 강조하는 공동체주의의 입장에서 개인주의를 억압하는 가장 흔한 방법은 개인주의를 이기주의와 동일시하는 것이다. 개인의 자율성과 개인의 권리를 중요시하는 개인주의는 분명 타자에 대한 배척과 자신만의 이익을 추구하는 이기주의와는 구별되어야 한다. 개인주의에서는 모든 개인을 그 자체로서 목적으로 인식하는데 반해, 이기주의에서 다른 개인은 나를 위한 수단으로 전락하게 된다. 개인주의에서는 서로에 대한 존중을 바탕으로 협력과 이타적 행위가 가능한 데 반해, 이기주의에서는 서로 간의 이익 충돌과 갈등이 배태되어 있다.[11] 이러한 분명한 차이에도 불구하고 공동체에 대한 개인의 헌신을 필요로 하는 한국식 공동체주의의 강화는 개인주의를 이기주의와 동일시하는 왜곡을 가져왔다.

개인주의를 이기주의로 왜곡시키는 과정은 공동체주의를 지향한 국가의 교육 이데올로기를 통해 진행되었다. 오랜 기간 한국의 교육과정은 국가가 인정한 단일 교과서로 이루어져 왔고, 그 교과서는 국가가 개인에게 주입하려는 이데올로기로 채워져 있었다. 교육을 통해 모든 개인을 하나의 동일한 존재로 만드는 표준화의 과정이 강력한 국가에 의해 시행되어 왔던 것이다.

한국의 중등교육 과정을 분석한 연구에 따르면, 교과서에는 개인의 억압과 공동체의 우선성을 다양한 방식으로 강조하는 모습이 나

---

11 일반적으로 공동체주의가 강한 사회가 보다 높은 시민의 사회적 참여도(civic engagement)를 보여주는 경향이 있지만(Parboteeah, Cullen and Lim, 2004), 때로는 이러한 일반화와 어긋나는 경우도 있다. 한국 사회보다 개인주의 경향이 강한 미국이 한국보다 높은 시민 참여도를 보이는 것이 그러한 예이다.

타난다(최종덕, 2018:211-214). 이들 교과서에는 '나'를 강조하면 이기적인 인간으로 여기고 부정적으로 묘사되는 반면, '우리'를 우선 생각하면 이타적이고 도덕적인 인간으로 높이 평가되고 있다. 동시에 개인의 자유와 자율을 중시하기보다는 개인의 가치가 공동체의 가치에 어긋나지 않도록 강조하고 있다. 반면에 개인의 자유와 권리를 지키는 것이 국가의 역할이라는 점은 소홀히 다루어지고 있다. 그 외에도 전통적인 가족주의의 가치관을 지키기 위한 가족 간의 도리와 의무를 강조하고, 애국심과 책임 의식으로 공동체에 적극 참여하는 시민을 바람직한 모습으로 묘사하고 있다. 물론 이러한 가치관이 전적으로 부정되어야 할 대상은 아니지만, 그 이면에는 개인에 대한 존중과 보호가 분명 소홀히 다루어지고 있음을 확인할 수 있다.

이러한 특징을 통해 국가가 추구하는 개인의 정체성은 개인주의의 보편적 가치에 기반한 '시민'이기보다는 공동체주의에 입각한 '국민'의 모습임을 알 수 있다. 근대 이후 서구에서는 시민이 자발적 정치 주체로서 국가의 형성에 참여하고 절대 권력에 맞서 싸우고 민주주의를 성립하면서 '시민사회'를 만들었다. 개인이 정치적 정체성을 스스로 규정하고 이를 지키기 위해 국가를 만드는 것으로 이해될 수 있다. 이러한 개인의 정체성이 바로 '시민'이다.

그러나 한국 사회에서 개인의 정체성은 개인이 결정하는 것이 아니라, 국가에 의해 하향식(top-down)으로 규정되었다. 개인이 어떤 삶을 살아야 할 것인가를 스스로 결정하고 그에 맞추어 공동체를 구성한 것이 아니라, 국가라는 공동체가 개인의 삶의 방식을 규정했던 것이다. 그렇기 때문에 개인의 자유와 권리, 자율성과 같은 개념보다는 집단이나 공동체에 대한 개인의 책임 의식, 의무, 도리와 같은 개념이 우선적으로 강조된다. 이렇게 규정된 개인은 스스로 결정한 시민으로서의 정체성보다는 국가가 결정한 국민으로서의 정체성을 갖게 된다(김동노, 2013:62).

교과서와 함께 개인을 사회화시키는 강력한 기제인 언론에서도 유사한 경향을 찾을 수 있다. 보수와 진보 성향의 언론 모두에서 개인주의를 공동체주의와 대비시키면서 최근 들어서 개인주의의 경향이 강해짐을 경고하고 있다. 이때 언급되는 개인주의는 대부분 부정적 함의를 가진 용어로 사용된다. 개인주의의 부정적 함의에서 가장 널리 언급되는 것은 개인주의와 이기주의를 동일시하는 왜곡이다. 더 나아가 이러한 개인주의는 현대 한국 사회가 처한 위기의 근원으로 지목되기도 한다(국영희·장하림, 2011:182-183, 185). 예를 들어, "현대 사회의 개인주의, 이기주의 등으로 불우이웃에 대한 사랑의 정이 메말라가고 있다"거나 "개인주의 문화의 확산으로 인해 학교의 공동체적 활동에 대한 참여가 저조하다"는 등의 기사는 쉽게 찾아볼 수 있다. 심지어 개인주의의 확산은 1인 가구의 증가, 결혼의 지체와 비혼의 증가 등을 가져오면서 가족의 붕괴를 초래하는 주된 요인으로 지적되기도 한다.

2. 개인화와 개인성의 발현

교과서와 언론에서 모두 개인주의를 부정적으로 인식하고 이를 대신할 가치로서 공동체주의의 이념을 제창하고 있는 것은 역으로 개인주의의 가치가 점차 한국 사회에서 널리 퍼지기 시작했고 새로운 사회적 현상이 되고 있음을 입증해 준다. 개인주의의 확산이 가져올 위험성을 인식하고 이를 통제하기 위한 수단으로 공동체주의의 가치를 새삼 강조하는 것은 개인주의가 한국 사회에 자리 잡아가고 있음을 반증하기 때문이다. 실제로 1990년대 이후 개인주의가 일정한 정도로 퍼지고 있음을 주장하는 경향이 나타났다. 물론 한국 사회가 공동체주의에서 개인주의로 전면적으로 바뀐 상황은 아니지만 곳곳에서 새롭게 개인주의의 경향이 눈에 띄면서 이전과는 다른 삶의 형태를 찾을 수 있다.

한국 사회에서 가장 강력한 공동체주의의 원리가 작동하던 운동권에서도 이런 변화의 모습이 가시화되었다. 1990년대 들어 학생 운동권 리더들이 학생들의 바뀐 모습에 대해 쏟아낸 푸념에서 이전과는 다른 특징이 나타남을 알 수 있다. 이들은 개인주의에 함몰된 학생으로 인해 학생운동이 어려움에 부닥치자 이들의 개인주의를 이기주의로 몰아붙이고 비난하였다. 더불어 일부 연구(나은영·민경환, 1998)에서는 서구문화의 유입과 유행으로 인해 한국 문화가 개인주의로 변화하고 있다는 경험적 연구 결과를 제시하기도 했다. 이런 맥락에서 개인주의의 확산이 운동권의 위기에만 국한된 것인지 혹은 사회 전반에 걸쳐 나타나는 현상인지, 그리고 단순히 서구문화의 유입에 의한 것인지 아니면 한국 사회의 구조적 조건이 변화하면서 나타난 사회적 현상인지를 보다 조심스럽게 따져볼 필요가 있다.

그렇다면 실제로 한국 사회에서 개인주의는 얼마나 널리 퍼지기 시작했고, 상대적으로 공동체주의는 힘을 잃어가고 있는가? 이에 관한 기존 연구의 답은 상당히 복합적이다. 대부분의 경험적 연구, 특히 심리학적 접근을 통해 개인주의와 집단주의 사이의 변화를 탐색하는 연구는 여전히 한국 사회가 집단주의에 의해 주도되고 있음을 보여준다. 유럽이나 다른 국가에 비해 한국 사회가 집단주의적 특성을 보이고 있음을 주장하는 연구는 쉽게 찾을 수 있다(연명흠, 2010:84). 동시에 한국 사회를 대상으로 한 기존 연구들을 메타 분석한 결과도 이 결론과 일치한다(박혜경·김상아, 2018:24-25).[12] 그러나 특기할 만한 사실은 이러한 주도적 경향 속에서도 한국 사회에서 집단주의와 개인주의 경향의 차이가 이전만큼 그리 크지 않으며, 세대와 성별 등의 인구학적 변인에 따라 이전과는 다른 새로운 모습이 나타난다는 것이다. 특히 세대 효과는 거의 모든 연구에서 확인되는데, 예상되듯이 낮은 연령대에서 개인주의 경향이 강하게 나타난다.

이런 상황으로 볼 때, 한국 사회는 공동체주의가 압도하던 사회에서 변화의 계기가 마련되었고 최소한 공동체주의와 개인주의가 혼재하는 상황으로 변화해 가고 있는 것은 분명하다. 흔히 그렇듯 한

12 연명흠의 연구(2010)는 중국, 일본, 네덜란드와 한국의 개인주의와 집단주의 성향을 비교한 것이다. 박혜경·김상아의 연구(2018)는 1997년부터 2017년 사이에 발표된 개인주의와 집단주의에 관한 34편의 논문을 메타 분석한 것이다.

사회의 기본 특징이 바뀌어 갈 때 하나에서 다른 하나로 급격히 그리고 완전히 바뀌는 것은 현실적으로 불가능하고 그 변화는 점진적으로 진행된다. 공동체주의에서 개인주의로의 변화도 이와 유사한 과정을 거칠 것이다. 특히 한국에서 개인주의, 집단주의, 자유주의, 공동체주의의 특성이 서구와는 아주 다른 형태로 발현되고, 이들 사이에 독특한 결합이 일어났기 때문에 이런 현상은 불가피할 것이다. 한국 사회에서 새롭게 나타나고 있는 개인주의가 어느 정도 자유주의와 결합되어 있는가는 따져봐야 할 문제이지만, 이기주의와 동일시되는 개인주의와는 다른 형태의 개인주의가 퍼지고 있는 것은 분명하다. 특히 개인들의 심리 상태가 아닌 사회적 현상으로서 개인주의가 확산되는 모습은 더욱 그러하다.

개인주의의 확산과 관련된 가장 직접적인 지표는 개인화의 경향이다. 개인화는 개인의 생활이 집단 중심으로 그리고 집단 내에서 이루어지는 방식에서 개인 단위로 그리고 개인이 주체가 되는 형태로 바뀌고 있음을 보여준다. 개인의 일상생활에서 개인화가 가장 두드러진 것은 개인과 가족의 관계이다. 한국 사회에서 개인을 집단에 묶는 가장 강력한 힘이었던 가족관계 그리고 가족 형태에서 큰 변화가 나타나고 있다. 우선 통계자료를 통해 확인할 수 있는 가족 형태의 변화는 다음과 같이 요약된다.

표 2: 가족 형태별 가구 구성 (단위: %)

	핵가족				직계가족			기타
	부부	부부 + 미혼자녀	한부모 + 미혼자녀	합계	부부 + 양(편)친	부부 + 양(편)친 + 미혼자녀	합계	
2000	14.8	57.8	9.4	82	1.2	6.8	8	10.1
2005	18.1	53.7	11.0	82.8	1.2	5.7	6.9	10.4
2010	20.6	49.4	12.3	82.3	1.2	5.0	6.2	11.6
2015	21.8	44.9	15.0	81.7	1.1	4.2	5.3	13.0
2017	22.7	44.8	14.6	82.1	1.0	3.9	4.9	12.9
2018	23.5	44.4	14.6	82.5	1.0	3.7	4.7	12.8
2019	24.5	43.9	14.6	83	1.0	3.4	4.4	12.6
2020	25.4	43.9	14.7	84	0.9	3.0	3.9	12.1
2021	26.6	43.3	14.6	84.5	0.9	2.8	3.7	11.9

※ 자료: 통계청, 2023a:13

위 표에서 보듯이, 2000년 이후 20여 년에 걸친 기간 핵가족의 비율은 지속적으로 그리고 압도적으로 높다. 2000년 핵가족의 비율이 82%에 이른 이후 2021년 현재 84.5%로 소폭 상승했다. 핵가족의 비율이 급격히 변화한 것은 아니지만, 부부와 미혼자녀가 같이 사는 전형적인 핵가족의 비율이 상당한 정도로 줄어든 반면 부부만으로 구성된 핵가족의 비율이 늘어난 것은 특징적이다. 예전에는 결혼하지 않은 자녀들이 부모가 같이 살다 결혼 후 분가하는 경향이 주도적이었던 것에 반해, 최근 들어서는 자녀가 성장하면서 결혼과 상관없이 분가하는 경향이 강해짐에 따라 부부만의 핵가족 비율이 증가한 것으로 이해할 수 있다. 동시에 한 부모와 미혼자녀가 동거하는 가족의 비율도 증가했는데, 이는 이혼의 증가에 따라 가족 구성의 변화가 일어난 것으로 보인다. 반면에 부부와 부모, 자녀의 3대가 거주하는 직계가족의 비율은 지속적으로 줄어들고 있다. 이는 인구의 노령화가 급격히 진행되고 있는 상황을 고려하면 다수의 노년층이 자식과 같이 살지 않고 독립된 생활을 하고 있음을 짐작하게 하는 모습이다.

이러한 변화로 인해 가구당 평균 인원수도 줄어들고 있으며, 가구원 수별 가구 구성의 비율도 변화하고 있다. 다음의 자료로 확인 할 수 있다.

표 3: 가구원 수별 가구 구성 (단위: 명, %)

	평균 가구원 수	가구원 수별 가구 구성비					
		1인	2인	3인	4인	5인	6인 이상
2000	3.1	15.5	19.1	20.9	31.1	10.1	3.3
2005	2.9	20.0	22.2	20.9	27.0	7.7	2.3
2010	2.7	23.9	24.3	21.3	22.5	6.2	1.8
2015	2.5	27.2	26.1	21.5	18.8	4.9	1.5
2017	2.5	28.6	26.7	21.2	17.7	4.5	1.3
2018	2.4	29.3	27.3	21.0	17.0	4.3	1.2
2019	2.4	30.2	27.8	20.7	16.2	3.9	1.0
2020	2.3	31.7	28.0	20.1	15.6	3.6	0.9
2021	2.3	33.4	28.3	19.4	14.7	3.3	0.8

※ 자료: 통계청, 2023a:13

이 표에서 드러나는 가장 특징적인 변화는 4인 이상 가구의 비율이 급격히 줄어들어 20여 년 사이에 거의 절반으로 줄어들었고, 그 반대로 1인 가구의 비율은 두 배 이상 증가한 것이다. 이러한 사실은 한국 사회의 가족 구성이 확대가족 혹은 직계가족에서 핵가족으로 변했을 뿐만 아니라, 전통적인 의미에서 볼 때 가족을 구성하지 않는 것으로 여겨지는 1인 가구의 경향이 급격히 퍼지고 있음을 보여준다.

1인 가구의 증가는 여러 가지 요인에 의한 것으로 추측되지만 가장 직접적이고 분명한 이유는 결혼의 지체와 비혼의 증가이다. 한국 사회에서 남녀 모두 결혼에 대한 태도가 예전과는 분명 달라지고 있다. '결혼을 통해 가족을 구성해야 어른이 된다'는 전통적 생각에 균열이 일어나고 있으며, 결혼하지 않고서도 '어른이 되는 다양한 방식'이 추구되고 있다. 가족의 구성이 개인의 정체성을 규정하는 결정적 요인이라는 공동체주의의 생각이 힘을 잃고 있음을 보여준다. 이러한 이유로 인해 결혼 평균연령은 높아지고 있는데, 다음의 통계자료를 통해 이를 확인할 수 있다.

표 4: 초혼 평균연령 (단위: 연령(세), %)

	남성			여성		
	평균연령	전년 대비 증감	증감률	평균연령	전년 대비 증감	증감률
2000	29.28	0.20	0.7	26.49	0.20	0.8
2001	29.55	0.30	0.9	26.78	0.30	1.1
2002	29.77	0.20	0.7	27.01	0.20	0.9
2003	30.14	0.40	1.2	27.27	0.30	1.0
2004	30.53	0.40	1.3	27.52	0.30	0.9
2005	30.87	0.30	1.1	27.72	0.20	0.7
2006	30.96	0.10	0.3	27.79	0.10	0.3
2007	31.11	0.20	0.5	28.09	0.30	1.1
2008	31.38	0.30	0.9	28.32	0.20	0.8
2009	31.61	0.20	0.7	28.71	0.40	1.4
2010	31.84	0.20	0.7	28.91	0.20	0.7
2011	31.90	0.10	0.2	29.14	0.20	0.8
2012	32.13	0.20	0.7	29.41	0.30	0.9
2013	32.21	0.10	0.2	29.59	0.20	0.6
2014	32.42	0.20	0.7	29.81	0.20	0.7
2015	32.57	0.20	0.5	29.96	0.20	0.5
2016	32.79	0.20	0.7	30.11	0.20	0.5
2017	32.94	0.20	0.5	30.24	0.10	0.4
2018	33.15	0.20	0.6	30.40	0.20	0.5
2019	33.37	0.20	0.7	30.59	0.20	0.6
2020	33.23	-0.10	-0.4	30.78	0.20	0.6
2021	33.35	0.10	0.4	31.08	0.30	1.0
2022	33.72	0.40	1.1	31.26	0.20	0.6

※ 자료: 국가통계포털, 2023 (통계청, "인구동향조사: 시도별 평균 초혼 연령 자료"를 기반으로 작성)

이 표에서 나타나듯이, 남성과 여성 모두 최근 들어 지속적으로 결혼을 미루고 있음을 알 수 있다. 놀랍게도 지난 20여 년간 초혼의 평균연령이 낮아진 것은 2020년 남성의 경우가 유일할 정도로 계속 결혼연령이 높아지고 있다. 때로는 초혼 평균연령의 전년도 대비 증가율이 1을 넘는 해도 다수 있어 다시 되돌리기 힘든 경향이 되고 있다.

이러한 경향은 분명 결혼과 가족에 대한 인식의 변화와 관련되어 있다. 개인이 가족에 속함으로써 개인다울 수 있다는 공동체주의의 밑바탕에는 결혼을 인생의 필수 요인으로 간주하는 생각이 놓여 있다. 그러나 최근 들어 결혼해야만 한다는 생각은 상당히 줄어들고 있으며 반대로 이혼할 수도 있다는 생각은 점점 늘어나고 있다.

한국 사회의 의식 조사를 한 다음의 자료를 보면, 결혼해야 한다는 생각은 2020년에 이르러 50% 정도에 이를 정도로 낮아졌다. 전체 인구의 절반 정도가 결혼하지 않을 수도 있다는 의식을 갖고 있는 것이다. 반면에 이혼에 대한 부정적 시각은 여전히 높지만 점차 줄어드는 추세가 확연하다. 전통적 의미의 가족 구성에 대해서는 점차 주저하는 추세이며, 결혼의 해체에 대해서는 점차 적극적인 태도를 보여주고 있다. 개인이 속하는 가장 원초적 집단이 가족이라는 점을 고려하면 개인과 가족, 그리고 가족과 공동체의 관계에 대한 인식이 상당한 정도로 변해가고 있음을 분명히 확인할 수 있다.

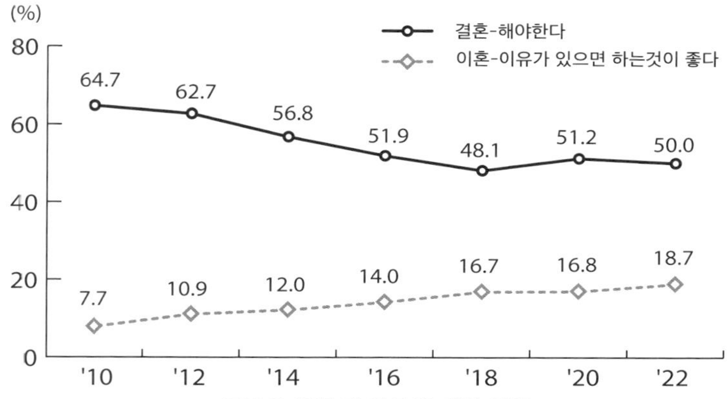

그림 2: 결혼과 이혼에 대한 인식

※ 자료: 통계청, 2023a:1

1인 가구의 증가, 결혼의 지체와 비혼의 증가와 연결되는 또 다른 가족 구성의 변화는 출산율의 저하이다. 이 변화는 이미 널리 알려져 있기 때문에 그리 많은 설명이 필요하지 않다. 아래의 그래프가 보여주듯이, 여성 1인이 평생에 걸쳐 낳는 아이의 수가 2010년대 중반 이후 1 이하로 내려왔고, 이 추세는 최근 들어 더욱 가속화되고 있다. 인구 규모가 현재 수준으로 재생산되려면 평생 합계출산율이 2가 되어야 한다. 합계출산율이 1 이하로 떨어지게 되면 일정 시점이 이르러서 전체 인구가 현재의 절반 이하로 줄어들게 됨을 의미한다. 이는 가족 구성에 근본적인 변화를 가져올 것이다.

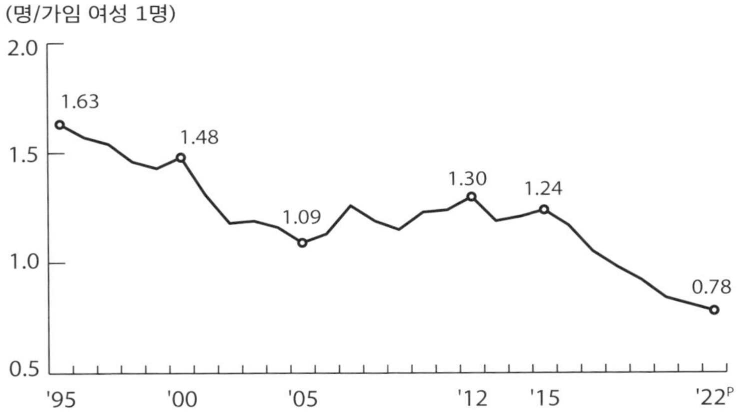

그림 3: 합계출산율

※ 자료: 통계청, 2023a: 1

출산율 저하는 가족 구성의 변화뿐만 아니라 한국 사회 전체의 모습을 근본적으로 바꾸고 있다. 예전의 인구 규모를 바탕으로 만들어진 경제구조가 더 이상 작동하지 않고, 초중고의 학생 수가 줄어들면서 대학이 문을 닫게 되는 교육 제도의 변화가 가시화되고 있다. 지역 경제가 무너지는 것을 넘어 인구 소멸의 위기감이 상당 기간 한국 사회의 화두가 되고 있다. 정부는 다양한 정책적 제도를 만들면서 인구를 증가시키기 위한 노력을 계속했다. 심지어 민간기업에서도 사원들을 대상으로 하는 지원 프로그램을 자발적으로 시행했지만 전혀 효과적이지 않음이 입증되었다. 수많은 재원을 쏟아 넣었지만 이러한 시도들이 실패로 돌아간 것은 한국 사회를 근본적으로 되돌아보는 계기가 되어야 할 것이다.

다양한 정책적 지원에도 불구하고 출산율이 지속해서 저하하는 것은 개인들의 합리적 선택의 결과로 이해해야 한다. 재정적 지원이라는 달콤한 사탕이 주어짐에도 불구하고 아이를 낳지 않는다는 것은 그만큼 아이를 낳는 것이 큰 대가를 요구하기 때문이다. 아이를 낳고 기르는 것이 어떤 그리고 얼마나 큰 사회적 비용을 초래하는지에 대한 검토 없이 단기적이고 즉흥적인 정책만으로 이 문제를 해결할 수 없다는 것은 이미 밝혀졌다.

아이를 낳아서 양육하고 교육하는 데 드는 비용은 물론이고 더불어 그 과정에서 소요되는 다양한 부담에 대한 전면적인 검토가 필요하다. 결혼을 지체하고 출산을 기피하는 사회적 구조에 대한 진단과 대책 마련 없이 문제를 해결하려는 노력은 어떤 긍정적 효과도 가져오기 힘들다. 역으로 개인이 합리적 선택을 통해 출산의 의도가 생기도록 한국사회의 구조를 변화시킨다면 당연히 출산율은 높아질 것이다. 이러한 변화를 위해서는 현재 한국 사회의 구조에 대한 근본적인 재검토가 필요하다.

전통적 가부장제가 굳건히 지속되는 가운데 양육의 책임을 가족에게만 맡기고 특히 여성이 전적으로 희생양이 되어야 하는 사회 제도 속에서 출산율이 높아지기를 기대하는 것은 무리이다. 또한 결혼과 출산을 연계하는 전통적 가치관에 입각한 출산 지원 정책에 대해서도 근본적인 재고가 필요하다. 결혼한 여성만이 출산의 주체가 될 수 있고 되어야 한다는 공동체주의의 가치관을 계속 고집할 것인가를 고민해야 할 때가 된 것이다.

가족관계의 변화와 저출산의 지속은 한국 사회에서 오랜 기간 지속된 공동체적 가치관으로부터 개인들이 이반하고 있음을 보여주는 것이다. 성인이 되면 결혼하고, 결혼하면 아이를 낳고, 여성은 직장을 그만두는 희생을 감수하더라도 아이의 양육과 교육에 전념하는 것이 바로 전통적 공동체주의가 개인에게 강요했던 생활 방식이다. 가족 구조의 변화와 결혼과 출산에 대한 태도의 변화는 더 이상 개인이 전통적 가족 구조를 존중하지 않고 이것이 얼마나 개인 특히 여성에게 희생을 요구하는지에 대한 근본적 회의의 표출이다.

한국 사회에 나타난 이러한 개인화의 경향이 개인주의와는 관련성이 없다는 주장도 제기된다. 개인화의 추세는 개인주의의 생각이 사회적으로 표출된 것이 아니라 단순히 사회의 구조적 변화에 대한 개인의 대응이라는 것이다. 실제로 현대 사회의 개인화 경향은 새로운 사회적 환경으로 인해 어느 정도 예견되는 현상이기도 하다. 벡(Ulich Beck)이 적절히 지적했듯이, 최초의 근대화와 함께 형성된 산업사회의 삶의 방식들이 해체되면서 새로운 근대화, 이른바 2차 근대화가 발생하고 개인화 경향이 널리 퍼지게 되었다.

개인화의 경향은 양면성을 지니고 있다. 개인의 해방이나 정체성, 주관성의 강조로 인해 개인이 행위의 중심이 되는 자아 중심의 세계관이 확산됨과 동시에 사회적 갈등과 위험의 수준도 높아진다(Beck, 1992:132-133). 그런 점에서 현대 사회의 개인화는 개인주의를 지향하거나 개인주의를 초래할 수도 있지만, 다른 한편으로는 사회적 조건의 변화에 따라 개인이 위험사회에 살게 되면서 이에 대한 대응 전략으로 나타날 수도 있다(김성국, 2018:201). 2차 근대화는 글로벌라이제이션, 탈산업화, 정보화, 생명공학의 발달, 초고령사회의 도래, 신자유주의의 확산 등과 같은 사회 구조적 조건을 형성하는데, 이는 이전의 생존 전략을 무력화시키고 새로운 전략을 필요로 한다. 이런 사회 변화에 대응하는 사회와 개인의 전략이 곧 개인화로 귀결된다는 것이다(Chang, 2014:45-46).

한국에서 나타난 개인화의 경향 가운데 가족 형태와 가족주의의 변화에는 이러한 특성이 포함된 것 같다. 흔히 가족의 위기나 해체로 불리는 현상들, 즉 1인 가구의 증가, 결혼의 지체와 출산율의 저하, 이혼율의 증가 등은 사회 구조적 조건의 변화에 대응하기 위한 개인의 전략에서 비롯되었을 수도 있다. 1인 가구의 증가도 고령사회로의 진입으로 인해 나이 든 세대에서 많이 나타나고 있으며,[13] 결혼의 지체와 저출산에도 결혼과 출산 및 양육에 필요한 경제적 재원 확보

---

13 2000년에 1인 가구 가운데 20-30대가 차지하는 비율은 6.5%에서 2020년에 11.4%에 이르러 75%의 증가율을 보였지만, 같은 기간 60-70대가 차지하는 비율은 4.4%에서 8.8%로 늘어나 93%의 증가율을 보인다. 이에 관해서는 통계청의 지표 누리 자료(2023) 참조. https://www.index.go.kr/unify/idx-info.do?pop=1&idxCd=5065

의 어려움이라는 현실적 조건이 작용하고 있다. 또 이혼율의 증가도 감정적 문제와 함께 경제적 상황의 악화에 따른 생존 문제가 분명 개입되어 있는데, 이는 60세 이상에서 이혼율이 가장 높은 것에서도 확인할 수 있다.[14]

그러나 개인화의 경향과 개인주의의 확산을 분리해 인식하는 이 주장에 대해서는 좀 더 면밀한 검토가 필요하다. 최근 널리 퍼지고 있는 개인화의 경향이 개인주의와 전혀 무관한 것이 아님을 입증하는 자료도 쉽게 찾을 수 있기 때문이다. 개인화와 개인주의의 관련성을 적절히 이해하기 위해서는 1인 가구에 대한 분석이 필요하다. 2020년 현재 한국 사회의 1인 가구의 특성은 다음 자료로 확인된다.

14 2020년 현재 남성의 이혼율은 60세 이상에서 가장 높아 18.3%를 차지하고 있는데, 2000년에 이 연령대의 이혼율이 전체의 2.8%를 차지한 것과 비교하면 다른 연령대에 비해 가장 빠른 속도로 증가하고 있다. 통계청(2022:84) 참조.

표 5: 1인 가구 특성 (2020년 현재, 단위: 명, %)

전체	소계	빈도 (명)	구성비 (%)
		6,193,593	100.0
연령별	20세 미만	67,217	1.1
	20세 이상~30세 미만	840,836	13.6
	30세 이상~40세 미만	803,827	13.0
	40세 이상~50세 미만	696,993	11.3
	50세 이상~60세 미만	953,034	15.4
	60세 이상~70세 미만	1,178,044	19.0
	70세 이상	1,653,641	26.7
혼인상태별	미혼	2,489,268	40.2
	유배우	459,950	7.4
	이혼 또는 별거	1,379,772	22.3
	사별	1,864,604	30.1

※ 자료: 국가통계포털, 2022 (여성가족부, "가족실태조사")

이 표를 통해 고령층에서 1인 가구 비율이 더 높기는 하지만 미성년자를 제외한 나머지 전 연령층에서 1인 가구의 비율이 거의 비슷한 수준으로 분포되어 있음을 알 수 있다. 고령층의 경우에는 배우자와의 사별과 같은 불가피한 상황으로 인해 만들어진 1인 가구가 다수를 차지할 것이다. 반면에 나머지 성인 연령층에서 1인 가구의 형성은 사회 구조적 조건에 따른 전략적 선택과 더불어 개인의 자발적 선택에 의한 것일 가능성이 충분하다.

이러한 추론은 1인 가구 구성의 이유를 조사한 결과를 통해 어느 정도 입증된다. 아래의 표에서 보듯이, 50세 이상의 경우에는 이혼이나 배우자의 사망과 같은 불가피한 조건이 가져온 1인 가구의 구성이 압도적으로 높았다. 특히 60대 이상에서 배우자의 사망에 의한 1인 가구가 높은 비중을 차지하는 것은 쉽게 이해된다. 그 외의 세대에서는 학업이나 취업이 가장 중요한 이유로 꼽히고 있는데, 이는 다시 불가피한 경우와 자발적 선택의 경우를 포함할 것이다.

자발적 선택에 의한 1인 가구의 구성이 가장 확실한 '혼자 살고 싶어서'와 '가족과 사는 것이 불편하기 때문'의 비율도 적지 않다. 이러한 이유에 의한 자발적 1인 가구의 구성은 20대와 40대에 걸쳐 골고루 퍼져있다는 점에서 한국 사회의 개인화가 개인주의의 확산과 연결될 가능성은 한층 높아 보인다. 1인 가구의 형성이 사회적 조건에 의한 불가피한 선택인 경우도 존재하고 있지만 이에 못지않게 자발적 선택에 의한 경우도 꽤 널리 퍼져있음을 알 수 있다. 가족과 지내는 것이 불편하다는 이유로 혹은 단순히 혼자 살고 싶다는 이유로 가족을 벗어나 혼자 사는 것이 공동체주의의 가치가 지배하던 예전의 한국 사회에서는 찾기 어려운 현상임은 분명하다.

표 6: 1인 가구 구성 이유 (2020년 현재: 단위 %)

		혼자 살고 싶어서	가족과 불편함	학업이나 취업	배우자의 사망	이혼	기타
전체	소계	16.2	4.1	24.4	23.4	15.6	16.3
연령별	20세 미만	22.5	3.3	68.1	0	0	6.1
	20세~29세	19.9	5	70	0	0.5	4.6
	30세~39세	25.8	3.9	58.5	0.5	1.8	9.5
	40세~49세	29.8	6.3	30.9	0.6	17.1	15.3
	50세~59세	16.4	4	13.5	7.1	35	24
	60세~69세	9.3	3.6	4.3	25.2	31	26.6
	70세 이상	8.6	3.3	0.8	65.1	8	14.2

※ 자료: 국가통계포털, 2022 (여성가족부, "가족실태조사")

자발적 선택으로 형성된 1인 가구의 증가와 함께 개인주의의 확산을 보여주는 또 다른 지표들도 있다. 혼밥, 혼술, 혼자 놀기 등과 같은 행동 양식에서 개인의 주체성과 독자성, 자율성을 존중하고 추구하려는 경향을 볼 수 있다. 그 가운데 여가 활동에 관한 다음의 자료에서 혼자서 여가 활동을 하는 개인의 비율은 인상적으로 높다. 조사 기간 평균적으로 60% 이상의 개인이 가족이나 친구와 함께하지 않고 혼자서 여가 활동을 하는 것으로 나타나 압도적으로 높은 비율을 차지하고 있다. 2022년 현재 세대별로 여가 활동의 유형을 살펴보면, 혼자서 여가 활동을 하는 것은 전 세대에 걸쳐 높은 비율을 차지하고 있지만 특히 30세 이하의 젊은 세대에서는 이 경향이 두드러지게 높은 것으로 나타났다.

표 7: 여가 시간 및 여가 활동 동반자 (단위: 시간, %)

		여가 활동 동반자					
		혼자서	가족	친구	동호회 회원	직장동료	기타
연도별	2018	59.5	29.7	8.7	1	1	0
	2019	54.3	35.5	8.4	1.2	0.6	0.1
	2020	60	28.8	9.2	1.5	0.4	0.1
	2021	63.6	28.8	6.5	0.7	0.3	0.1
	2022	51.8	33.5	12.4	1.6	0.5	0.2
연령별	15~19세	65.1	7.6	26.9	0.3	0	0.1
	20~29세	67.3	11.1	20.3	0.7	0.2	0.4
	30~39세	53.6	30.5	13.4	1.3	0.9	0.3
	40~49세	46.8	41.9	8.8	1.5	0.8	0.2
	50~59세	45.7	41.3	9.5	2.6	0.9	0
	60~69세	45.9	40.6	11	2.1	0.2	0.2
	70세이상	50.2	40.6	7.6	1.3	0	0.3

※ 자료: 문화체육관광부, 2022:41, 127

흔히 이러한 경향은 개인화가 진행되면서 개인이 고립되기 때문에 여가 활동의 파트너를 찾지 못해서 일어난 것으로 해석될 수도 있다. 그러나 사회적 고립감을 조사한 다음의 자료를 참고하면 이러한 해석이 옳지 않음을 알 수 있다.

표 8: 사회적 고립감 (단위: %)

연도	2015	2016	2017	2018	2019	2020	2021	2022
외롭다	26.1	23	20.7	16	20.5	22.3	22.2	19.2
아무도 나를 잘 알지 못한다	18	14	13	11.3	16.7	16.3	16.5	12.6

연령	19세~29세	30대	40대	50대	60세 이상
외롭다	13.5	16.8	14.5	19	26.2
아무도 나를 잘 알지 못한다	12.3	12.2	11.7	11.2	14.2

※ 자료: 통계청, 2023a:66.

위의 표에서 알 수 있듯이, 개인화가 급속히 진행되면서 1인 가구가 늘어나고 여가 활동을 혼자 하면서도 개인들이 느끼는 사회적 고립감은 오히려 줄어들고 있다. 2015년에서 2022년에 걸친 조사 기간에서 고립감을 느끼는 개인의 비율은 대체로 감소하는 경향을 보여주고 있다. 자신과 타인과의 네트워킹을 보여주는 지표("아무도 나를 알지 못한다")에서도 개인들 사이의 단절은 대체로 줄어들고 있다. 이는 개인화가 진행되면서도 고립감을 느끼는 정도는 낮아지고 있고, 개인들 사이의 네트워킹은 오히려 강화되고 있음을 보여준다. 2022년 현재 개인의 고립감에 대한 세대별 차이를 본 결과에서도 상당히 일관성을 갖고 이러한 경향을 확인할 수 있다. 이러한 특징은 개인화가 불가피한 조건에 의해 진행되면 나타나기 어려운 것으로 이해되며, 개인화가 개인의 자발성과 자율성에 기반해 일어나고 있음을 입증한다.

지금까지 살펴본 여러 자료는 최근 한국 사회에서 일어나고 있는 개인화의 경향이 개인주의의 확산과 상당한 정도로 연관되어 있음을 보여준다. 물론 노년 세대의 경우 사회 구조의 변화와 개인의 생애주기에 따라 불가피하게 개인화가 일어나는 경우도 있을 것이다. 이들은 배우자의 사망이나 가족으로부터의 단절, 빈곤 등에 의해 불가피하게 개인화를 생존 전략으로 선택한 것으로 이해할 수 있다.

그러나 보다 많은 경우에 그리고 특히 젊은 세대에 있어서는 개인화의 경향이 사회 구조적 압박에 따른 개인의 전략이기보다는 독립된 자아로 살아가고 싶은 의지가 표출된 사회적 현상임을 분명히 보여주고 있다. 그 외에도 젊은 세대의 연장근무 거부, 회식 회피, 워라벨을 통한 개인적 삶의 중시 등과 같은 경향을 통해서도 이들의 개인주의 태도가 강화되고 있음을 확인할 수 있다(『경향신문』, 2020.08.04.). 이런 식으로 가족 내에서 그리고 회사에서 전통적 공동체주의에 기반한 가치와 삶의 형태가 무너지고 새로운 대안이 자리 잡아 가고 있다. 이전에는 찾아볼 수 없었던 개인주의 경향이 한국 사회에 확산되기 시작한 것은 분명하다.

3. 사회운동의 개인화와 개별화

한국 사회의 전반적인 개인주의 확산과 관련된 또 다른 주요 영역은 사회운동이다. 한국에는 전통적으로 대규모의 사회운동이 많이 일어났고 한국 역사를 바꾸는 데 결정적 역할을 했다. 동학농민전쟁, 1946년의 10월항쟁, 4·19의거, 광주민주화운동, 1987년의 6월항쟁 등이 그러하다. 또한 이러한 사회운동은 한국 사회의 공동체주의를 가장 잘 표현해 주는 역사적 사건들이기도 하다. 대규모의 동원이 집단적으로 이루어지고, 개인은 공동체를 위해 희생하고 헌신하는 모습이 이러한 사회운동에서 공통적으로 나타난다.

한국 사회의 민주화를 가져오는 데 결정적으로 기여했던 1987년의 6월항쟁도 이와 다르지 않다. 6월항쟁을 이끌어간 주도적 단체는 '민주헌법쟁취국민운동본부(이하 국민운동본부)'였다. 당시 대통령이던 전두환은 민주화의 거센 요구에 맞서 여당과 야당이 합의하면 직선제 개헌을 하겠다는 약속을 했다. 그러나 예상되었듯이 이러한 합의는 불가능했고, 곧이어 4월 13일 대통령 간선제 등 비민주적 요소를 지닌 현행 헌법을 지키겠다는 '호헌 조치'를 발표했다. 그러자 국민을 기만한 독재 세력에 대한 대규모 저항의 불길이 타오르기 시작했다.

민주화의 열망과 저항을 조직화하는 데 가장 핵심적 역할을 했던 것이 국민운동본부였다. 이 시기 독재 체제에 대한 저항을 이끌어 왔던 '민주통일민중운동연합(민통련)'과 제도권 야당이었던 '통일민주당'이 주축이 되어 정치인은 물론이며 학생 운동권, 시민단체, 종교계, 학계, 문화예술계 등을 포함하는 전국적 조직화가 일어나 국민운동본부가 만들어졌다. 6월항쟁 당시 민통련에는 함석헌, 김재준, 지학순, 문익환, 계훈제, 함세웅, 이소선 등 재야 운동권 세력이 모여 있었다. 정치권에서는 통일민주당과 민주화추진협의회를 김영삼과 김대중이 이끌고 있었다. 국민운동본부에는 전체 25개의 단체와 2,191

명의 발기인이 참여했다.[15] 발기인으로는 지역대표, 종교 단체, 재야 단체, 정치단체, 노동조직, 농민 조직, 도시빈민 조직 등 다양한 조직의 대표들이 참여했다(윤상철, 1997:128).

국민운동본부는 단순히 여러 단체가 결합한 연합체가 아니라 6월 항쟁을 처음부터 끝까지 이끌어간 핵심 조직이었다. 국민운동본부는 6월 10일에 열린 국민대회를 시작으로 하여 최루탄 추방 결의대회, 민주헌법 쟁취를 위한 국민 평화대행진 등을 기획하고 조직화했으며, 6·29선언으로 6월항쟁이 끝날 때까지 지속해서 운동의 방향을 설정했다. 나아가 이 조직은 참여자의 행동 요강까지도 발표하면서 참여자를 동원하고 조직화하는 중추적 역할을 맡았다. 예를 들어, 6·10국민대회에 참여하는 국민은 "오후 6시 국기 하강식에서 애국가를 제창하고, 이어서 자동차 경적을 울리고, 전국의 사찰, 성당, 교회는 타종을 하고, 만세 삼창과 1분간 묵념을 하도록" 요청했다(박선욱, 2020).

국민대회 이후 각 100만 명 이상이 참여한 것으로 추산되는 최루탄 추방대회와 국민 평화대행진에서도 국민운동본부는 중추적 역할을 수행했다. 대학생을 포함한 다수의 참여자를 동원하기도 했고 일반 시민의 참여 유도와 조직화를 이끌었다. 일반 시민 특히 서울 도심에서 일하던 중산층의 사무직 노동자가 대거 참여하면서 이들을 '넥타이 부대'로 부르기도 했다. 대학생과 같이 조직을 통한 동원과 함께 중산층의 개인적 동원이 혼재했지만, 어느 경로로 참여했던 일

15 국민운동본부의 발기인 수는 이후 법조인들이 참여하면서 2,264명이 되었다(박선욱, 2020).

단 동원된 시민들은 국민운동본부가 주최하는 집회에서 하나의 조직화 된 일원으로 저항 운동에 참여했다. 결국 6월항쟁은 잘 조직화된 운동이 강력한 독재 체제를 무너뜨릴 수 있음을 보여준 역사적 사례이다.

6월항쟁의 결과 정치적 민주화가 진행되기 시작하면서 사회운동의 형태도 변화하기 시작했다. 새로운 사회운동을 이끌어갈 시민사회 단체들이 만들어지고, 이들이 주도하는 시민 운동이 주된 사회운동으로 자리 잡게 되었다. 이는 이전에 학생운동이나 노동 운동, 빈민 운동 등이 독재 체제를 대상으로 하는 대규모의 시위를 이끌어왔던 것과 비교해 볼 때 상당한 변화를 의미한다. 한국 사회의 사회운동 주류가 민중운동에서 시민 운동으로 변화해 간 것이다. 1989년 '경제정의실천시민연합(경실련)'이 만들어지고 5년 뒤 '참여민주사회와 인권을 위한 시민연대(참여연대)가 만들어져 시민 운동이 본격적으로 시작되었다.

그 이후 수많은 단체가 만들어지고 이전의 민중운동과는 다른 방식의 운동이 전개되었다. 교수, 변호사, 회계사와 같은 전문직이 대거 참여함으로써 전문적 지식을 활용하는 운동이 나타나기 시작했다. 토지공개념 운동, 소액주주 운동, 공익성의 집단 소송과 같이 전문성이 필요한 운동이 시민사회 운동의 주류가 되면서 다수를 동원하는 길거리 시위에서 점차 새로운 형태의 운동으로 바뀌게 된 것이다. 이러한 운동 내용의 변화에도 불구하고 운동을 하는 방식은 여전히 중앙집권화 된 조직이 대규모의 참여자를 동원하는 것이었다.

이런 방식이 유지된 이유는 강력한 국가에 맞서기 위해서는 저항 운동의 조직도 역시 강력한 구조를 지녀야 하며 조직을 통한 참여자의 동원이 가장 효과적이기 때문이다.

경실련과 참여연대가 시민 운동의 새로운 공간을 확보해 감에 따라 다양한 영역에서 시민 운동이 나타났다(김동노, 2013:65-66). 경실련과 참여연대에 앞서 환경운동을 이끌어 왔던 최열 대표가 조직한 환경운동연합과 함께 녹색연합, 환경정의를 비롯한 보다 많은 시민 운동단체가 만들어지면서 환경운동은 대표적인 시민 운동으로 자리 잡았다. 여성운동도 마찬가지였다. 가장 활발하게 운동을 추진한 여성민우회는 물론이며 30여 개의 단체가 여성운동연합에 참여하면서 네트워크를 형성했다. 더불어 소비자 운동, 교육 운동, 문화 운동 등이 시민 운동에 더해지면서 운동의 영역이 넓어짐과 동시에 깊어지는 효과를 가져왔다.

이렇게 성장한 시민 운동의 역량이 최대로 결집된 것은 2000년의 총선연대였다. 이는 한국 사회의 시민 운동 역사에서 강력한 조직에 의한 대규모 동원이 가장 효과적으로 이루어진 경우이다. 이 운동은 부패한 정치인의 명단을 만들고 이들을 정당의 공천에서 배제하는 '낙천운동'과 총선에서 떨어뜨리는 '낙선운동'으로 진행되었다. 1,054개의 단체가 참여했고, 3개월 정도의 운동 기간에 홈페이지 방문자가 92만 명을 넘어서고, 3억 5천만 원을 넘는 후원금을 모았다(총선시민연대, 2001). 경실련이 창립된 이후 10여 년에 걸친 시민 운동의 역량이 얼마나 성장했으며, 시민 운동이 얼마나 많은 시민의 지원을 받았는가를 한눈에 볼 수 있는 계기가 되었다. 이러한 힘이 작용하여 실제로 명단에 들어간 후보 가운데 69%(59/86)가 낙선했다. 특히 수도권에서는 거의 전원이 낙선하여 이 운동에 대한 호응이 운동에 참여한 사람들뿐만 아니라 일반 시민에게도 널리 퍼져있었음을 입증해 주었다.

그러나 2000년의 총선연대를 정점으로 시민 운동의 사회적 영향력이 약화되기 시작했고, 사회운동도 새로운 모습으로 바뀌어 갔다. 새로운 형태의 운동이 나타난 계기는 2002년의 촛불시위였다. 2002년 6월 경기도에서 군사훈련 중이던 미군에 의해 신효순과 심미선의 두 여학생이 희생당하는 사고가 일어났다. 미군 장갑차가 길을 건던 두 여학생을 발견하지 못해 일어난 우발적 사고였지만 그 처리 과정에서 시민들의 감정에 반하는 일이 일어나면서 집단 시위로 발전되었다. 희생자 가족은 2억 원의 피해 보상금을 받았지만 사고를 일으킨 미군들은 군사재판에서 업무상과실치사에 대해 무죄판결을 받고 그 직후 미국으로 출국하여 어떤 처벌도 받지 않게 되었다. 시민들은 "장갑차마저 출국하기 전에 구속하라"는 표현으로 이 결정을 비웃었다(『오마이뉴스』, 2002.11.29.).

적절한 사과와 책임자 처벌도 이루어지지 못한 채 이 비극적 사건은 2002년 월드컵의 열기 속에서 잊히는 것 같았다. 그러나 운동 조직에 전혀 속하지 않았던 '앙마'라는 한 네티즌이 11월 30일 광화문 모임을 제안하면서 운동이 시작되었다(『오마이뉴스』, 2002.12.31.). 전문 운동가가 아니고 개인 시민이었던 그는 시위 3일 전 <인터넷한

겨레> 자유 토론방에 "광화문을 효순·미선의 영혼인 반딧불이 바다로 만들어 평화로 미국의 폭력을 꺼버리자"고 호소했다. 3일간 이 글의 조회 수는 80여 회에 불과했으나 이어 삽시간에 인터넷 곳곳으로 퍼졌다. 희생자에 대한 추모의 의미로 촛불을 들고 처음에 40여 명이 모여 시위가 시작되었지만 이날만도 곧 1만여 명이 현장에서 결집했다. 일주일 뒤의 집회부터 5만여 명이 촛불을 들고 시위에 계속 참여했다. 한 달 정도 지난 후 시민 단체들도 집결하면서 전국적으로 시위가 퍼지고 참여자는 더욱 늘어나게 되었다.

이로 인해 한국에서 최초로 촛불시위가 탄생하게 되었고, 이후 촛불시위는 주도적인 사회운동의 한 형태로 자리 잡게 되었다. 뒤이은 촛불시위에서도 비슷한 모습이 나타났다. 2008년에 일어난 미국산 쇠고기 수입 반대 시위도 그러하다. 인터넷 사이트인 '다음 아고라'에서 광우병 쇠고기 수입에 대한 논란이 진행되었다. 이에 참여한 네티즌들을 중심으로 반대 시위가 시작되고 이들이 운동 조직을 거치지 않고 자발적으로 사회운동을 진행해 갔다. 이후 시민 운동단체들이 참여하였지만 이들이 주체가 되지 못한 채 조직 밖의 개인들이 자연스럽게 운동을 이끌어 갔다.

오랜 기간 사회운동을 이끌어 왔던 시민 운동 리더들은 이런 당혹스러운 상황을 맞아 어떻게 행동해야 할지 모른 채 수동적 역할을 맡을 수밖에 없었다. 광우병 수입 반대 촛불시위에 참여했던 한 전문 운동가는 집회에 참여하면서 느낀 감정을 상징적으로 표현했다. 그는 "사회를 보는 사람도 집회를 준비하는 실무 인력도 도통 아는 사람이 없었고, 딱히 주체 단체라고 할 만한 곳도 없었는데 수백 명의 사람들이 모여" 운동을 이끌어가고 있었다고 당시 상황을 기억했다(하승창, 2015:150). 이후 시민 운동단체들이 광우병국민대책회의를 만들고 운동의 진행에 도움을 주긴 했지만, 이들이 기획하고 주도해서 만든 운동이 아니었기에 시민들에 의한 자발적 운동을 돕고 지원하는 것으로 그칠 수밖에 없었다.

최근에 일어난 가장 대규모의 사회운동이었던 박근혜 대통령 탄핵 요구 촛불시위에서도 비슷한 모습을 확인할 수 있다. 시위의 목표와 방식에는 일정한 정도의 변화가 있었지만, 운동이 진행되는 방식에 있어서는 2002년의 촛불시위 이후 최근까지 일어난 사회운동에서 일관된 흐름이 감지된다. 1987년의 6월항쟁이나 총선연대와 달리 대규모의 조직이 참여자를 집단적으로 동원하는 것이 아니라 개별 시민들이 주체가 되어 운동의 필요성을 제기하고 이들이 인터넷 특히 SNS를 활용해 같은 생각을 가진 개인들을 불러 모으는 방식으로 운동이 시작된다. 이후 운동이 일정 규모에 이르면 뒤늦게 시민운동단체 등이 조직적으로 운동에 참여하는 형태가 반복되고 있다. 전통적으로 사회운동의 주체였던 운동 조직이 상당 기간 운동의 발전 과정에서 소외되는 현상이 나타나면서 개인과 조직의 관계가 역전되기도 한다. 전통적으로 한국에서 사회운동은 단체에 의해 조직되는 방식이었다면, 이제 새로운 운동 형태는 개인들이 주도하고 운동 단체는 자발적 개인들의 참여를 연결하는 것으로 바뀌었다(하승창, 2015:165).

이렇게 됨으로써 운동 조직이 내건 단일한 가치를 참여하는 개인들이 수동적으로 받아들이는 것이 아니라 개인들이 스스로 추구하는 가치를 내걸고 운동의 의제를 만들어 간다. 조직에 의한 하향식(top-down) 조직화가 아니라 개별화된 개인이 자발적(bottom-up)으로 참여하기 때문에 운동의 필요성을 느낀 다양한 개인이 참여하게 된다.

운동의 큰 방향과 목표에는 어느 정도 동의하지만 구체적인 부분에 있어서는 서로 다른 생각을 가진 개인들도 참여하면서 운동을 통해 자신이 추구하는 가치를 실현하려는 경향을 보이기도 한다. 사회운동이 때로는 단일한 가치로 완전히 모이지 않은 채 다양한 가치가 공존하는 형태로 진행될 가능성도 충분히 있다. 따라서 운동을 조직하는 입장에서는 다양한 가치들을 어떻게 조화롭게 조정할 수 있는가가 운동의 진행에 있어 중요한 과제가 된다. 이는 이전의 사회운동에서는 찾아볼 수 없는 현상이며, 운동에 참여하는 개인들의 가치와 자율성이 충분히 인정되는 방식으로 운동이 변화했음을 입증하는 것이기도 하다.

개인들이 집단으로 모여 공동의 목표를 성취하려는 사회운동은 가장 공동체주의적인 특성이 나타나는 영역이다. 그런데 최근 들어 진행된 사회운동에서는 이전과 달리 참여자의 개인성과 개별성이 강조되는 특징을 보여주고 있다. 조직이 운동을 이끄는 것이 아니라 조직을 매개로 하지 않는 개인들의 탈조직화 된 동원이 자발적으로 일어나면서 이러한 변화가 나타난 것이다. 특히 인터넷이라는 새로운 사회적 공간에서 이러한 방식의 동원이 가능해지면서 개인이 운동을 위해 특정 운동 조직에 고정된 소속감을 갖는 것이 아니라 운동 목표가 일정한 정도로 달성되면 수시로 이합집산을 거듭하는 유연성을 지니게 되었다(조대엽, 2013:54-55).

운동 단체가 개인을 동원하여 조직화하면 개인이 상당 기간 조직에 대한 충성심을 유지하는 공동체주의적 정체성은 약화되고 개인이 수시로 조직에서 이탈하고 새로운 조직화를 시도하는 방식으로 바뀐 것이다. 따라서 개인과 조직의 관계는 상당한 유연성을 갖게 되었고, 이러한 유연성으로 인해 집단 중심이 아닌 개인 중심의 운동이 더욱 활성화되었다. 이런 방식의 운동에서는 일정한 정형성을 지니지 않은 주체가 운동을 이끌어가기 때문에 시민 운동단체가 이들을 포괄하는 역할을 하기에는 힘에 부치며 이들을 정형화된 단체의 구성원으로 끌어들이는 것은 거의 불가능하다.

시민 운동이 이처럼 근본적인 변화를 경험하게 된 것은 운동 단체가 시민 운동을 이끌어 온 방식에 문제가 있었기 때문이다. 시민 운동의 전성기에도 시민 운동단체가 '시민 없는 시민 운동'을 추구한다는 비판이 많이 제기되었다. 때로는 시민 운동에 비판적이었던 보수 세력이 시민 운동을 폄하하기 위해 이러한 비판을 제기했지만, 실제로 시민 운동 내부에서도 이러한 성찰적 비판이 나오기도 했다. 단체가 시민 운동을 일방적으로 이끌면서 개인은 이에 동의하고 지원하는 역할에 그치고 운동의 주체가 되지 못하는 방식이 오랫동안 유지되면서 개인들은 단순히 '박수부대'로 전락할 수 있다는 것이 이 비판의 요지이다. 특히 전문가가 시민 운동의 중심 영역으로 진입하고 나서 일반 시민들이 할 수 있는 역할은 극히 제한적이어서 '시민의 왜소화'를 가져오게 되었다(박영신, 2010:219-220). 시민 운동이 정점을 맞은 총선연대에서도 시민의 역할은 시민 운동단체의 활동에 대한 후원과 지지로 한정되었고, 스스로 낙선 낙천자의 명단을 작성하거나 이에 대한 의제를 설정하는 데 참여하는 기회는 주어지지 않았다.

시민이 주체가 되지 못하는 시민 운동이 지속되면서 개인들은 스스로 주체적 시민이 될 수 있는 길을 찾기 시작했다. 때마침 인터넷의 확산과 SNS와 같은 소통과 담론 형성의 장이 만들어지자 이들은 조직을 거치지 않고 자발적으로 직접 행동의 주체가 될 가능성을 확인한 것이다. 더 이상 운동 단체가 제공하는 가치에 일방적으로 이끌려 갈 필요가 없어졌고 스스로 바람직한 가치를 내세우고 이를 확산하는 방식을 취하게 되었다. 개인의 자발성과 주체성에 바탕한 조직화가 가능해지면서 개인들은 다양한 의제에 대해 다양한 방식으로 사회운동을 이끌어가고 참여했다. 이렇게 하여 개인(성)이 집합적인 사회운동의 바탕이 되는 상태로 변화가 일어난 것이다. 결국 '시민 없는 시민 운동'을 이끌어 온 대가가 바로 '시민단체 없는(시민 운동단체가 주도하지 못하는) 시민 운동'으로 나타난 것이다.

개인이 스스로 주체가 되어 개인성에 기반한 사회운동을 주도함에 따라 사회운동의 성격에도 상당한 변화가 왔다. 때로는 개인으로부터 시작된 운동이 대규모의 조직화를 거쳐 국가적 의제를 다루는 운동으로 발전하기도 했다. 2002년 이후 전개된 대규모의 촛불시위가 그 대표적 경우이다. 그러나 보다 많은 경우에 사회운동은 예전과 같이 대규모의 조직화를 거치지 않고 소규모로 진행되면서 국가적 의제보다는 지역 혹은 운동 주체인 개인들이 속한 소규모 공동체 중심으로 바뀌었다. 예전에 일어났던 대규모 시민 운동의 과도한 정치화를 넘어서는 생활 정치 중심의 운동이 주류를 형성하고, 중앙집권화된 거대 관료제적 조직이 아닌 지역공동체 기반의 소규모 조직이 운동을 이끌어 가는 형태로 바뀐 것이다.

이러한 전환은 운동의 내용에서 일어난 변화와 연결된다. 예전의 대규모 조직 중심의 운동이 공익성(公益性)의 운동이었다면, 이후 진행된 개인 중심의 운동은 공익성(共益性)의 운동으로 볼 수 있다(김동노, 2013:79-81). 전자의 공익성(the public interest)은 사회 전체의 이익을 추구한다는 점에서 보편적 이익(the universal interest)을 목표로 하는 반면, 후자의 공익성(the common interest)은 사회 자체의 이익보다는 개인들의 공통된 이익을 목표로 한다는 차별성을 지니고 있다.[16] 전자는 사회 자체의 이익이 사회를 구성하는 개인들의 공통된 이익과는 질적으로 다르다는 입장에 근거하며, 사상사적으로는 루소나 헤겔의 공동체주의 전통을 이어받은 것이다. 반면에 후자는 사회 전체의 이익이란 곧 개인 이익의 합인 만큼 이는 개인들의 공통된 이익을 통해 실현될 수 있다는 입장에 근거하며, 사상

16 두 종류의 서로 다른 공익성의 본질과 이들 사이의 관계에 관한 보다 자세한 논의는 김동노(2011:66-67) 참조.

사적으로는 홉스, 로크, 밀 등의 자유주의 전통에 닿아 있다.

서로 다른 두 종류의 공익성이 일치할 수도 있지만 때로는 서로 분리 대립할 수도 있다. 한 사회 구성원 모두가 개인의 사적 이익을 추구하는 것을 목표로 한다면, 이들 사이의 공통된 이익의 추구가 사회 자체의 위협을 가져올 수도 있다. 예를 들어, 사회 구성원 모두가 자연을 개발하여 각자의 이익을 최대화하자는 목표를 추구한다면 공통의 이익을 만족시킬 수는 있지만, 그 결과 자연이 훼손되면서 환경 파괴가 발생하면 사회 전체의 이익은 침해되는 상황이 될 수 있다.

이런 이유로 인해 개인의 공통된 이익 추구가 사회 문제를 야기하고 사회적 비용의 발생을 가져오게 된다. 따라서 개인들의 공통된 이익을 추구하는 것이 비난받아야 할 이유는 없지만, 사회 자체의 이익을 지키려는 공익성(公益性)은 사회의 유지와 지속을 위해 반드시 필요한 공공선이라는 것이 공동체주의의 입장이다. 반면에 개인은 스스로 자신의 이익을 가장 효과적으로 추구하고 공동체의 개입은 오히려 이를 방해하기 때문에 사회운동에서도 당연히 개인의 이익이 목표가 되어야 한다는 것이 개인주의의 입장이다. 그런 점에서 한국 사회에서 공익성(共益性)의 운동이 공익성(公益性)의 운동을 점차 대체해 가고 있는 것은 사회운동의 개인주의화가 진행되고 있는 것으로 이해될 수 있다.

시민 운동에서 일어난 이러한 변화가 가져온 결과는 시민 운동의 탈정치화이다. 이제 점차 시민 운동을 이끌어갈 거대 담론도 찾기 어렵고 사회 전체의 이익을 내세운 공익성의 이슈도 찾기 힘들게 되었다. 상당 기간 시민 운동은 중앙집권화 된 거대 조직이 중심이 되어 국가를 대상으로 진행되어 왔다. 따라서 한국 사회 전체를 포괄하는 거대 담론이 운동의 주된 추진력으로 작동해 왔다. 때로는 이 거대 담론이 지나치게 사변적이거나 지식인의 엘리트 문화를 좇아온 경향도 있었다. 지배 집단이 추구했던 집단주의적, 낭만주의적 민족주의를 대체하기보다는 그 틀 안에서 보수 집단의 헤게모니를 일정 정도 공유하면서 이를 보다 민주적으로 달성하려는 담론을 양산해 왔던 측면도 있었다(최장집, 2009:190). 그러나 이 담론이 가진 여러 문제점에도 불구하고 시민 운동은 이를 통해 개인의 사적 이익을 넘어서는 공적 이익을 운동의 목표로 설정하고 이를 사회적으로 확산시키는 데 긍정적으로 기여했음은 분명하다.

그러나 한때 거대 담론의 과잉으로 특징지어졌던 시민 운동이 이제는 담론이 실종된 상태에 이르렀다. 거대 담론이 담고 있는 이슈에 대해 일반 시민의 공감이 현저하게 줄어든 것이 중요한 변화의 근원이다. 대부분의 시민은 공적 이익이라는 거대한 목표와 자신을 동일시하기보다는 주변의 일상적 생활을 보다 중요하게 인식하고 개인의 사적 이익을 추구하는 것이 삶의 질을 높이는 데 더 도움이 된다고 생각한다. 그렇게 되면서 시민 운동의 주도적 방향도 바뀌어, 거대 시민단체 주도의 운동보다는 소규모 지역공동체를 기반으로 하는 풀뿌리 운동이 중심 위치를 차지하고 예전의 시민 운동은 주변화되었다.

시민 운동의 이러한 변화로 인해 시민 운동이 가진 사회적 영향력과 중요성은 점차 줄어들고 있지만 다른 한편으로 개인들의 일상적 삶에 더욱 가까이 다가가고 있다. 이렇게 시민 운동이 개별화된 것은 1997년의 경제위기 이후 우리 사회를 주도하고 있는 신자유주의의 영향으로 이해될 수도 있다.[17] 개인들의 삶을 총체적인 관점에서 재구성하기보다는 개별화된 영역으로 한정함으로써 거대한 공동체를 파편화시키는 신자유주의 시장 경제의 원리가 시민 운동의 영역에도 뿌리를 내리고 있는 것이 아닌가라는 생각이 든다. 시민 운동이 왜 이러한 변화를 겪게 되었고, 이 변화에서 신자유주의가 어떤 영향력을 행사하고 있는지는 한국 사회의 전반적인 변화의 틀 속에서 좀 더 심층적인 검토를 필요로 한다.

4. 공정성과 기회균등의 이슈화

한국 사회에서 개인주의가 확산하는 또 다른 모습은 공정성과 기회균등에 대한 요구가 높아지는 것이다. 이론적 논의에서 다루었듯이, 사회적 평등을 실현하는 데 있어 공정성과 기회균등의 가치는 자유주의를 대표한다. 공동체주의가 결과의 평등을 추구하면서 공존과 공유의 가치를 내걸고 있다면, 자유주의는 기회와 절차의 평등을 중요시하는 만큼 기회균등과 절차적 공정성을 가장 중요한 가치로 여긴다. 모두에게 평등한 기회가 주어지고 절차가 공정하게 진행되었다면 그 결과에 대해서는 개인이 책임을 져야 한다는 것이 자유

17 이런 점에서는 신자유주의를 우리 사회에 끌어들인 1997년의 경제위기가 시민 운동의 기회를 제공해 주었지만, 그 기회 속에는 시민 운동의 위기가 내재해 있었고 따라서 이 기회는 '위험한 기회'였다는 주장(홍일표, 2001:286)도 제기된다.

주의에 기반한 개인주의의 보편적 가치이다. 물론 자유주의의 철학에 개인의 도덕성을 보완한 롤스는 사회적 평등을 위해 공정성과 기회균등에 더하여 결과의 배분에 일정 정도로 국가가 개입할 수 있음을 주장하지만, 대부분의 자유주의자는 여전히 공정성과 기회균등을 가장 중요한 가치로 강조하고 있다.

그런데 공정성과 기회균등의 가치는 최근 한국 사회의 가장 중요한 핵심어로 자리 잡아 가고 있다. 공동체주의가 주도했던 한국 사회에서는 공존과 공유와 같은 가치가 중심 위치를 차지하고 기회균등과 절차의 공정성은 부차적 위치에 머물러 왔다. 한국 사회는 개인들 사이의 경쟁에 있어 경쟁 조건의 평등과 절차적 과정을 중요시하는 자유주의의 가치보다는 공동체주의에서 강조하는 결과의 정의에 더 큰 관심을 보여 왔던 것이다.

그런 한국 사회에서 처음으로 공정성의 이슈가 전면으로 떠오른 것은 2016년에 일어난 박근혜 탄핵을 둘러싼 촛불시위였다. 2016년 10월 29일 1차 시위를 시작으로 하여 2017년 4월 29일 23차 집회가 열릴 때까지 수많은 참여자가 동원되어 한국 현대사 최대의 사회운동이 전개되었다. 이 운동의 최초 집회에는 3만 명 정도가 참여했지만 곧이어 서울에서만도 100만이 넘는 참여자가 모여든 집회가 계속되었다. 결국 이 운동은 전국 참여자 수 1,600만 명을 넘는 역사적 사건으로 남게 되었다(박근혜정권퇴진비상국민행동기록기념위원회, 2018a:311).

박근혜 퇴진 요구 촛불시위는 여러 가지로 한국 사회운동에서 중요한 의미를 가진다. 전통적인 사회운동에서와 같이 대규모 조직이 다시 운동의 중심 역할을 수행하는 계기가 되기도 했지만 동시에 새롭게 나타난 개인 중심 사회운동의 특징도 혼합되어 있었다. 운동을 이끌어간 중심 조직은 '박근혜정권퇴진비상국민행동(이하 퇴진행동)'이다. 이 조직은 3차 시위가 있었던 2016년 11월 12일 공식적으로 발족했는데, 전국에서 2,382개의 단체가 가입했다(박근혜정권퇴진비상국민행동기록기념위원회, 2018b:8-35, 78-95). 퇴진행동은 다양한 시민사회 단체 대표와 지역대표로 구성된 공동 대표단을 위시하여 운영위원회, 전국 대표자회의, 사무국, 선전 홍보팀, 시민 행동팀, 언론팀, 정책 기획팀, 조직팀 등으로 잘 짜인 체계를 갖고 있었다. 이 조직이 3차 시위 이후 집회의 전반적인 방향을 정하고 구체적 기획을 실행하는 데 있어 중추적 역할을 했음은 분명하다. 그런 점에서 이는 한국 사회운동의 전통적인 흐름을 충실히 이어갔음을 보여준다.

그럼에도 불구하고 박근혜 퇴진 요구 촛불시위는 2002년의 촛불시위 이후에 나타난 사회운동의 새로운 특징도 포함하고 있다. 퇴진행동이 본격적인 활동을 시작하기 이전 아직 느슨한 조직화에 머무르고 있을 때 이미 운동은 급속히 발전되었다. 이는 단체를 통한 동원이 아니라 개인들이 자발적으로 참여하는 형태의 동원이 있었기에 가능했다. 1차 시위가 일어나기 이전에 벌써 교수와 대학생들의 시국선언이 계속되었고, 심지어 고등학생조차 청소년 시국선언을 선포했다. 1차 시위를 준비했던 주최 측에서 최대 5,000명 정도 오면 많을 것으로 예측했지만, 이 예상이 무색할 정도로 많은 30,000명이 넘는 개인들이 참여했다(박근혜정권퇴진비상국민행동기록기념위원회, 2018a:58). 단체에 의해 동원되지 않은 개인의 자발적 참여가 그만큼 많았다는 뜻이고, 이 추세는 시간이 지날수록 한층 더 강해졌다. "이게 나라냐"라고 분노했던 개인들이 최순실의 부당한 국정 관여와 이권 개입 그리고 그의 딸인 정유라의 입학 비리가 폭로되자 스스로 SNS를 통해 의견을 교환하고 가족, 친구, 동료와 함께 시위의 현장으로 모여들었다. 이들은 계속되는 집회에서 자유롭게 자신들의 의견을 발표하고 길거리 토론에 참여하는 자발적 주체로서 이 운동을 이끌어가는 역할을 충실히 수행했다.

수많은 집단과 개인이 다양한 이슈를 들고 거리로 나와 수개월에 걸쳐 진행되었기 때문에 이 운동의 성격을 규정하는 것은 쉽지 않다. 어떻게 그 많은 사람이 그렇게 오랜 기간 참여할 수 있었는지는 여전히 분석의 대상이다. 흔히 사회운동이 일정 규모 이상으로 발전되고 운동을 억압하는 쪽의 통제력이 약화되면 다양한 사회운동을 위한 기회구조(opportunity structure)가 마련되어 운동을 처음 시작할 때와는 다른 동기를 가진 다양한 참여자들이 모여들게 된다(Tarrow, 1996:58).

이전의 촛불시위에서도 이와 비슷한 특징이 나타났다. 2008년의 광우병 쇠고기 수입 반대 시위에서도 다양한 노동단체, 농민 단체들이 미국산 쇠고기 수입과는 관련 없는 이슈를 제시하고 운동 목표로 추진했다. 2016년의 촛불시위에서도 한국 사회의 다양한 문제들이 이슈로 등장하면서 그동안 박근혜 정권 아래에서 억눌려 있던 모순들이 운동의 목표로 전면에 떠올랐다. 그러나 시간이 지날수록 운동의 목표는 단순화되고 하나로 모이면서 명확해졌다. 운동에 참여한 개인이나 단체가 시위에서 다양한 요구를 외치더라도 항상 그 목소리는 '박근혜 퇴진'이라는 하나의 목표로 결집되었다.

다양한 의도를 가진 다양한 참여자의 목소리가 하나로 결집될 수 있었던 것은 이 운동을 가로지르는 공통의 가치가 있었기 때문이다. 온 국민을 분노하게 만든 그 가치는 공정성이다(정용인 2016; 박태균 2019). 국가 운영의 어떤 공식적 위치에도 있지 않았던 최순실이 비선 실세로서 국정에 부당하게 개입하고 개인적 이권을 챙겼던 것은 온 국민의 분노를 유발한 중요한 이유였다. 동시에 그의 딸인 정유라가 이화여대에 부정 입학한 것은 수많은 젊은이를 거리로 불러낸 중요한 요인이었다.

그 외에도 박근혜 정권에서 누적된 여러 부정부패의 밑바탕에는 공정성의 위반이라는 공통된 요인이 놓여 있다. 권력을 가진 자들이 권력을 행사하는 과정에서 절차적 공정성을 임의로 무시하고 개인적 이익을 챙긴 것이 표면화되면서 일반 개인은 이를 자신의 일상적 삶에서 느낀 공정성의 침해와 동일시하게 되었다. 수많은 비정규직 노동자는 정규직과의 차별에서 공정성의 파괴를, 대학 입학을 위해 수많은 자본과 노력과 시간을 쏟았던 청소년과 학부모는 입시 과정에서 공정성이 무너짐을, 그리고 묵묵히 일하면서 노력의 대가를 쌓으려 했던 수많은 노동자는 재벌과 권력 사이에 오고 간 거대한 자본의 뒷거래를 보면서 공정성의 배반을 느꼈을 것이다.

이러한 사실을 반영하듯, 촛불시위의 시민 대토론회에서 참여한 22,001명의 개인이 함께 한 '2017촛불권리선언'에서도 공정성의 가치가 강조되었다. 이들은 "국가권력은 공정하고 투명하게 운영되어야 하며, 민주주의와 공공성의 확대에 기여해야 한다"거나 "국가는 공정하고 체계적으로 사회 자원을 분배하고, 구성원 모두에게 공평한 기회를 보장"해야 한다고 주장하여 공정성이 이 운동의 핵심 가치임을 분명히 했다(박근혜정권퇴진비상국민행동기록기념위원회, 2018b:480-481).

이러한 사실은 박근혜 대통령 탄핵의 공식적 절차 과정에서도 확인된다. 2016년 12월 9일 국회에서 찬성 234표, 반대 56표, 기권 2표, 무효 7표로 탄핵소추안이 통과되었다. 국회에서는 모두 13개 항목의 탄핵 사유가 제시되었다. 헌법재판소에서는 이를 5개 항목으로 추려 심리를 진행했고, 2017년 3월 10일 선고를 했다. 공무원 임용권 남용, 언론자유 침해, 생명권 보호 의무, 뇌물죄 혐의, 최순실의 국정 개입 허용과 권한 남용의 다섯 가지 항목 가운데 헌법 재판관 8명의 전원 일치로 인용된 사유는 최순실의 국정 개입 허용과 권한 남용이었다. 나머지는 판단의 대상이 되지 않거나 혐의가 인정되지 않는 것으로 최종 판단했다.

결국 박근혜 대통령이 파면된 이유는 공무상의 비밀 서류를 최순실에게 전달하고, 최순실의 추천에 따른 인사 권한을 남용하고, 재단 법인 설립에 따른 기업의 출연 강요 등으로 이권 추구를 했다는 것이다(헌재결정례정보, 2017.03.10.). 이는 곧 국정운영의 절차적 공정성을 어긴 것이 파면의 결정적 이유임을 의미한다. 이를 통해 대통령 탄핵을 요구한 수많은 개인이 참여한 촛불시위에서나 그리고 파면을 결정한 법적 판단에 있어서나 가장 중요한 핵심어는 공정성이었음을 알 수 있다.

박근혜 대통령의 탄핵 이후 전개된 한국 사회의 모습에서도 공정성에 대한 요구가 점점 커지고 있음을 알 수 있다. 2018년에 열린 평창 동계올림픽에서 여자 아이스하키 남북 단일팀을 구성하는 과정에서도 공정성에 관한 논의가 표면화되었다. 올림픽을 대비해 국가대표팀을 구성해 열심히 준비하고 있던 과정에서 문화체육부 장관이 남북한 단일팀 구성을 논의 중이라고 밝히면서 논란이 시작되었다. 국제올림픽위원회와 협의하여 단일팀에 참여할 수 있는 선수의 수는 늘었지만 시합에 뛸 수 있는 선수는 다른 팀과의 형평성 문제로 인해 22명으로 제한되었다. 결국 북한 선수들이 단일팀에 합류함에 따라 피해를 봐야 할 남한 선수들이 생길 수밖에 없는 상황이 되었다.

당연히 선수들 사이에는 반대의견이 나왔고 특히 대표팀에서 탈락한 선수들은 더욱 비판적인 태도를 보였다. 최종적으로 선발되지 못한 이민지 선수는 자신의 SNS에 "선수에게는 게임을 뛰는 1분 1초가 소중한데 단 몇 분이라도 희생하는 게 어떻게 기회 박탈이 아니라고 생각하시는지"라고 의견을 표명해 상당한 공감을 얻었다(『연합뉴스』, 2018.01.22.). 당시의 여론 조사 결과에 의하면, 50%의 응답자가 남북한 단일팀 구성에 대해 반대의견을 그리고 40%가 찬성 의견을 나타냈다(한국갤럽, 2018:10). 응답자 가운데 30대 이하의 남성에서 압도적으로 높은 반대의견이 나왔고, 전반적으로 10대부터 30대에 걸쳐 높은 반대의견이 형성되었다. 주된 반대 이유는 규정에 따라 공정하게 선발된 선수들이 수년간 피땀 흘려 노력한 대가를 잃어버리는 부당함과 불공정성이었다(한국리서치, 2018).[18] 대표팀 선수 선발에 있어 기회균등과 절차적 공정성이 훼손된 데 대한 비판과 공감이 형성된 것이다.

그러나 당시 정부는 남북한 소통과 화해 분위기 조성이라는 정치적 목표를 이루기 위해 단일팀 구성은 반드시 필요한 것으로 인식하고 이를 선전하기 시작했다. 이낙연 총리가 "평창의 성공을 통해 한반도 평화로 접근"해 갈 수 있음을 주장하면서 국민의 이해와 협조를 부탁했다(『조선일보』, 2018.01.19.). 민족과 국가를 위해 개인의 희생이 미화되고 강요되는 공동체주의의 가치관과 개인의 권리와 자유를 주장하는 자유주의적 개인주의의 가치가 정면으로 충돌하는 모습이 현실화되었다.

결국 정부는 남북 관계의 개선이라는 민족적 대의를 내세워 단일팀을 구성했고, 올림픽은 성공적으로 진행되었다. 올림픽이 지난 이후에는 단일팀 구성에 대해 상대적으로 찬성의 비율이 높아져 민족주의의 강한 힘을 보여주기도 했다. 그러나 동시에 이를 통해 한국

---

18 50대 이상에서도 꽤 높은 반대가 나오긴 했지만 그 이유는 다를 것으로 추정된다. 아마도 이들의 브수적 성향이 남북한 단일팀을 통한 대북 유화정책에 대한 반감으로 표현되었을 것이다.

사회에서 공정성과 기회균등이라는 개인주의의 가치가 상당한 정도로 뿌리내리고 있음을 확인할 수 있었다. 한 방송에서는 “국가의 대의 때문에 개인을 희생해선 안 된다는 목소리가 퍼질 수 있었음을 이민지 선수의 개인주의와 이에 공감한 20·30의 세대를 통해 알 수 있다”고 보도했다(『중앙일보』, 2018.01.29.).

이후에도 개인주의의 가치인 기회균등과 절차적 공정성에 관한 요구는 지속해서 나타났다. 특히 대학입시와 일자리를 둘러싼 공정성 논의는 더욱 큰 가시적 효과를 보여준다. 한국 사회에서 대학이 가진 중요성과 대학 교육이 일자리와 직접 연계되어 있다는 점에서 그러하다. 대학입시에서는 다양한 인재를 양성하고 발굴한다는 취지로 만들어진 수시전형이 공정성 시비에 직면하면서 수능 성적 중심으로 선발하는 정시의 비중을 높이려는 시도가 일어나고 있다. 교육부도 대학에 정시 선발인원을 확대하라고 요청하고 있다. 이는 응시생의 평가 결과에 대해 모두가 인정할 수 있는 사지선다형의 전형이 보다 공정하다는 믿음을 보여준다. 객관식 시험으로 얻은 점수가 학생의 우수성을 판단하는 자료로서 가지는 뚜렷한 한계에도 불구하고, 서류 평가나 논술, 면접에서 나타나는 평가자의 주관적 판단이 공정하지 못하다는 생각이 퍼지면서 형식적 공정성을 높일 수 있는 방안을 채택하도록 요구하고 있는 것이다.

일자리에 관한 공정성 논의가 격렬하게 펼쳐진 경우는 2017년 이후 전개된 기간제 교사의 정규직화와 2020년에 일어난 인천국제공항 비정규직의 정규직화가 대표적이다. 2017년 문재인 정권이 공공부문 비정규직의 정규직화를 추진하는 과정에서 기간제 교사가 제외되면서 이에 대한 비판과 저항이 일어났고 공정성과 형평성에 대한 논란이 시작되었다. 당시 기간제 교사의 수는 5만 명 가까운 상태였고, 이는 전체 교사직의 10%에 이르렀다(『노컷뉴스』, 2017.08.10.). 이들은 학교에서 정규 교사와 같은 일을 함에도 불구하고 성과급이나 수당에서 차별적 대우를 받고 정규직으로 전환되지도 못한 채 불안한 고용 상태를 견뎌야 했다(『경향신문』, 2017.07.24.). 당연히 기간제 교사들은 정규직화를 요구하고 전교조는 이를 공식적으로 지지했다. 그러나 다른 한편에서는 임용고시와 공개 채용을 거쳐 임용된 정규 교사와의 형평성 문제를 지적하면서 기간제 교사의 정규직화가 바람직하지 않다는 반론도 만만치 않게 제시되었다. 특히 임용고시를 통과한 이후에도 임용되지 못한 예비교사와 임용고시를 준비하고 있던 이들은 기회균등의 입장에서 강한 반대 의사를 펼쳤다.

구체적인 내용은 다르지만 거의 유사한 일이 인천국제공항(이하 인국공)에서도 일어났다. 2020년 6월 인국공이 비정규직의 정규직화를 발표하면서 거센 비판에 직면하였다. 문재인 정권의 노동정책의 일환으로 추진된 이 결정은 취업 준비를 하던 많은 이들에게 공정성의 위반으로 여겨졌다. 당시 인천국제공항은 신입사원 초임이 4,500만 원에 이르러 취업 준비생이 선호하는 11개 공기업 가운데서도 가장 높았고, 정규직 1인당 평균연봉이 9,000만 원을 넘을 정도에 이르렀다(『시사IN』, 2020.07.13.).

인국공이 비정규직의 정규직화를 발표하자 취업 기회의 박탈을 느낀 취업 준비생들을 중심으로 강한 반대운동이 전개되었다. '공기업 비정규직의 정규직화 그만해 주십시오'라는 제목의 청와대 청원이 올라오고 27만 명 넘는 이들이 이에 동의했다. 강한 저항에 부딪히자 정부와 인국공은 정규직화가 대부분의 취업 준비생이 선호하는 사무직이 아니라 보안직 비정규직을 전환하는 것이고 이들도 일정한 심사를 거치기 때문에 공정성에 문제가 없다는 입장을 발표했다.

인국공 비정규직의 정규직화에는 잘못 전달된 내용과 일부 오해도 있었지만 공정성에 관한 시비는 분명 합리성이 있다. 내부 비정규직의 정규직화로 인해 취업 준비생은 오랜 기간 준비했던 취업의 기회를 갑자기 박탈당했다는 생각을 갖게 되었을 것이다. 이들은 취업을 위한 기회균등의 원칙이나 공정성의 기준에서 배제를 느꼈다. 그런 점에서 한 취업 준비생이 올린 다음의 주장은 상당한 공감을 얻었다. "만약 취준생들이 '인천 보안요원에 비정규직으로 들어가면, 이후 정규직으로 전환하겠다'라는 정보를 미리 알았더라면, 수많은 취준생들이 해당 비정규직에 들어가려고 노력했을 것이다. 그러나 실제 이 정규직 전환은 '우연히' 특정 비정규직 일자리에 대해서만 일어난 것이고, '운 좋게' 그 비정규직으로 있던 사람들만 혜택을 본 것이다"(『나무위키』, 2023.09.23.).

두 사례는 서로 다른 내용으로 전개되었지만 본질적으로는 공동체주의의 가치와 개인주의의 가치가 충돌하는 모습을 보여준다. 한편에서는 지금까지 공동체를 위해 기여했던 개인에게 우선 취업 기회를 배려해야 한다고 주장한다. 이를 뒷받침하기 위해 공동체주의에 근거한 공존의 가치를 제시한다. 기간제 교사나 비정규직이 그동안 차별에도 불구하고 공동체를 위해 희생하면서 기여해왔기 때문에 정규직 일자리가 마련되면 당연히 이들이 우선권을 가질 수 있다는 것이 바로 공동체주의의 논리이다.

그러나 다른 한편에서는 모든 개인은 취업 기회를 균등하게 가져야 하고 선발하는 과정과 절차도 모두에게 같은 방식으로 진행되어야 한다는 공정성의 가치를 강조한다. 그런 점에서 기간제 교사와 인국공 비정규직의 정규직화에 대한 강한 비판과 저항을 통해 전통적으로 공존의 가치가 존중되어 왔던 한국 사회에서 최근 들어 기회균등과 공정성에 대한 요구가 보다 중요하게 여겨짐을 알 수 있다.

VI 공동체주의에서 개인주의로

1. 개인주의의 발현과 확산
2. 경제위기와 신자유주의의 도입
3. 개인 삶의 전략의 변화
4. 개인주의 전략의 실패와 보완

VI 공동체주의에서 개인주의로

전통적으로 공동체주의가 지배하던 한국 사회에 19세기 후반부터 개인주의와 자유주의의 생각이 나타났음에도 불구하고 상당 기간 왜곡되거나 억압되어 왔다. 개인의 자유를 주장하더라도 국가나 민족과는 대립하지 않거나 혹은 민족과 국가의 힘을 강화하는 데 필요한 한에서 허용되었다. 그런 점에서 19세기 후반과 식민지 시기의 자유주의 사상은 제한적일 수밖에 없었다. 독립협회가 개인의 인권과 자유를 강조했지만 여전히 국권을 강화하기 위해 필요하기 때문에 그러했다. 식민지 시기 민족주의자들이 개인을 전통의 질곡에서 벗어나도록 해야 한다고 주장한 것도 민족의 독립을 위해서 그러했다. 따라서 개인의 자유와 권리를 지켜야 한다는 자유주의의 생각이 도입되긴 했지만 여전히 공동체주의의 틀 속에서 이를 받아들이는 경향이 강했다.

해방 이후 지속된 독재 체제 속에서 개인주의는 억압되어야 할 요소로 간주되었다. 민족중흥을 위한 경제발전이나 분단의 대립 구도로 인해 개인의 자유와 권리는 사치로 여겨졌다. 국가와 민족을 위해 개인은 공동체에 완전히 통합되어 국가가 요구하는 인간으로 살아가기를 강요당했다. 개인성을 드러내는 행위는 개인주의가 아니라 이기주의로 비난받았고 공동체를 위한 개인의 희생은 존경받았다. 그러나 이러한 전통 속에서도 새롭게 개인주의가 나타나고 확산되고 있다. 개인화와 함께 개인주의가 뚜렷한 삶의 형태로 자리 잡아가고, 자유주의의 가치인 공정성과 기회균등에 대한 강조도 널리 퍼지고 있다. 심지어 가장 공동체주의의 행동 양식이 강하게 나타나는 사회운동에서도 개인주의의 영향은 분명히 드러난다. 언제부터 그리고 왜 이런 변화가 나타나고 있는지, 그로 인한 사회적 영향은 무엇인지에 대한 분석이 필요하다.

1. 개인주의의 발현과 확산

최근 들어 한국 사회에서 개인화와 개인주의의 경향이 널리 퍼지기 시작한 것은 여러 가지 징후로 확인된다. 1인 가구의 증가, 비혼 혹은 만혼의 증가, 저출산, 혼자 휴가 보내기, 혼술, 혼밥 등이 증가하는 추세는 분명하다. 이러한 변화는 2차 산업화에 따른 개인의 생존 전략을 넘어 스스로 선택한 삶의 방식이라는 것도 역시 분명하다. 더불어 개인을 주체로 삼는 개인주의의 경향이 곳곳에서 사회적 현상으로 나타나고 있다. 특히 유의할 것은 단순히 개인주의가 퍼지는 것이 아니라 이전의 개인주의에서 찾아보기 힘들었던 자유주의의 가치들이 결합된 형태로 개인주의가 퍼지고 있다는 사실이다. 한국 사회에서 가장 중요한 키워드로 자리 잡아가고 있는 공정성이나 기회균등, 그리고 개인의 존중과 같은 가치들이 강조되는 것은 이전에는 볼 수 없었던 현상이다.

물론 한국 사회가 완전히 공동체주의에서 개인주의로 전환된 것은 아니지만 이런 변화의 모습은 상당히 널리 퍼지고 있다. 특히 젊은 세대에서는 확연히 이러한 경향이 나타난다. 나이 든 세대에서는 배우자와의 이혼이나 사별, 은퇴로 인한 사회적 관계의 단절이나 경제적 곤란 등으로 인해 불가피하게 개인화가 일어날 수도 있다. 그러나 젊은 세대의 개인화는 스스로 선택한 결과일 가능성이 크다. 개인성을 존중하는 이들과 집단 속에 통합되는 개인을 선호하는 이들이 한 사회에 모여 살면 서로 다른 차별성을 넘어 갈등과 충돌이 일어날 수 있다. 가족이나 회사에서 개인주의와 공동체주의의 서로 다른 가치관을 가진 개인들이 모이게 되면 이런 현상은 필연적으로 나타날 것이다. 회식을 거부하는 신입사원이나 수직적 인간관계에 비판적인 젊은 세대를 보면서 상급자와 나이 든 세대는 실망하거나 분노하고 있다. 이는 흔히 세대 갈등이라는 모습으로 나타난다.

세대 간에 이러한 서로 다른 모습의 태도가 나타나고 있다는 것은 한국 사회에서 개인주의의 경향이 언제 나타났는가를 추론하는 데 중요한 실마리를 제공해 준다. 사실 어떤 사회적 경향이 언제 발생했는가를 정확히 추적하는 것은 거의 불가능하다. 그러나 특정 세대에서 새로운 경향이 뚜렷하게 나타난다면 이들의 삶의 경험이 이전과는 다르기 때문일 것이다. 따라서 그러한 삶의 경험을 가져온 사회적 조건이 무엇인지를 찾아냄으로써 새로운 사회적 현상이 퍼지게 된 원인과 시점을 추론해 볼 수 있다. 그런 점에서 한국 사회에서 개인주의의 발생과 확산을 분석하기 위해서는 세대 간의 차이에 주목할 필요가 있다. 특히 한국 사회에서 개인주의의 경향이 젊은 세대에 더 널리 퍼져있다는 점에서 이들과 나이 든 세대의 생각 차이를 확인하고, 이를 가져온 요인을 분석하는 것이 적절한 접근방식이라고 생각한다.

한국 사회에서 세대의 차별성을 논의할 때 가장 많이 언급되는 것은 세대에 따른 정치적 성향의 차이이다. 그동안 우리 학계에서는 젊은 세대는 주로 진보적 경향을 보이는 반면, 나이 든 세대는 보수적 경향을 띠는 것으로 일반화되었다.

표 9: 세대별 정치적 성향 (단위: %)

	보수		중도		진보	
	2013	2023	2013	2023	2013	2023
19-29세	16.3	8.4	53.8	56.9	29.9	34.6
30대	20.7	11.5	49	54.6	30.3	33.9
40대	30.5	19	45.7	53.5	23.8	27.5
50대	42.4	32.1	42.7	46.8	14.9	21.1
60대이상	54.9	53.6	36.7	34.2	8.5	12.2
전체	31	29.9	46.3	46.7	22.6	23.4

※ 자료: 한국행정연구원, 2024: 55; 한국행정연구원, 2013: 129

위의 표에서 확인할 수 있는 몇 가지 특징을 요약하면 다음과 같다. 우선 10년 정도에 걸쳐 한국 사회에서 보수의 경향이 조금 약화되고 진보의 경향이 조금 강화된 것을 알 수 있다. 그러나 그 차이는 크지 않아 통계적으로 의미를 두기는 어려워 보인다. 연령층에 따른 정치적 성향의 차이는 뚜렷하게 나타난다. 60대 이상을 제외한 모든 연령대에서 중도 성향의 비중이 높아졌고, 특히 30대와 40대에서 이 경향은 강하게 나타난다. 전체 국민의 절반 가까운 사람이 스스로 중도 성향임을 밝힌 것도 상당히 특징적이다.

진보와 보수의 성향을 비교하면 연령층의 대비는 더욱 뚜렷하다. 60대 이상에서는 보수의 비율이 압도적으로 높은 반면, 30대 이하의 젊은 세대는 진보의 성향이 상대적으로 높은 것으로 확인된다. 이러한 대비는 2013년과 2023년 모두에서 동일하게 나타나기 때문에 한국 사회에서 젊은 세대와 노년 세대의 갈등이 정치적 보수와 진보의 대립에서 기인한다는 주장을 지지하고 있다.

그러나 이러한 피상적 관찰에 근거한 결론에 어긋나는 현상도 있다. 이에 주의를 기울일 필요가 있다. 사실 문재인 정권 이래 진보 정당의 가장 든든한 버팀목이 되는 것은 40대이다. 반면에 지난번 대선에서도 나타났듯이, 20대 특히 그 중에서도 20대의 남성(이대남)은 윤석열을 지지하는 경향을 보임으로써 위의 통계자료에서 나타난 '젊은 세대의 진보' 경향과는 일치하지 않는다. 여론 조사에서 지속적으로 40대는 문재인 정권이나 민주당에 대해 강한 지지를 보여주고 있으나, 20-30대는 정치적 성향에서 지속성이 떨어지고 수시로 변화하는 가변성을 보여주고 있다. 이는 기존 연구에서 지적했던 '젊은 진보'라는 일반화와는 사뭇 차이가 있다.

이런 맥락에서 2019년 8월 문재인 정권에서 있었던 조국 장관의 임명에 대한 국민의 태도는 중요한 시사점을 지니고 있다. 당시 문재인 대통령의 조국 장관 임명은 상당히 강한 저항에 부딪혔다. 딸의 대학과 대학원 입학을 둘러싼 의혹이 제기되고 이에 대한 부인의 개입을 수사하던 상황이었던 만큼 국민적 정서는 전반적으로 부정적이었다. 자녀의 입학을 위해 경력을 부풀리거나 허위로 작성한 상장을 사용했다는 것은 이전 정유라의 입시 비리만큼이나 한국 사회에서 큰 문제가 될 수 있다. 박근혜 탄핵을 둘러싼 촛불시위에서도 공정성이 중요한 키워드로 떠오른 만큼 이는 사실 여부를 떠나 큰 사회적 이슈가 될 수밖에 없었다. 문재인 대통령은 검찰 개혁의 필요성을 주장하면서 조국 장관의 임명을 정당화하려 했지만 전반적 반응은 전혀 우호적이지 않았다. 다음의 여론 조사 결과를 통해 이를 확인할 수 있다.

표 10: 조국 장관 임명의 적절성에 대한 태도 (단위: 명, %)

	응답자 수	적절	부적절	모름/무응답
20대 이하	158	23	51	25
30대	160	36	50	13
40대	191	45	42	13
50대	215	25	67	8
60대 이상	280	13	68	19
전체	1,004	27	57	16

※ 자료: 한국갤럽, 2019: 11

위의 자료는 조국 장관의 임명에 대해 전체적으로 부적절하다는 의견이 압도적으로 높음을 보여준다. 60세 이상의 노년 세대는 보수적 경향을 지니고 있는 만큼 높은 부정적 의견이 거의 예견되었고 실제로도 그렇게 나타났다. 30대 이하의 젊은 세대에서도 부적절하다는 의견이 훨씬 높았다. 그러나 그 이유는 나이 든 세대와는 다를 것으로 짐작된다. 이들은 누구보다 공정성의 중요성을 높이 평가하는 세대이기 때문에 이러한 결과가 나온 것으로 추론할 수 있다. 놀라운 것은 이러한 부정적 사회적 분위기에도 불구하고 40대에서만 유일하게 조국 장관의 임명이 적절하다는 비율이 높았다는 사실이다. 물론 40대에서도 부적절함을 표명한 응답자가 상당수 있었지만, 전 세대 중 40대에서만 부정적 반응에 비해 긍정적 반응이 높다는 것은 분명 좀 더 세심한 분석을 필요로 한다.

이를 위해 다음의 자료를 검토해 보기로 한다. 세대에 따른 정치적 성향을 좀 더 구체적으로 볼 수 있는 자료 가운데 하나는 대통령의 국정운영에 대한 지지도이다. 응답자에게 단순히 자신의 정치적 성향이 진보/보수인지를 묻는 것보다는 구체적인 국가 운영의 정책에 대한 평가를 통해 대통령의 지지도를 질문하는 것이 보다 효과적인 조사 방법이 될 것이다. 아래 표는 2022년 2월과 2024년 3월 각각 당시의 대통령이었던 문재인과 윤석열에 대한 세대별 지지도를 보여주는 자료이다.

표 11: 대통령 지지도, 문재인 vs. 윤석열 (단위: %)

	문재인 대통령 지지도 (2022.02)				윤석열 대통령 지지도 (2024.03)			
	잘하고 있음	잘못하고 있음	어느쪽도 아님	모름/무응답	잘하고 있음	잘못하고 있음	어느 쪽도 아님	모름/무응답
18-29세	25	63		12	22	61	3	15
30대	41	53	2	3	27	66	1	6
40대	60	38	1	1	25	74		
50대	46	50	2	2	40	57	2	1
60대	32	65	3		56	40	2	1
70대이상	30	54	8	9	69	22	5	4
전체	40	53	2	4	39	54	2	4

※ 자료: 한국갤럽, 2022a:6; 한국갤럽, 2024a:6

우선 두 대통령에 대한 전체적인 지지도는 거의 비슷한 것으로 나타났다. 그러나 세대에 따른 차이는 꽤 두드러진다. 두 대통령에 대한 지지는 전반적으로 부정적인 경향이 강하다. 절반 이상의 응답자가 조사 시기의 대통령이 모두 잘못하고 있다는 의견을 나타냈다. 문재인에 대해서는 전반적으로 부정적인 가운데 노년층과 젊은 층에서 모두 강하게 부정적인 태도를 보인 반면, 40대에서 유일하게 보다 긍정적인 태도가 높게 형성되었다. 윤석열에 대해서는 50대 이하에서 모두 부정적인 태도를 볼 수 있는데, 특히 40대는 윤석열 정권에 대해 강하게 부정적이다. 이에 비해 60대 이상에서는 긍정적 태도가 훨씬 널리 퍼져있음을 확인할 수 있다.

문재인 정권이 상대적으로 진보적이고 윤석열 정권이 상대적으로 보수적이라고 가정하면, 40대 이상에서는 정치적 성향의 일관성을 찾을 수 있다. 40대는 일관되게 진보적 성향을 가지고 있으면서, 문재인 대통령에 대해서는 강한 긍정을 그리고 윤석열 대통령에 대해서는 강한 부정을 보이고 있다. 반면에 60대 이상은 일관되게 보수적 태도를 갖고 있다. 50대는 그사이에 끼인 세대로서 진보와 보수의 특성이 어느 정도 섞여 있음을 확인할 수 있는데, 이는 어느 정도 예견되는 것이다.

두 대통령의 지지도에 관한 비교에서 가장 독특한 것은 30대 이하의 태도이다. 이들은 일관되게 두 대통령에 대해 부정적인 의사를 표현했다. 표면적으로 이는 일관성이 있는 것으로 보이지만 실제로는 상당히 일관성이 없는 것이기도 하다. 일관성이 있는 것으로 해석하려면 이들은 다른 세대에 비해 모든 정치적 권력에 대해 부정적인 '정치 혐오'의 세대로 규정될 수 있다.

그러나 앞으로 보게 될 다른 자료에 의하면 이들이 반드시 그런 경향을 가진 것은 아니다. 오히려 진보 정권이든 보수 정권이든 이들이 지속적으로 부정적인 태도를 보이는 것은 '나이 든 세대 = 보수, 젊은 세대 = 진보'라는 기존의 등식에 의문을 제기하게 만든다. 특히 20대 이하는 두 정권 모두에 대해 아주 강하게 부정적이라는 것은 상당히 중요한 사실을 시사한다. 이는 젊은 세대가 진보/보수라는 분류 틀을 부정하고 다른 가치에 의해 살아가고 있음을 보여주는 것일 수도 있다. 이 추론을 좀 더 검증하기 위해 다음의 자료를 분석해 보기로 한다.

표 12: 정당 지지도, 2022 vs. 2024 (단위: %)

	정당 지지도 (2022.02)				정당 지지도 (2024.03)			
	더불어 민주당	국민의 힘	그 외 정당	무당층	더불어 민주당	국민의 힘	그 외 정당	무당층
18-29세	22	35	16	27	27	17	9	47
30대	40	29	9	22	34	23	11	32
40대	52	29	9	10	45	22	18	15
50대	42	41	8	9	35	41	14	10
60대	28	52	10	10	25	58	13	4
70대이상	22	51	7	20	19	64	8	9
전체	35	39	10	16	31	37	13	19

※ 자료: 한국갤럽, 2022a:7; 한국갤럽, 2024a:7

위의 자료는 같은 시기의 정당 지지도를 보여주고 있다. 전체적으로는 국민의힘에 대한 지지가 더불어민주당에 대한 지지도 보다 약간 높은 것으로 나타났다. 이는 60대 이상에서 보수 정당에 대한 지지의 강도가 상당히 높기 때문이다. 또한 2022년에 두 정당에 대해 거의 비슷한 지지도를 보이던 50대에서 2024년에는 더불어민주당에 대한 지지가 조금 낮아진 것에 기인한다. 40대는 일관되게 더불어민주당을 지지하는 경향이 압도적으로 높다. 이는 이전에 보았던 두 대통령에 대한 지지도와 일치하며 예상되었던 결과이기도 하다. 이전의 자료와 마찬가지로 40대와 60대 이상에서는 확실한 진보와 보수의 고정된 경향성이 있고, 가운데 위치한 50대는 양 세대의 특성이 혼합되어 있다.

이 자료에서도 가장 특이한 것은 30대 이하의 경향성이다. 30대는 더불어민주당에 대한 지지를 어느 정도 유지하고 있다. 이에 반해 20대 이하에서는 2022년 국민의힘을 지지하던 비율이 상대적으로 높았던 것에서 2024년에는 더불어민주당에 대한 지지가 더 높은 것으로 바뀌었다. 이는 두 대통령에 대한 지지도와 일치하지 않는다. 이들은 2024년에 실시된 조사에서 윤석열 대통령에 대한 거부감을 상당히 강하게 드러냈으면서도 정당 선호에서는 보수 정당에 대해 상대적으로 높은 지지를 보여주고 있다. 더욱 중요한 것은 30대 이하에서는 어느 정당도 지지하지 않는 무당층의 비율이 다른 세대에 비해 압도적으로 높다는 것이다. 특히 20대 이하에서는 2024년 4월 총선이 불과 한 달 정도 남은 시점에서 이루어진 조사에서 거의 절반에 가까운 응답자가 무당층이었다는 것은 이들이 가진 정치적 성향의 중요한 측면을 보여준다.

여론 조사에서 나타난 경향을 종합하면 일정한 유형을 찾을 수 있다. 40대 이상에서는 지속성과 일관성이 있는 정치적 성향이 확인된다. 60대 이상은 확실한 보수 성향을 지니고 있으며, 이는 대통령에 대한 지지도에서나 정당에 대한 선호에서나 동일하다. 반대로 40대의 정치적 성향은 상당히 견고한 진보성을 보여준다. 가운데 위치한 50대는 두 세대의 특징이 공존하여 어느 하나로 일반화되지 않는다. 50대의 일부는 진보 성향을 그리고 다른 일부는 보수 성향을 지니고 있기 때문에 그러한 것으로 여겨진다.

그러나 30대 이하의 젊은 세대에서는 일관된 정치적 성향을 찾기 어렵다. 이들은 시기에 따라 사안에 따라 서로 다른 반응을 보이는 가변성이 강하다. 특히 20대 이하는 정치적 성향이 수시로 바꿀 뿐만 아니라 때로는 어떤 입장도 갖지 않고 있는 특성도 보여준다. 얼핏 이러한 가변성은 고정된 정치적 정체성을 거부하고 상황에 따라 바뀌는 기회주의적 태도로 인식될 수도 있다. 그러나 젊은 세대가 여러 정치적 사안에서 보여주는 태도는 나름 원칙이 있다는 점에서 기회주의적이지는 않은 것으로 이해된다. 오히려 이들의 정치적 유연성은 이들이 정치적 정체성을 결정함에 있어 진보/보수라는 전통적 구분을 거부하는 것으로 해석할 수 있다. 이들에게는 진보/보수의 틀보다는 더 근본적인 차원에서 다른 분류의 기준이 작동하고 있는 것으로 보인다.

40대 이상의 세대에서 고정된 정치적 정체성이 발현되는 반면 30대 이하에서는 그렇지 않다는 것은 이들 세대 사이에는 서로 다른 새로운 가치체계가 작동하고 있음을 의미한다. 개인주의와 공동체주의의 이론적 틀을 바탕으로 이를 해석하자면, 고정된 정치적 정체성을 지속하는 것은 일종의 공동체주의 문화가 형성되었음을 보여준다. 보수이든 진보이든 개인이 어떤 정치적 집단에 소속되고 이 소속감을 상당히 강력하게 유지할 수 있어야 고정된 정치적 정체성을 보여줄 수 있기 때문이다.

반면에 정치적 정체성의 가변성이 크다는 것은 정치적 성향의 집단적 범주화를 거부함을 의미한다. 이런 상태에서 개인은 자신의 정치적 정체성을 사회적 조건의 변화에 따라 수시로 바꿀 수 있으며, 때로는 정치적 집단화 자체를 거부할 수도 있다. 이는 결국 정치적 성향의 형성에 있어 개인의 자율적 선택이 집단 소속감보다 우선적으로 작동하고 있음을 의미한다. 그런 점에서 30대 이하의 세대 특히 20대의 정치적 성향은 상당히 강한 가변성과 자율성을 지니고 있으며, 이는 그들의 개인주의적 경향에서 비롯되는 것으로 이해될 수 있다.

다음의 자료는 이러한 추론을 충분히 뒷받침한다. 표 12는 응답자에게 '본인의 공동체 의식의 정도'와 '한국 사회의 전반적인 공동체 의식 정도'를 질문한 2017년의 여론 조사 결과이다. 1-10점 척도를 사용하여 점수가 높을수록 공동체 의식이 강함을 의미한다. 흥미로운 것은 거의 모든 응답자가 자신의 공동체 의식에 비해 한국 사회의 전반적인 공동체 의식이 약한 것으로 평가했다는 사실이다. 본인의 공동체 의식을 평가하는 경우에는 모두 5점을 넘어선 반면, 한국 사회의 공동체 의식에 대해서는 40대와 50대를 제외하면 모든 세대가 5점 이하로 평가했다. 본인이 공동체 의식을 강하게 지니고 있더라도 한국 사회 전체적으로는 그렇지 않다고 답하는 응답자가 상당수 있다는 뜻이다. 결과적으로 모든 세대가 인식하는 한국 사회 전반의 공동체 의식 정도의 평균값은 가운데 값인 5에 미치지 못하고 있다. 이는 한국 사회에 공동체 의식이 점차 약화되면서 반대로 개인주의가 퍼지고 있음을 보여주는 징표이다.

표 13: 한국 사회의 공동체 의식 평가 (단위: 1-10점 척도)

	본인의 공동체 의식	한국 사회의 공동체 의식
20대 이하	5.49	4.56
30대	5.68	4.82
40대	5.95	5.08
50대	6.26	5.04
60대 이상	6.34	4.97

※ 자료: 이기홍, 2020:82, 84.

위의 표에서 나타난 세대별 차이를 보면 상당한 정도의 일관성을 찾을 수 있다. 나이가 들수록 본인이 가진 공동체 의식은 높은 것으로 확인된다. 특히 20대 이하와 40대 이상에서는 상당한 차이를 보여주고 있다. 한국 사회의 전반적인 공동체 의식에 대한 평가에 있어서는 나이에 따라 가변성이 나타난다. 40대를 정점으로 나이가 들수록 오히려 한국 사회의 공동체 의식이 약한 것으로 평가한다. 이는 본인의 공동체 의식 정도와는 반비례하는 결과인데, 본인이 강한 공동체 의식을 가질수록 오히려 한국 사회의 전반적인 공동체 의식이 약하다고 느끼면서 심리적 괴리를 경험하고 있는 것으로 이해된다. 결국 이들도 한국 사회에서 공동체주의의 약화와 개인주의의 확산을 체감하고 있는 것이다. 동시에 젊은 세대는 전반적으로 한국 사회의 개인주의를 직접 경험하고 있는 세대라는 점에서 전반적인 한국 사회의 공동체 의식이 약한 것으로 평가하고 있다.

지금까지 살펴본 자료와 논의의 결과를 바탕으로 잠정적인 결론을 내릴 수 있을 것 같다. 전반적으로 공동체주의가 약화되면서 개인주의가 널리 퍼지고 있음을 알 수 있으며 세대별 차별성은 뚜렷하다. 이는 공동체 의식에 대한 인식 정도에서나 정치적 정체성에서도 모두 확인된다.

그런 점에서 현재 한국 사회의 정치적 성향은 진보/보수의 축과 함께 개인주의/공동체주의의 축이 서로 다른 차원에 작동하고 있는 것이다. 40대를 기준으로 그 이상의 세대에는 공동체주의의 경향을 그리고 그 아래 세대에는 개인주의의 경향이 나타난다. 40대 이상은 공동체주의의 경향을 지니고 있는 가운데, 다시 40대의 진보와 60대 이상의 보수로 나누어진다. 반면에 이와는 달리 30대 이하에서는 개인주의적 경향이 지배하면서 진보/보수의 분류 체계가 적용되지 않고 수시로 진보와 보수를 오가는 현상이 나타나는 것이다. 이런 방식으로 공동체주의/개인주의 그리고 진보/보수의 틀이 겹쳐 작용하면서 현재의 세대별 정치적 정체성이 형성된 것으로 이해된다. 이를 그림으로 표현하면 다음과 같다.

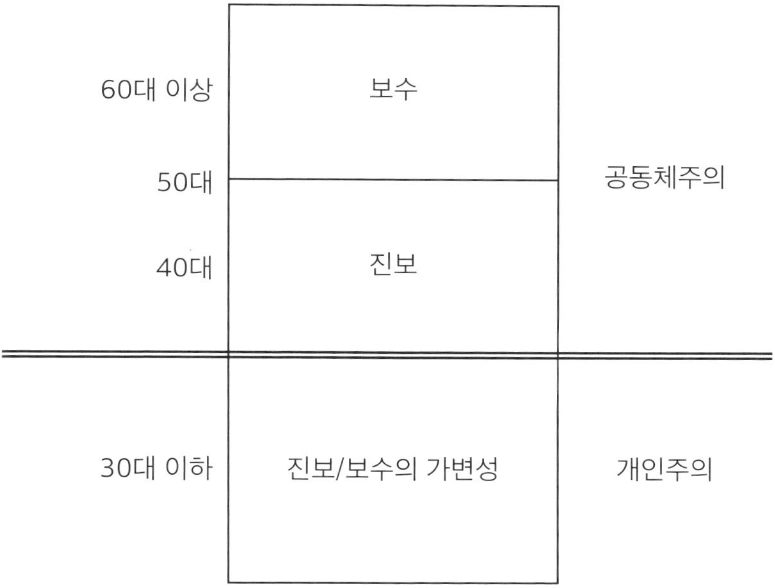

그림 4: 한국 사회의 개인주의/공동체주의, 진보/보수의 구조

한국 사회에서 전반적으로 나타나는 세대에 따른 개인주의와 공동체주의의 분리는 위의 그림과 같은 방식으로 이해할 수 있다. 그러나 이러한 구분이 세대에 따른 완전한 분리로 보기는 어렵다. 당연히 40대 이상에서도 개인주의의 경향을 가진 개인들이 충분히 있을 수 있고, 30대 이하에서도 공동체주의의 속성을 보여주는 개인들이 얼마든지 있을 수 있다. 단지 위의 도식은 세대의 대표적 경향성을 거칠게 일반화한 것일 따름이다.

오히려 더 주목해야 할 것은 젊은 세대에서 시작된 개인주의의 경향이 점차 사회 전체로 퍼지는 모습이다. 가족과 학교, 회사 등에서 개인의 자유와 권리, 자율성을 주장하는 경향이 퍼지기 시작했고, 이에 대해 불편함을 느꼈던 공동체주의자들도 이들과 같이 살고 활동해야 한다는 현실적 상황으로 인해 점차 이를 존중하고 받아들일 수밖에 없을 것이다. 이런 식으로 개인주의는 젊은 세대를 중심으로 시작했을 수는 있지만 이들 세대에 갇혀있는 것이 아니라 점차 널리 퍼지면서 한국 사회의 주요한 변화의 기제가 되고 있다.

2. 경제위기와 신자유주의의 도입

공동체주의가 지배하던 한국 사회에 개인주의의 확산이 확인되었다면, 다음으로 분석해야 할 문제는 왜 이런 변화가 나타났는가이다. 모든 거시적 사회 변화가 그러하듯, 공동체주의에서 개인주의로의 변화도 언제 그리고 어떤 요인에 의해 일어났는지를 단언하기는 쉽지 않다. 특히 사회 전체의 변화를 설명할 때 단일 요인에 의한 인과관계의 형성은 지나친 일반화의 오류를 범할 위험성이 크다. 그럼에도 불구하고 가까운 과거사에서 한국 사회의 변화에 가장 결정적인 영향을 미친 것은 1990년대 후반의 경제위기임은 분명하다.

박정희 시대 이후 진행된 국가 주도의 경제성장이 끝날 무렵에 나타난 경제위기는 한국 사회를 본격적인 시장 경제로 이끌어 갔고 그 이후 개인들의 삶의 조건은 이전과는 완전히 달라졌다. 시기적으로 현재의 40대 이후의 개인들이 주로 경제위기 이전에 성장기를 보낸 반면 30대 이전의 세대는 그 이후에 성장했다. 그런 점에서 경제위기는 세대별 차이에서 나타난 변화를 설명함에 있어서도 주요한 요인이 될 수 있다. 그렇다면 경제위기는 어떻게 진행되었고, 그 이후 한국 사회에 어떤 영향을 미쳤는지를 간략히 살펴보기로 한다. 특히 관심의 초점이 되는 것은 경제위기를 전후한 시장 경제의 변화와 신자유주의 도입이다.

1997년 겨울 느닷없이 한국 사회를 뒤흔들었던 경제위기에 대한 분석은 이미 많이 이루어졌다. 경제위기의 원인에 대해서는 서로 다른 입장들이 제시되기도 하지만, 1960년대 이후 국가가 주도한 경제성장 전략에 내재해 있던 모순이 외부의 압력과 결합되면서 위기가 초래된 것은 분명하다.[19]

1961년 쿠데타로 정권을 장악한 군부는 경제성장을 정권 정당성의 주요한 기반으로 삼았다. 이를 위해서는 빠른 시간에 가시적인 성장의 결과가 필요했고, 성장의 목표를 달성하기 위해 잘 고안된 정책을 세우고 경제성장을 이루어 갔다(김동노, 1999:22-23). 시장 중심이 아닌 정부 주도의 성장, 불균형 성장 전략, 수출 위주의 성장, 대외 의존형 성장과 같은 전략들이 아주 효과적으로 작동한 결과 놀라운 성장을 이루었다. 정부가 경제성장 과정을 마치 군사작전을 수행하듯 모든 단계에 개입하며 이끌어 갔다. 거시 경제의 방향을 결정했을 뿐만 아니라 매년 성장률, 수출액, 수입액, 물가상승률 등 거의 모든 경제지표를 관리했다.

개발독재 체제의 이러한 전략은 기업과의 훌륭한 파트너십을 통해

19 경제위기의 원인에 관한 다양한 주장에 관해서는 김영정(1998:54) 참조. 박정희 정권 이후 지속된 경제성장이 1997년의 경제위기로 연결된 과정에 대한 자세한 분석은 김동노(1999) 참조.

실행되었다. 정부는 경제성장 정책을 적극적으로 수행하는 기업을 여러 방식으로 독려했다. 경제성장의 이면에는 기업에 대한 정부의 적극적 지원이 있었다. 특히 차관 등 외부로부터 도입된 제한된 재원의 분배에 정부가 개입하면서 일부 기업을 집중 지원하는 방식이 활용된 것은 중요한 의미를 갖는다. 한국에서 재벌이라 불리는 거대 기업이 탄생하게 된 배경이 이렇게 마련되었고, 한국 경제는 급속도로 이들 기업 중심으로 집중화되었다. 물론 경제학적으로 보면, 당시 제한된 재원을 가장 효율적으로 활용하기 위해서는 특정 산업, 특정 지역, 특정 기업에 자본을 집중시킴으로써 '규모의 경제(economies of scale)'의 원리를 채택할 필요가 있었을 것이다(Koo and Kim, 1992:128).

그럼에도 불구하고 이러한 정책적 배려는 분명 특정 산업, 기업, 지역에 대한 특혜였다. 이러한 지원에서 혜택을 입은 쪽과 배제된 쪽 사이에는 엄청난 차이를 가져오면서 사회 전체의 불평등이 심화되었다. 지원을 받은 기업은 특혜에 대한 보답을 정책 결정자들에게 제공했고, 국가의 정치 엘리트들은 '정치적 지대추구(rent seeking)'를 통해 개인적 이익을 챙길 수 있었다. 이른바 정경유착이라고 불리는 이 연계는 한국 경제의 효율성을 극단적으로 낮추는 원인이었다. 경제의 주체인 기업은 시장에서의 경쟁을 통해 수익을 극대화하는 것이 아니라 정부와의 관계 맺음을 통해 이익을 확보할 수 있었기 때문에 시장 지향적인 효율성을 추구할 필요가 없었다. 경제적 재원을 분배하던 금융기관도 정부 정책에 따라 운영 방향이 결정되었기 때문에 기업에 대한 대출을 시장 원리와는 상관없이 실행하는 비합리적 행위를 서슴없이 저질렀다. 따라서 경제성장 과정은 이러한 구조적 모순이 쌓여가는 과정이기도 했다.

여러 모순이 내포되어 있었고 시간이 지날수록 심각한 수준으로 누적되어 갔음에도 불구하고 놀라운 경제성장의 결과가 만들어졌다. 경제성장을 입증할 수 있는 양적 지표는 쉽게 찾을 수 있다. 박정희 정권이 유신체제를 구축하고 중화학 공업화를 한참 추진하던 1975년에 이르면 경제개발계획을 시작한 1962년에 비해 국민총생산(GNP)이 9배 증가했다. 경제성장이 본격화된 1960년 중반 이후 매년 최소 7-8%의 성장을 지속했고 가장 급격한 성장을 이룬 70년대 중반에는 성장률이 15%에 이를 정도였다(한국개발원, 1989:27). 수출 위주의 정책으로 인해 수출량도 급속히 늘어났고, 수출에서 차지하는 제조업의 비율도 따라서 높아졌다. 정부의 정책을 충실히 시행한 기업에 대한 집중적 지원으로 인해 삼성, 현대와 같은 거대 재벌이 만들어져 한국 경제를 이끌어 가는 주축이 되었다. 현재 한국 경제가 세계 10위권에 이를 수 있는 기반이 이렇게 마련된 것이다.

영원히 지속될 것 같았던 경제발전이 위기로 연결되는 징후는 1990년대 들어 나타나기 시작했다. 글로벌라이제이션이라는 새로운 시대의 용어가 널리 퍼지기 시작하면서 이 개념이 가진 진정한 의미를 모른 채 우와좌왕하던 사이에 이전에는 없던 일들이 일어났다. 특히 1990년 중반 이후 몇몇 대기업이 부도를 맞았고, 1997년 들어 이전과는 다른 차원의 기업 부도가 계속되었다. 한보, 삼미, 진로, 해태,

기아 등의 거대 기업들이 법정관리를 받거나 법정에 부도 유예를 요청하였다. 정부의 후원하에 성장한 기업들은 '대마불사'라는 신화 속에서 끊임없이 기업의 규모를 키워왔다. 기업 규모가 커지면 위기를 맞더라도 한국 경제에 미치는 영향으로 인해 정부가 구제해 줄 것이라는 생각이 곧 '대마불사'의 믿음이다. 그 속에서 이들 기업이 비합리적 경제 행위를 지속했는데, 이제 그 믿음이 깨지기 시작한 것이다. 국가가 더 이상 이들의 보호자가 될 역량을 가지고 있지 않음이 입증된 것이다.

이러한 위기의 징후가 직접 드러난 것은 금융기관의 부실화와 연관되어 있다. 기업이 위기에 처했을 때 금융기관이 더 이상 구제책을 마련할 수 없을 정도로 금융기관도 부실화되어 있었다. 한국의 금융기관들은 경제성장 시기에도 국내의 자본 축적이 부족했기에 외국에서 대규모의 차관을 끌어들여 정부의 통제하에 이를 기업에 배분했다. 1990년대 들어 자본시장 자유화가 시작되면서 기업과 금융기관은 자발적으로 외국 자본의 도입에 앞장섰다. 국내에서 고금리가 지속되던 상황이었던 만큼 외국 자본을 도입하면 상당한 이익이 보장되었기 때문이기도 하다.

당연히 외채의 총량은 늘어갔고 증가 비율도 점점 가팔라져 1995년에 이르면 위기의 경고음이 들리기 시작했다. 특히 심각한 문제의 소지를 갖고 있던 것은 단기 외채였다. 1993년부터 1997년까지 유입된 외국 자본은 약 1,400억 달러에 달했다. 그 중 원리금 상환의 부담이 없는 직접투자(78억 달러)나 주식 투자(235억 달러)를 제외한

1,090억 달러 정도가 순수 외채 증가분이다. 더욱 놀라운 것은 1994년 이래 도입된 순 외채의 약 50% 이상이 단기 외채에 몰려있었다(민상기, 1998:64).

외채가 이렇게 큰 규모로 늘어나면서 한국 경제의 대외의존도가 심각할 정도로 높아졌다. 단기 외채 비율이 높은 상황은 국제 금융시장에서 일어나는 조그만 변화만으로도 한국 경제는 위기를 맞을 수 있게 되었음을 의미한다. 해외 금융시장은 이미 1990년 초반부터 중요한 변화의 흐름을 보이기 시작했지만, 이 변화의 중요성을 파악하지 못한 한국 경제는 위험한 방향으로 계속 직진하고 있었다.

1990년대 들어 선진국의 자본이 후진국으로 대규모 이동했다. 1990년에는 457억 달러에 불과했던 자본 이동이 1996년에는 2,352억 달러에 이르러 7년간 거의 6배 증가했다. 처음에 남미를 주로 목표로 삼았던 글로벌 자본이 이후 아시아로 움직이기 시작했고, 아시아의 외환위기가 발생하기 직전인 1996년에는 1,068억 달러가 이 지역으로 유입되었다(민상기, 1998:61).

그러나 1997년 5월 동남아 지역을 시작으로 국제금융시장에 큰 변화가 일어나 자본 유입이 중단되고 오히려 자본 유출이 시작되면서 단기자금의 상환 연장이 어렵게 되었다.[20] 태국의 외환위기가 인접 국가로 전염되고 10월 홍콩의 주가 폭락으로 아시아 금융시장에 대한 불안이 고조되고 국내의 대기업 부도와 연결되면서 우리나라의

20 한국, 태국, 필리핀, 말레이시아에 대한 해외 금융기관의 순수 자본 유입양은 1994년의 480억 달러에서 1996년에 930억 달러로 치솟았다가, 1997년에는 120억 달러가 유출되는 형태로 역전되었다. 이에 관해서는 *Financial Times*, 1998.02.16을 참조.

외환위기도 본격화되었다(이주희, 1998).

1990년대 후반 이후 일어난 이러한 글로벌 자본 흐름의 변화로 인해 빌려온 외국 자본을 '고수익 고위험(high yield, high risk)'의 동남아 지역에 투자했던 한국 금융기관으로서는 극단적인 위기에 처하게 되었다. 동남아 지역의 일부 국가들이 국가부도(default)를 선언하자 이 지역에 투자했던 자본의 상환이 불가능해진 것은 물론이다. 동시에 외국 자본이 한국 금융기관에 기존 채무의 연장과 신규 대출의 중단을 결정함에 따라 부실 규모는 걷잡을 수 없이 커졌다.

국내 기업에 대한 대출도 이미 평균 자본금의 3-5배 수준에 이르렀기 때문에 금융기관과 기업의 부도가 연이어 일어날 수밖에 없는 상황이 되었다. 이렇게 하여 외환보유고가 완전히 바닥나면서 국가 전체의 경제가 무너질 것 같은 벼랑 끝에서 1997년 11월 27일 IMF에 구제 금융을 요청했다. 결국 12월 3일 한국 정부와 IMF는 양해각서를 교환함으로써 경제위기가 본격화되었다.

1997년의 경제위기는 어느 날 갑자기 일어난 천재지변이 아니라 오랜 기간 내적으로 쌓여온 경제구조의 모순이 바깥에서 오는 압력에 직면하면서 터진 것이다. 1990년대 들어 세계적으로 퍼지기 시작했던 '글로벌라이제이션'이라는 시대의 유행어가 단순히 국가 간의 경계를 넘어서는 교류와 소통이라는 낭만적 메시지가 아니라 이익의 극대화를 위해 전 세계를 대상으로 움직이는 글로벌 자본의 자유로운 이동을 의미한다는 사실을 이때는 미처 알지 못했다.

글로벌라이제이션의 진정한 의미를 알았더라면 좀 더 이 위기에 적절히 대처했을 수도 있었을 것이다. 혹은 경제위기 이전에 이미 한국식의 경제발전 모델이 가진 한계가 분명하다는 크루그먼(Paul Krugman)의 지적을 조금만 더 일찍 눈여겨봤더라면 이 위기를 막았을 수도 있지 않았을까라는 아쉬움이 크게 남는다. 그는 구소련의 경제발전을 분석하면서 시장 경제의 효율성에 기반하지 않고 국가가 의도적으로 계획경제를 이끌어가면서 전체 투입량(total input)을 늘려 경제를 발전시키는 전략은 단기적 효과는 있을지라도 장기적으로는 지속 불가능하다고 주장했다(Krugman, 1994). 그의 분석은 이와 유사한 전략을 사용한 동아시아의 발전 국가에도 유용한 시사를 제공한다. 그는 단적으로 "동아시아에는 결코 성장의 신화가 없었다"라고 선언할 정도로 이 지역의 경제구조는 비효율적이었다.

IMF와 협상 결과 550억 달러를 차입하는 대가로 IMF는 여러 조건을 달아 한국 경제를 재구조화하려 했다. 부실 금융기관의 정리와 기업의 효율성을 높일 수 있는 방안을 적극 요청하면서 상당히 구체적인 처방전을 제안했다. 1990년대 들어 기업의 부도가 잇따라 일어났고, 일부 금융기관은 동남아에 투자했던 자금을 잃어버리면서 금융기관의 부실화는 되돌리기 어려운 상황이었던 만큼 이들에 대한 정리를 요청했다. 1997년 12월에만 14개의 종금사가 폐쇄되었고, 자기자본비율(BIS) 8%를 맞추지 못하는 은행도 정리 대상이 되었다. 1998년부터 2년에 걸친 경제위기 극복 과정에서 동화은행, 대동은행, 동남은행, 경기은행, 충청은행 등이 합병되거나 부도처리 되었고, 보험업과 증권업에서도 다수의 금융기관이 문을 닫았다.

IMF가 요청한 또 다른 요구조건은 고금리 정책이었다. 고금리를 통해 자본 유입을 유도하여 금융기관의 금고를 채움으로써 부실한 금융기관을 살릴 수 있다는 명분으로 고금리 정책이 도입되었다. 실제로 금리는 수직 상승하여 한때 거의 연 30%에 이르기도 했다. 여유 자본을 가진 부유층에게는 자본 축적을 위한 절호의 기회가 주어졌다.

그러나 고금리 정책은 이미 차입금의 규모가 자본금을 넘어섰던 대부분 기업에게는 치명적인 결과를 가져왔다. 재정 건전성이 떨어진 기업은 물론이며 단순히 자금의 단기 유동성에 문제가 있었던 기업도 고금리를 버티지 못해 무너질 수밖에 없었다. 살아남은 기업도 금융비용을 감당하기 어려워지면서 생산 비용을 줄이기 위해 구조조정이라는 명목으로 실업자를 양산할 수밖에 없게 되었다. 동시에 고금리는 시중의 자본 유동성을 줄여 경기침체를 가져왔고, 무역수지를 개선하기 위해 수입을 줄이자 수출은 더욱 줄어들어 전반적으로 경제를 질식시켰다. 이러한 정책들은 위기의 한국 경제를 개선하는 것이 아니라 더욱 악화시키는 방향으로 작동하였다(Stiglitz, 2002:108-111).

경제위기의 대가는 혹독했다. 수많은 기업이 도산하거나 외국 자본에 팔렸다. 한때는 한국의 대표적 재벌 기업이었던 대우가 결국 도산되면서, 대우자동차는 GM에 넘어갔다. 다수의 '알짜 기업'이 외국 자본의 사냥감이 되었다. 환율이 급변하면서 한화의 가치는 한때 경제위기 이전의 절반 수준으로 떨어졌고, 이는 한국 기업을 매입하려는 외국 자본에 결정적으로 도움이 되었다. 『뉴욕타임스』는 한 기사에서 “수 세대에 걸쳐 성장해 온 한국 기업들이 외국 바이어를 위해 마지막 폭탄 세일을 하고 있다”라고 당시의 상황을 비유적으로 표현할 정도로 엄청난 헐값에 기업이 팔렸다(*New York Times*, 1997.12.29.). 금융기관도 마찬가지였다. 도산의 위기를 넘기기 위해 우선 정부가 공적 자금을 투입했다. 이를 회수하는 과정에서 제일은행, 외환은행과 같이 오랜 역사를 지닌 일부 은행이 외국 펀드에 넘어갔다.

더욱 심각한 문제는 실업자의 양산이었다. 기업은 생산 비용을 줄여 효율성을 높인다는 이유로 대규모의 실업자를 만들었고, IMF의 ‘권고’에 따라 공기업을 민영화하는 과정에서도 실업자가 다수 생겼다. 1998년과 1999년에 걸친 구조조정은 엄청난 고통을 수반했다. 2년 연속 각각 149만 명, 137만 명이 열심히 일하던 직장에서 쫓겨나는 대량 해고가 발생했다. 그렇지만 경제 전체가 위기 상황이었기에 이들의 취업 기회는 극히 제한적이어서 1998년 한 해 동안에만 127만 명의 취업자가 감소했다(윤용중·서재만, 2010:13-14). 2년간 280만 명의 실업자 양산은 사회복지가 거의 없다시피 했던 당시 상황을 생각하면 이들과 가족을 모두 생존 위기로 내몰았다. 일가족 단위의 자살이 일어나고, 나이 든 부모와 어린아이를 길거리에 버리거나 보육원에 보내는 비극적 사건이 불가피하게 일어났다.

다행히 2001년 8월 IMF로부터 들여왔던 구제 금융 차입금 전액을 상환함으로써 예정보다 3년 빨리 경제위기를 끝낼 수 있었다. 그러나 3년여에 걸친 고통과 질곡 속에서 한국 경제와 사회는 근본적으로 재구성되어 갔다. 경제위기 극복 과정에서 IMF를 포함한 외국 자본이 차입금에 대한 조건으로 한국 정부에 요청한 것은 정부가 통제하는 시장에서 벗어나 자유로운 시장 경제를 도입하라는 것이었다. 박정희 정권 이후 경제성장 기간 한국 정부는 외국 자본의 직접투자를 상당한 정도로 제한하고 외국에서 들어오는 자본의 국내 배분을 스스로 담당하는 일종의 '문지기(gate keeper)' 역할을 했다. 1990년대 들어 자본시장의 자유화가 시작되고 나서도 여전히 외국 자본의 자유로운 투자는 그리 많지 않았다.

외국 자본의 입장에서는 이런 불편한 상황을 바꾸기 위해서 한국 경제에서 국가의 역할을 제한하고 자기 조정적(self-regulating)인 시장 경제가 작동하도록 하는 것이 가장 필요했던 것이다. 이를 위해 IMF는 경제위기 극복 과정에서 한국의 국가가 예전과 같이 경제에 직접 개입하는 적극적 역할을 하지 않고 경제구조의 재구조화를 위한 제한된 역할만을 수행하도록 요청했다. 이는 곧 서구 금융자본주의의 이해관계와 이데올로기를 반영하고 실천하는 것이었다(Stiglitz, 2002:118, 130).

절박한 경제위기의 상황에서 대규모 차입금이 절실했던 정부는 IMF의 요구조건을 거절할 수 없었고 몇 번의 협상 과정이 있기는 했지만 자본 시장은 완전히 개방되었다. 이로 인해 한국은 본격적으로 시장 경제가 지배하는 사회로 바뀌어 가기 시작했다. IMF와 양해각서가 체결되자 곧 정부는 외국인 투자 한도를 확대함으로써 자본시장을 전면 개방했고, 이어서 외국인의 인수 합병 제한을 완화했으며, 외국인의 투자 유치를 위해 다양한 정책을 쏟아냈다. 외국의 산업 금융 자본이 자유롭게 드나들면서 이익을 최대한 실현할 수 있는 조건들이 마련된 것이다.

국내 기업과 금융기관에 대해서도 여러 정책을 통해 시장 경제의 원리에 따라 움직이도록 요청했다. 정부는 기업 구조조정의 원칙을 발표하고, 재벌 총수와의 협의를 통해 재벌개혁에 합의했으며, 한국전력을 시작으로 핵심 공기업의 민영화를 서둘러 이끌어갔다. 이러한 변화가 지지부진할 때는 정부가 적극적으로 기업들을 독려하거나 심지어 압력을 가하기도 했다. 김대중 대통령은 1999년 4월 기업 총수들과 간담회를 마련하고 더욱 강도 높은 구조조정을 요청했다. 이어서 정부 관계자는 5대 기업이라고 하더라도 구조조정이 부진하면 워크아웃의 대상이 될 수 있음을 경고했다(『KBS뉴스』, 1999.04.14.).

바깥에서 오는 압력으로 인해 정부가 앞장서 시장 경제를 도입하면서 시장 경제의 차가운 칼바람이 불어오기 시작했다. 정부가 보호해 주던 울타리가 걷히면서 시장에서 살아남기 위해 기업은 효율성을 높여야만 했고, 이를 위해 대량 해고와 생산성 향상이라는 방법으로 경쟁력을 키우려 했다. 그럼에도 여전히 부실한 일부 기업은 결국 도산했고, 대표적으로 거대 재벌이었던 대우는 해체되었다.

보다 근본적으로는 한국 사회 전체가 시장 경제의 원리에 따라 움직이게 됨에 따라 여러 가지 폐해를 맛보게 되었다. 흔히 가장 많이 언급되는 것은 한국 경제의 대외 의존성 심화, 계급 불평등의 증가, 비정규직의 양산과 노동시장 이원화에 따른 고용 불안정과 같은 경제에 미친 악영향이다. 분명히 이런 문제들은 경제위기 이후 지속적으로 한국 사회의 안정성을 위협하는 요인으로 작용하고 있다. 특히 불평등의 심화는 사회적 갈등의 주요 원인이 되면서 심한 경우 빈곤의 문제로 연결되어 시급히 개선되어야 할 것이다.

그러나 보다 깊은 차원에서 한국 사회는 사회적 변혁을 겪었고 이는 현재도 진행 중이다(김동노, 2023:183-189). 개인의 삶의 조건이 근본적으로 바뀌었고, 개인의 삶이 훨씬 불안하고 불확실해졌다. 그 밑바탕에는 시장 경제 도입과 함께 한국 사회를 지배하게 된 신자유주의가 놓여 있다. 한국 사회에서 많이 언급되는 신자유주의는 자유주의의 철학적 기반을 부분적으로 수용하지만 보다 근본적으로 자유지상주의(libertarianism)에 가깝다. 서구의 자유주의는 롤스의 『정의론』에서 '차등의 원칙'이 제시된 이후 개인의 도덕성에 대한 강조를 통해 고전적 자유주의의 한계를 극복하는 방향으로 전개되었다. 이에 비해 한국에 도입된 신자유주의는 시장만능주의에 가깝다.

인간의 거의 모든 행동을 시장 경제의 원리로 이해하고, 기회균등과 절차의 공정성만 확보되면 경쟁의 결과에 대해서는 국가를 포함한 어느 누구도 개입할 수 없다는 믿음이 신자유주의의 핵심이다. 따라서 시장 경제의 효율성을 저하시키는 모든 행위는 비난의 대상이 되고, 시장 경제가 가져온 계급 불평등은 자연스러운 사회적 현상이 된다. 이런 생각에는 공정한 경쟁만 보장되면 개인의 능력에 따라 결과가 결정된다는 능력주의의 정당성이 깔려있고(샌델, 2010:219), 경쟁의 결과는 전적으로 개인의 책임으로 돌려진다.

신자유주의가 주도하는 사회적 분위기는 경제위기를 극복하는 과정에서부터 확인된다. 1997년의 경제위기 원인을 분석하면서 가장 많이 사용된 용어 가운데 하나가 '도덕적 해이(moral hazard)'였다. 기업의 방만한 경영과 정경유착과 같은 문제는 당연히 경제위기의 근원으로 간주되고 따라서 비난의 대상이 될 수밖에 없다. 그런데 특이한 것은 이러한 문제의 근원으로 지목된 '도덕적 해이'라는 용어의 사회적 영향이다.

여기서 말하는 '도덕적 해이'란 부도덕한 의도적 범죄행위를 의미하는 것이 아니라 계약을 통한 경제적 행위에서 위험(risk)에 대한 전체 비용을 부담하지 않게 되면 보다 큰 위험에 노출시킬 동기가 있음을 의미한다. 경제학자 크루그먼(Krugman, 2009:63)은 "한 개인이 위험에 관한 결정을 내리고 이로 인해 상황이 나빠졌을 때 다른 사람이 그 비용을 부담하는 상황"을 도덕적 해이라고 표현했다. 한 기업이 보험에 가입한 이후 위험의 부담을 직접 지지 않게 됨에 따라 보다 위험성이 큰 행동을 하는 경우가 이에 해당한다. 이는 곧 시장 경제 전체의 효율성을 낮추는 결과를 초래하게 된다.

한국 사회에서 도덕적 해이라는 용어가 널리 쓰이기 시작한 것은 김대중 정부가 경제위기 극복 과정에서 신자유주의 정책을 도입하면서부터이다(방희경·류지현, 2021:86). 이 용어는 일차적으로 경제위기를 가져온 기업의 무책임한 행동을 비난할 때 많이 사용되었지만 실제로는 훨씬 넓은 범위에서 활용되었다. 기업과 금융기관에 대한 구제 금융은 물론이고 생존의 위협에 처했던 사회적 취약 계급에 대한 지원 정책도 그 대상이 되었다. 농가 부채 경감 대책이나 신용불량자에 대한 지원, 벤처기업 활성화 대책, 의료보험 정책 등 사회 전반에 걸쳐 시행된 경제 활성화와 보편적 복지 제도에 대해 도덕적 해이의 위험성이 강조되었다. 특히 보수 언론에서 이런 경향은 더욱 뚜렷하다. 이들이 도덕적 해이라는 용어를 사용하여 비난할 때는 효율성이나 생산성의 저하, 개인의 무책임성과 같은 것들이 그 이유로 꼽혔다. 도덕적 해이가 이같이 경제학의 용어가 아닌 사회 전반의 상황을 분석하는 용어가 됨으로써 한국 사회 전체를 경제(학)의 시각 특히 시장 경제의 관점에서 재단하는 경향이 퍼지게 된 것이다.

효율성과 생산성과 같은 시장 경제의 원리가 사회의 중심이 된다는 것은 사회를 개인으로 환원시킴을 의미한다. 시장 경제의 도입이 '악마의 맷돌'과 같이 공동체를 해체하고 개인을 원자화시킨다는 폴라니(Karl Polanyi)의 주장이 한국 사회에도 적합성을 갖게 된 것이다. 자본주의 시장 경제가 가져온 가장 근본적인 문제를 계급 사이의 불평등으로 인식한 맑스와 달리 폴라니는 시장 경제가 공동체를 해체하고 개인을 원자화하는 것에서 찾고 있다. 자본주의가 작동하기 위해서는 시장이 다른 무엇 특히 국가에 의해 통제되지 않고 스스로 조정하면서 작동하는 '자기 조정적 시장'이 되어야 한다. 이는 모든 것이 시장에서 상품화되고 이런 상품화를 통해 수익을 창출하는 사회의 도래를 의미한다. 폴라니는 이러한 맑스적 시각에서 시장 경제가 지배하는 사회를 분석하면서도 이 사회의 근본적인 문제는 계급들 사이의 경제적 약탈이 아니라 인간의 상품화에 따른 인간 존재의 가치 상실이라고 인식했다(Polanyi, 1957:39). 그는 이러한 변화의 근본적 원인을 공동체 속에서 살던 인간이 원자화되면서 사회가 파괴된 것에서 찾고 있다.

자기 조정적 시장 경제는 개인의 원자화를 필연적으로 요구한다. 자본주의 사회에 대해 가장 깊이 있는 분석을 시도한 맑스와 베버(Max Weber)가 모두 '형식적으로 자유로운(formally free)' 개인의 탄생을 자본주의 사회의 기본 전제로 제시한 것은 우연이 아니다. 이들은 서로 다른 이유에서 형식적으로 자유로운 개인의 필요성을 주장한다.

맑스는 자본주의 사회에서 노동자 계급과 자본가 계급 사이에 일어나는 노동력과 임금의 교환이 부등가 교환임을 밝히면서 노동자가 그러한 교환을 할 수밖에 없는 이유를 찾았다. 시장 경제 속에서 노동자는 전통적인 공동체에서 완전히 벗어나 있고 따라서 자신의 노동력 이외의 어떤 생존 수단도 갖고 있지 않다. 이렇게 형식적으로 자유로운 상태에서는 노동자와 자본가 사이의 교환이 부등가이더라도 노동자는 이를 통해서만 생존할 수 있기 때문에 자신의 노동력을 상품화할 수밖에 없는 것이다. 따라서 공동체에서 벗어나 형식적으로 자유로운 개인이 만들어져야 개인이 주체가 되는 교환관계, 즉 노동력의 상품화를 통한 자본가와의 불평등한 교환 계약을 맺을 수 있게 된다(Marx, 1967:164, 166).

이에 반해 베버는 현대 자본주의 사회의 가장 중요한 특징을 계산가능성과 예측가능성을 높인 형식적 합리성(formal rationality)의 지배로 인식했다. 자본주의 사회에서 필요한 예측가능성을 높이기 위해서는 생산 요소인 인간의 노동력이 형식적으로 자유로운 상태가 되어야 한다(Weber, 1976:21). 전통적 공동체에 소속된 개인이 갖는 부자유로운 상태는 인간 노동력의 계산가능성을 낮춘다. 개인이 자유롭게 행동하지 못함에 따라 경제적 계약이 다양한 비경제적 요인에 의해 왜곡될 수 있기 때문이다. 따라서 이에서 벗어난 자유로운 개인이 형성되어야 형식적인 계약의 주체가 될 수 있고 비로소 현대 자본주의의 성립이 가능해진다는 것이다. 개인의 형식적 자유를 보장해 주는 형식법(formal law)과 같은 다양한 제도적 요인들이 결합되어 이전과는 다른 자본주의 사회가 발생했다는 것이 베버의 주장이다. 서로 다른 시각에서 자본주의 사회를 분석하고 있지만 이들은 이런 식으로 시장 경제가 지배하는 사회의 핵심적 요소는 공동체의 속박과 보호에서 벗어난 자유롭고 원자화된 개인임을 오래전에 밝혔다.

한국 사회에서 시장 경제가 필요로 하는 '형식적으로 자유로운' 개인의 모습이 경제위기 이후에 나타난 것은 이러한 이론적 배경을 지니고 있다. 경제위기를 극복하는 과정에서 신자유주의의 원리에 입각한 시장 경제가 도입되면서 이에 필요한 인간이 만들어지는 과정이 동시에 일어난 것이다. 공동체 속에서 살아온 개인이 원자화되고 개인화되면서 동시에 개인주의가 등장하게 된 것이다. 개인이 원자화되면서 예전과 같이 공동체를 통해 개인이 보호받는 것이 현실적으로 어려워지게 되었다. 더하여 최근 들어 공정성과 기회균등이 강조되면서 전통적으로 작동했던 공동체의 연줄망이 예전보다 약화되어 개인은 스스로 삶의 주체가 되었고 동시에 각자도생의 길을 찾게 되었다. 한국 사회의 전체적인 모습이나 그 속에서 살아가는 개인도 이같이 변화해 가고 있는 것이다.

3. 개인 삶의 전략의 변화[21]

경제위기 이후 시장 경제와 신자유주의가 본격적으로 도입되면서 개인의 일상생활에서도 큰 변화가 일어나게 되었다. 한국 사회 곳곳에서 개인주의가 확산되고 있으며, 그에 따라 개인도 새로운 삶의 방식을 만들어 가고 있다. 한편으로 오랜 기간 개인을 속박했던 공동체의 통제로부터 자유로운 개인이 탄생하는 계기가 마련되기도 했지만, 다른 한편으로 개인은 공동체의 보호에서 벗어나 홀로 삶의 전략을 짜고 실천해야 하는 상황이 된 것이다.

사회가 개인으로 분해되면서 사회적 생존과 성공, 그리고 실패의 책임이 모두 개인에게로 돌려진다. 사회적 문제의 근원을 개인 차원에서 찾고 그 해결책도 사회 구조의 변화보다는 개인 차원에서 마련하려는 경향이 뚜렷하다. 취업을 위해서 개인은 모든 노력을 다해야 하고, 사회 구조에서 비롯되는 한계도 개인의 노력으로 해결해야만

---

21 신자유주의의 확산에 따른 개인들의 삶의 전략이 변화하는 모습에 대한 분석은 김동노(2023:185-189)를 기반으로 새롭게 작성되었다.

한다. 취업을 위한 자기 계발, 자살 원인으로서 우울증, 이공계 기피와 의과대학 진학, 의사나 변호사와 같이 국가 라이선스를 지닌 전문직 선호 등에서 이런 특징을 찾을 수 있다. 왜 이러한 변화가 일어났고, 이러한 현상들에서 개인주의의 가치는 어떻게 투영되고 있는지 살펴보기로 하자.

개인의 삶의 전략에서 가장 중요한 것은 취업이다. 살아가는 데 있어 일자리를 얻을 수 있느냐 없느냐 그리고 어떤 일자리를 얻는가가 평생 삶의 조건을 결정하기 때문이다. 취업을 위해 엄청나게 노력할 수밖에 없는 만큼 개인은 취업을 위한 스펙 쌓기에 몰두하게 되었다. 최근 한 조사에 의하면, 취업 준비생들이 선호하는 대기업 취업을 위해 다양한 스펙을 쌓고 있음이 확인된다. 이들은 토익(TOEIC) 성적으로 평가되는 영어 능력은 물론이며, 제2외국어 시험 점수, 자격증 보유, 해외 체류 경험, 사회봉사 참여, 인턴 경험 등의 다양한 스펙을 갖고 있다(『시사저널』, 2022.07.29.).

당연히 취업이 어려워지면서 이런 현상이 나타난 것인데, 그에 따라 취업을 준비하는 기간도 길어지고 스펙도 가능한 많이 쌓을 수밖에 없다. 대기업 취업자의 스펙을 분석한 자료에 의하면, 합격자 토익 평균 점수가 2018년 702점에서 2022년 834점으로 대폭 상승했다. 자격증 보유 비율도 2018년 67.1%에서 2022년 75.9%로 증가했다(『고대신문』, 2024.04.01.) 이 스펙은 대부분 대학교에 다니는 동안 학교가 아닌 학교 밖에서 개인적 노력을 통해 얻는 것이기 때문에 이들이 취업을 위해 개인적으로 얼마나 열심히 노력하는가를 보여준다.

동시에 다양한 자기계발서가 꾸준히 베스트셀러 리스트에 올려져 있다. 2023년 교보문고와 예스24 등 국내의 온·오프 라인 서점에서 가장 많이 팔린 책은 세이노(SAYNO)가 쓴 『세이노의 가르침』이다. 맨주먹으로 1천 억대의 재산을 일군 세이노가 제시하는 성공 방정식, 일에 대한 태도, 부자가 되는 법 등이 담겨있는 책이다(『연합뉴스』, 2023.12.10.). 이외에도 다양한 자기계발서가 가장 많이 팔린 책 10위 이내에 들어있으며 자기계발서의 판매율도 계속 증가하고 있다. 2023년 상반기 중 가장 많이 팔린 책 5위 이내에 자기계발서가 3권이나 포함되어 있고, 전체적으로 판매량은 전년도 같은 기간에 비해 30% 이상 증가했다. 경제와 경영 분야, 시와 소설과 같은 문학 분야의 책들이 오히려 줄어드는 가운데 자기계발서의 판매는 대폭 증가하고 있다는 것은 시대의 흐름을 보여주고 있다. 독자의 상당수가 30대와 40대인 만큼 자기 계발의 필요성이 취업을 앞둔 20대뿐만 아니라 사회 전체의 흐름으로 변해가고 있음을 알 수 있다(『조선일보』, 2023.08.04.).

이러한 추세가 보여주는 것은 개인이 자신의 삶을 기업적 기획의 입장에서 치밀하게 자기 경영, 자기 관리, 자기 마케팅에 매진하게 되었다는 사실이다(이영자, 2011:114). 삶의 경쟁이 치열해지고 생존을 위한 조건이 변화하면서 개인은 스스로를 관리하고 경영하지 않으면 경쟁에서 뒤떨어지거나 낙오자가 될 가능성이 커졌기 때문이다. 그럼에도 이들이 취업에 성공할 가능성은 이전보다 훨씬 낮아지고 있다. 경제성장 시기에는 경제 규모가 커지면서 일자리가 양산되었지만, 최근 들어 산업구조가의 바뀌면서 이러한 일이 일어날 수 없게 되었다. 산업구조가 IT 중심으로 재편되고 노동과정에 첨단 기술이 도입되면서 일자리 만들기에 절대 불리한 사회적 상황이 되었음을 의미한다. 앞으로 AI가 사회 전반에 퍼지면서 이러한 상황은 점차 더 확대되고 심화될 것이다.

대학을 포함한 고등교육에 대한 열망은 높아지고 따라서 진학률도 높게 유지되는 상황에서 대학 졸업자의 취업이 어려워지는 상황은 많은 이들에게 상당한 좌절을 가져올 수 있다. 아래의 자료는 대학 진학률과 대졸자 취업률 사이의 괴리를 잘 보여준다.

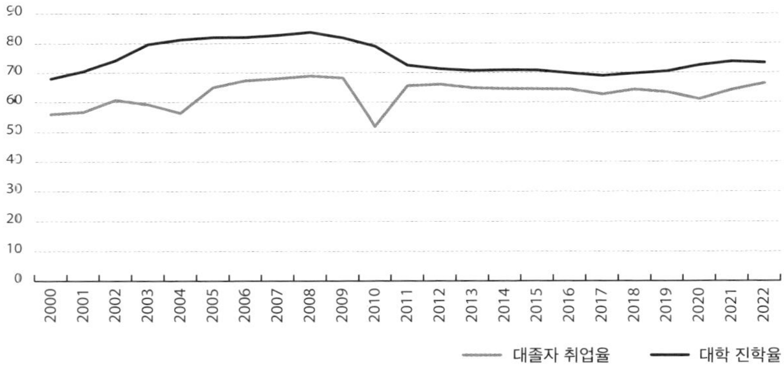

그림 5: 대학 진학률과 대졸자 취업률 (단위: %)

※ 자료: e-나라지표, 2023, (한국교육개발원, "교육통계분석자료집"); e-나라지표, 2023, (한국교육개발원, "고등교육기관 졸업자 취업통계연보)"에 근거하여 작성.

위의 그래프가 보여주듯이, 대학 진학률과 취업률 사이에는 지속적인 괴리가 있다. 경제위기가 극복된 이후 대학 진학률은 대체로

70% 중반 이상을 유지하고 있다. 가장 높았을 때인 2000년대 중후반에는 고졸자의 80% 이상이 대학에 진학하기도 했다. 그 이후 조금씩 하향곡선을 그리면서 떨어졌으나 2022년에도 73%를 넘는 수준에 머무르고 있다. 반면에 대졸자의 취업률은 지속해서 대학 진학률에 비해 상당히 낮은 수준을 보여주고 있다. 취업률이 가장 낮았던 2010년에는 50%에 접근하여 대졸 실업자의 문제가 심각한 수준에 이르렀다. 이후 어느 정도 만회되어 60%대 중반 정도에 도달했지만, 여전히 대학 진학률에 비해서 거의 10% 정도 낮은 수준에 머무르고 있다.

대학 진학률과 대졸자 취업률의 간격이 조금이나마 줄어든 것은 취업률이 높아져서가 아니라 진학률이 떨어져서이다. 이는 결코 바람직한 현상이 아니다. 수많은 투자와 노력을 통해 대학에 입학하더라도 졸업할 때는 또다시 취업난으로 고통받고 있다. 당연히 대졸자는 취업의 어려움을 느낄 수밖에 없는데, 최근 실시한 조사에 의하면 75%가 넘는 응답자가 취업의 어려움을 느끼고 있다고 밝혔다(『진학사캐치』, 2024.03.22.).

물론 일자리는 경제 상황의 변화나 정부의 정책에 따라 수시로 바뀔 수 있다. 특히 경기가 좋지 않을 때는 정부가 적극적으로 일자리 만들기에 나서기 때문에 이도 역시 고려해야 할 변수이다. 최근 들어 일자리가 전반적으로 늘어나는 추세를 보여주고 있지만 구체적 내용에 있어서는 상당히 비관적이다. 2023년 1분기 정부 공식 통계자료에 의하면, 전년도 같은 기간에 비해 일자리가 45만 개 정도 늘어났다. 그러나 증가의 추세는 4분기 연속 둔화하고 있으며, 보다 중요하게는 늘어난 일자리 대부분이 노년층을 위한 것이었다. 늘어난 일자리 3개 중 2개가 60대 이상 노인의 일자리였고, 20대 이하 청년의 일자리는 오히려 줄어들었다(『경향신문』, 2023.08.25.).

60대 이상이 취업한 일자리가 대부분 건설 일용직이나 공공근로와 같은 비정규직에 집중되어 있다는 점에서 이 일자리에 젊은 세대가 미래를 내다보면서 취업하기는 어렵다. 이렇듯 일자리 상황은 젊은 세대의 취업 준비생에게 무척 큰 고통을 주고 있다. 그럼에도 불구하고 이들이 취업이나 사회적으로 성공하지 못하면 그것은 온전히 그들의 개인적 역량이 부족한 탓으로 돌려진다. 사회 구조의 변화라는 차원에서 해석되고 해결책을 찾아야 할 문제가 개인의 문제로 여겨지고 사회적 책임이 개인의 탓으로 전가되고 있다(조세희, 2021:199).

직업의 안정성도 이전과는 비교할 수 없을 정도로 취약해졌다. 경제위기 이후 노동시장이 이원화되면서 비정규직이 양산되었고, 노동시장의 유연화와 같은 용어로 직업의 불안정성이 정당화되었다. 경제위기 당시 수많은 노동자가 자신의 잘못 없이 열심히 일한 직장에서 해고되어 절박한 생존 위협을 받게 된 것이 그 시작이었다. 경제위기 극복 이후 이들이 직장으로 돌아오는 과정은 힘들고 불확실했다. 어렵게 직장으로 돌아와도 상당수는 비정규직이 되었고 동일노동 동일임금이 적용되지 않는 상황을 경험하게 되었다.

2023년 현재에도 전체 노동자의 약 40%가 비정규직에 종사하고 있다.[22] 경제위기 극복 직후인 2003년에 실시된 한 조사에 의하면, 비정규직일수록 그리고 경제위기에서 구조조정을 경험했을수록 계급적대감이 높으며 동시에 신자유주의에 대한 반감이 강한 것으로 나타났다(조돈문, 2011:383-385). 이러한 상황은 지금도 그리 다르지 않을 것이다. 거의 40%에 달하는 노동자들이 시장 경제가 가져온 신자유주의의 영향 아래 있으면서 이에 대한 반감을 지닌 채 새로운 생존 전략을 세워야 할 상황이다.

이러한 변화와 함께 한국 사회의 특징으로 여겨졌던 평생직장의 개념은 완전히 사라졌다. 언제나 해고될 수 있고 꽤 젊은 나이에 그런 일이 일어나면서 정년을 맞게 되는 상황이 일반화되었다. 2016년부터 60세 정년제가 도입되었음에도 실제 정년 나이는 이보다 훨씬 낮았다. 2022년 통계자료에 의하면, 평균 퇴직 연령은 49.3세이고, 사업 중단이나 권고사직, 명예퇴직, 정리해고 등의 비자발적 이유로 직장을 떠나는 경우가 40%에 이르는 것으로 나타났다(정혜윤, 2022:21). 직업의 안정성을 높이려는 제도적 장치에도 불구하고 노동시장의 불확실성은 오히려 더 커지고 있음을 알 수 있다. 이렇게 예전에 한국 사회를 대표하는 상징적 개념의 하나였던 '평생직장'은 더 이상 유효하지 않게 되었다.

한국 사회에서 직업 불안정성의 시작은 경제위기 시기에 진행된

---

22 비정규직의 개념, 비정규직 노동자의 수와 비율은 통계를 산출하는 방식에 따라 차이가 있는데, 최근 들어 정부의 공식 통계와 노동계의 통계 사이의 차이가 줄어들고 있다. 2016년의 경우, 비정규센터에서는 전체 노동자의 44%가 비정규직이라고 본 반면 정부에서는 33%로 발표했다. 2023년에는 양쪽에서 발표한 비정규직 비율이 41%와 37%로 차이가 줄었다(『매일노동뉴스』 2023.12.22.)

대량 해고였다. 280만 명에 이르는 노동자가 직장에서 쫓겨났고 생존 위기에 내몰린 것은 실직자 당사자뿐만 아니라 이를 지켜보던 모든 이들에게 트라우마였다. 한 은행에서 강요된 '희망퇴직'을 당한 행원을 대상으로 촬영한 '내일을 준비하며'라는 짧은 동영상은 온 국민을 울리면서 '눈물의 비디오'라는 이름으로 불리기도 했다(『한국일보』, 2014.11.21.). 회사를 살리기 위해 개인이 희생을 받아들이는 과정과 당사자의 심정을 담은 이 비디오는 당시 한국 사회의 한 단면을 극적으로 재현했다. 그때만 해도 공동체를 위해 개인이 희생하는 것을 미덕으로 여기던 시절인지라 이들은 회사를 위한 거룩한 희생자가 되었다. 그러나 이후 그들의 삶은 고통스럽고 불행했다. 누구도 돌보지 않는 어려운 삶을 스스로 헤쳐 나가야 하는 상황이 그들 앞에 놓여 있었던 것이다.

계속되는 구조조정은 더 이상 회사라는 공동체가 개인을 보호하지 못함을 알게 해주었다. 실직의 고통 속에서 살아가는 개인에게 턱없이 부족한 사회복지는 한국 사회가 개인을 보호해 주는 공동체가 아님을 확인시켜 주었다. 아이로니컬하게도 경제위기 상황에서 개인들이 선택한 해결책도 공동체주의적인 것이 아니라 개인주의적인 방식이었다. 기업의 생산성과 효율성이 떨어지고 부채 비율이 지극히 높은 상황이 경제위기로 연결되면서 기업은 어떻게든 생산 비용을 낮추고 기업 운영의 효율성을 높이기 위한 방법을 찾을 수밖에 없었다.

이런 상황에서 생산성과 효율성을 높이는 방법으로 우선 도입된 것은 기업의 임금 구조를 바꾸는 것이었다. 기업의 총임금 지출을 낮추는 방식은 두 가지가 있다. 그 하나는 일부 노동자의 해고를 통해 전체 고용인 수를 줄이는 것이고, 다른 하나는 고용 규모를 그대로 유지하면서 노동자 각자에게 지급되는 임금을 낮추는 방식이다. 전자가 해직자를 만들지 않은 채 각자의 몫을 줄임으로써 고통을 분담한다는 점에서 공동체주의적 해결책이라면, 후자는 각자도생의 길을 가는 개인주의적 해결책이다.

그런데 거의 모든 기업과 노동자의 선택은 고용 규모를 유지하고 임금을 낮추는 것이 아니라 일부 노동자의 해고를 통해 고용구조를 바꾸는 것이었다. 그 결과 상당수가 직장을 떠나 실직자가 되었다. 개인주의에 기반한 선택이 공동체의 비극을 가져왔고 공동체주의적 삶의 방식에 균열을 가져온 것이다.

실직의 위기를 벗어나 직장에 남아있는 개인에게도 더 이상 회사를 위해 평생을 희생할 필요가 없다는 것은 분명하게 각인되었다. 조금이라도 더 좋은 조건이 있으면 이직이 당연시되었고 따라서 예전과는 달리 빈번한 직장 이동이 일어나게 되었다. 실제로 취업 이후 이직률은 상당히 높은 수준에 도달했고 실직과 이직에 대한 우려도 상당히 높다. 2010년대 이후 실직과 이직에 대한 우려를 표명한 개인이 전체의 60% 가까운 수준이고, 최근에 조금 낮아지긴 했지만 2023년 현재 여전히 55%의 개인이 불안함을 느끼고 있는 것으로 밝혀졌다(통계청, 2023b:43).

취업한 이들도 수시로 이직을 경험하고 있는데, 2022년 대졸 신규 취업자 5명 가운데 1명이 1년 이내 이직을 한 것으로 나타났다(『중앙일보』, 2023.12.27.). 더불어 기존 재직자 가운데 1년 이내 직장을 옮긴 이들이 전체의 58.8%에 이를 정도이다. 특히 연령이 낮을수록 이 경향은 강해 20대의 경우 67%의 응답자가 취업 후 1년 이내 이직의 경험이 있었다(『데일리팝』, 2022.07.14.). 다른 직장보다 안정성이 높은 것으로 인식되는 대기업이나 공기업에서도 높은 이직률을 보이고 있다. 이는 한국 사회에서 노동시장의 불확실성이 얼마나 심각한지를 입증한다.

이런 상황에서 개인이 직업의 확실성을 확보하는 방법은 국가가 보장하는 라이선스의 확보이다. 많은 우수 고등학생이 이공계를 기피하고 의과대학, 치과대학, 약학대학으로 진학하는 것은 자연스러운 귀결이다. 이런 전공을 하게 되면 정년 없이 일할 수 있을 뿐만 아니라 수입도 다른 직종에 비해 상대적으로 높기 때문에 이들이 상당히 매력적인 선택지인 것은 분명하다. 그 가운데에도 의과대학은 가장 우수한 학생을 독점하는 현상을 보여 국가 전체로는 심각한 문제를 야기하고 있다.

경제위기 이후 의과대학 선호 현상이 점점 강해지면서 자연 계열 내 다른 전공을 회피하는 경향을 낳게 되었다. 2024년 입시에서 서울대 자연 계열 정시 미등록률은 21%에 이르렀는데, 이는 전년도에 비해서 10% 이상 높아진 수치이다. 특히 공과대학에서 가장 우수한 학생들이 몰리는 것으로 여겨지는 컴퓨터공학부는 33.3%의 미등록률을 보여 위기 상황에 처해 있다. 연세대와 고려대의 자연 계열에서도 거의 유사한 현상이 나타나고 있다(『한겨레』, 2024.02.22.). 컴퓨터 산업이 한국 경제에서 갖는 중요성을 굳이 강조하지 않더라도 이러한 경향이 사회 전체를 위해서 그리 바람직하지 않음은 쉽게 이해된다. 이른바 '이공계 엑소더스'가 널리 퍼지고 있다. 인공지능이나 이를 위한 반도체의 중요성이 점차 커지면서 우수 인재를 필요로 하는 분야에서 인력난을 겪고 있는 것은 이러한 '의과대 블랙홀'의 반대급부이다. 최근 이 분야에서 두각을 나타내고 있는 대만에서 우수 인력이 이공계에 몰리고 있는 것과는 아주 뚜렷한 대비를 이루고 있다(『매일경제』, 2024.06.17.).

이는 한국 사회에서 얼마나 직업에 대한 편향성이 널리 퍼져있는지를 보여주고 있다. 40대 중후반에 직장에서 밀려나는 이공계 출신의 미래에 비해 의사가 갖는 직업의 안정성은 엄청난 매력이 될 수밖에 없다. 이러한 경향에 대해 한 네티즌은 통찰력 깊은 의견을 제시했다. 그는 "국내 기업들은 IMF 시절 공대를 나온 인재들을 무자비하게 해고했죠. ..... 그때 인재들이 이제 학부모가 되었고 자녀들에게 자신의 경험을 이야기 하면서 공대 가지 말라고 설득력있게 가르칩니다"라고 주장했다(『매일경제』, 2024.06.17.). 경제 위기 시기의 대량 해고에서 비롯된 직업의 불안정성이 지금의 이 상황을 설명하는 중요한 요인임을 알 수 있다.

이와 유사하게 인문계열 학생도 법학전문대학에 진학하여 변호사 자격증을 가지려는 열망을 강하게 보여주고 있다. 이른바 일류 대학의 인기 학과 졸업생들이 대거 법학전문대학원(로스쿨)에 진학하고 있다. 로스쿨 설립 이후 지속적으로 지원생이 적지 않았지만 최근 들어 더욱 입학 경쟁률이 높아지고 있다. 로스쿨 입학을 위해 필수로 요구되는 법학적성시험(LEET)의 응시자 수가 이를 반영하고 있다. 2023년에 실시된 이 시험의 응시자는 15,647명에 이르러 사상 최대였는데, 이는 처음으로 시험이 시행된 2009년에 비해 1.6배 증가한 수치이다(『법률신문』, 2023.07.24.).

2023년도 로스쿨 입학생의 출신 배경을 분석한 결과에 따르면, '서연고' 로스쿨 입학생의 대부분이 '서연고'대학 학부 출신이며, 이들 중 40% 이상이 경제학이나 경영학 전공자이다(『법률신문』, 2023.03.06.). 전반적으로 취업이 어려워지면서 로스쿨에 몰리는 현상이 심화된 것으로 보이지만, 취업이 훨씬 쉬운 최상위권 대학의 경영학과 출신들이 로스쿨에 몰리는 현상은 그 이상의 의미를 담고 있다. 로스쿨 내부에서도 서열화가 진행되어 지방대학이나 중위권 대학의 로스쿨에서는 휴학 후 상위권 대학의 로스쿨로 이동하려는 반수생이 점점 늘어나고 있다. 이렇게 로스쿨 이후 획득하는 변호사 자격증이 인문계 학생에게는 평생을 보장해 주는 보험과 같다. 개인의 안정된 삶과 복지를 위한 선택을 비난할 수는 없지만 사회적으로 중요한 역할을 해야 할 기업으로서는 우수 인재를 잃어버리는 문제를 맞게 되었다.

의사 면허증, 변호사 자격증을 위한 의과대학 진학과 로스쿨 진학 열풍을 단순히 직업 안정성에 의한 선택으로만 해석하기에는 어려움이 있다. 이들 직업은 당연히 직업의 안정성과 함께 상대적으로 고

수익을 보장해주기 때문이다. 그럼에도 불구하고 한국 사회에서 직업의 안정성이 우선적으로 추구되는 것은 다른 영역에서도 확인된다. 한국 사회에서 가장 안정적인 직업으로 여겨지는 공무원이 되려는 많은 개인을 통해 이를 알 수 있다. 지난 몇 년간 공무원의 수입이 일반 사기업에 비해 엄청나게 낮다는 사실이 일부 공무원의 폭로를 통해 알려지면서 공무원 열풍이 한풀 꺾이는 것 같기는 하다.

공무원 열풍이 예전만큼은 아니지만 여전히 많은 취업 준비생이 공무원이 되려는 열망을 보여준다. 한 7급 공무원이 직장인 익명 커뮤니티에 월급 명세서를 올리면서 세전 급여 255만 원에서 세금과 4대 보험을 제외한 실수령액이 200만 원에 미치지 못함을 알리면서 공무원의 박봉 논란이 전개되었다. 이는 공무원에 대한 엄청난 열풍을 식히는 데 결정적으로 기여했다. 그러나 2024년에 실시될 9급 공무원 공채 경쟁률이 21.8:1에 이르러 2020년의 37.2:1에 비하면 낮지만 여전히 꽤 높은 상태를 유지하고 있다. 일반 행정직의 경우 77.6:1로 전년 대비 오히려 상승했고, 가장 경쟁률이 높은 교육행정직의 경우 211:1에 도달해 엄청난 인기를 보여주었다(『연합뉴스』, 2024.01.25.). 낮은 임금이 알려진 상태에서도 공무원이 이런 정도로 경쟁력을 가지는 이유가 바로 직업 안정성인 것은 쉽게 추측된다.

또한 공무원에 대한 대안으로 새로운 자격증이 떠오르고 있다. 세무사, 노무사. 감정평가사와 같은 전문 자격증을 추구하는 경향이 뚜렷하다. 2022년 이후 2년간 세무사, 노무사, 감정평가사 시험의 지원자 수는 각각 59%, 53%, 50% 상승했다. 이들 직종은 공무원에 비해 상대적으로 수입도 높으면서 직업의 안정성이 높기 때문에 취업 준비생이 몰리고 있는 것으로 이해할 수 있다(『한국경제』, 2024.04.04.).

다음의 표는 이러한 추론을 입증해준다. 지난 20년간 개인이 선호하는 직업을 조사한 다음 자료는 안정성이 높은 직업이 압도적으로 선호되고 있음을 보여준다. 조사 기간 선호도가 가장 높은 다섯 개의 직업 대부분이 국가의 라이센스를 가지고 있거나 국가가 직업의 안정성을 보장해주는 것들이다. 의사, 변호사, 교사, 공무원 등이 그러하다. 2004년과 2024년을 비교하면, 시간이 지날수록 자영업이나 회사원에 대한 선호가 줄어들고 이들 직업을 더욱 선호하고 있음을 알 수 있다.

표 14: 선호하는 직업 순위 (단위: %)

순위	2004년	2014년	2024년
1	공무원 (21)	공무원 (27)	의사 (16)
2	교사 (14)	교사 (16)	공무원 (13)
3	자영업 (10)	의사 (11)	교사 (7)
4	의사 (7)	변호사/교수/ 사업가 (3)	연예인 (5.3)
5	회사원 (3.2)		변호사 (5.2)

※ 자료: 한국갤럽, 2024b:132

의사, 변호사와 같이 국가가 인정하는 전문직의 자격증을 갖거나 공무원이나 공기업에 취업하여 직업의 안정성을 확보한 개인의 삶은 그렇지 못한 이들에 비해 한결 안정적이다. 그러나 그 과정에서 모든 개인이 엄청난 경쟁의 압박을 견뎌야 하는 만큼 심리적 스트레스는 예전에 비해 비교가 되지 않을 정도로 높아졌다. 한국 경제가 한참 성장하던 시절에는 경제 규모의 확대로 인해 일자리를 얻기가 지금에 비해서 한결 쉬웠다. 반면에 경제위기로 인해 공동체적 보호가 더 이상 유효하지 않음을 인식한 개인은 어떻게든 각자도생해야 하는 사회적 상황이 되었다. 이러한 사회 속에서 모든 개인은 개인주의의 전략을 통해 현실에 적응하는 모습을 보여주고 있지만 이는 엄청난 경쟁을 수반한다. 삶의 경쟁에서 뒤처지거나 실패했을 때는 극단적인 어려움에 처하게 되는 것이다.

4. 개인주의 전략의 실패와 보완

신자유주의 시대의 각박한 현실과 한층 강화된 경쟁 체제 속에 살아가는 개인의 생존 전략이 가져온 부정적 측면은 여러 가지로 나타난다. 특히 치열한 경쟁에서 실패한 이들은 극단적인 고통을 받게 된다. 그 대표적인 것이 우울증과 자살이다. 우선 우울증에 관해 살펴보기로 하자. 신자유주의의 경제 원리가 사회의 지배적 이념으로 자리 잡아갈수록 개인의 정신적 병리도 확대되고 있음을 표15의 자료를 통해 알 수 있다.

표 15: 우울증과 불안장애 진료 현황 (2017-2021)(단위: 명, 억원, 원, 일, %)

	구분	2017년	2018년	2019년	2020년	2021년	증감률	
							연평균	'17년 대비 '21년
우울증	환자수	691,164	764,861	811,862	848,430	933,481	7.8	35.1
	1인당 내원일	8.51	8.66	8.86	9.11	9.29	2.2	9.2
불안장애	환자수	653,694	710,510	743,083	780,384	865,108	7.3	32.3
	1인당 내원일	5.82	6.06	6.28	6.59	6.72	3.7	15.5

※ 자료: 건강보험심사평가원, 2022:2

2017년부터 2021년 사이의 우울증과 불안장애의 진료 추이를 분석한 결과에 따르면, 우울증과 불안장애 모두 지속해서 증가하고 있다. 우울증은 해당 기간 연평균 7.8% 정도 증가하였으며, 2021년에는 기준연도 대비 35% 증가하여 엄청나게 늘어났음을 알 수 있다. 또한 1인당 내원일 수도 같은 패턴을 보여 각 개인이 겪는 고통의 정도도 점점 심해지고 있음을 입증한다.

연령별 우울증 환자의 추이를 조사한 다음의 표는 더욱 중요한 사실을 시사한다. 2017년에는 노년층에서 우울증이 많이 발생한 반면, 시간이 지날수록 20대와 30대의 젊은 층에서 더욱 많이 나타나고 있다. 특히 20대는 연평균 23% 가까운 증가를 보이면서 기준연도 대비 2021년에는 127%의 엄청난 증가율을 보여준다. 반면에 나이 든 세대에서는 여전히 많은 우울증 환자가 있지만, 그 증가율은 상당한 정도로 줄어들고 있다. 이 자료는 10대-20대-30대의 젊은 세대가 얼마나 큰 스트레스 속에서 살아가고 있는지를 보여줌과 동시에 이들이 타인과 단절된 생활로 인해 극심한 우울증을 겪고 있음을 확인해 준다.

표 16: 연령별 우울증 환자 수 (단위: 명, %)

구분	2017년	2018년	2019년	2020년	2021년	증감률	
						연평균	'17년 대비 '21년
10대 미만	1,140	1,243	1,493	1,350	1,940	14.2	70.2
10대	30,273	43,029	48,099	47,774	57,587	17.4	90.2
20대	78,016	100,598	122,039	148,136	177,166	22.8	127.1
30대	83,819	94,371	106,756	118,277	140,270	13.7	67.3
40대	99,336	106,764	113,422	116,660	130,718	7.1	31.6
50대	126,567	130,723	131,282	127,385	130,059	0.7	2.8
60대	129,330	136,019	137,497	139,883	148,039	3.4	14.5
70대	118,022	123,639	122,168	119,221	118,611	0.1	0.5
80대 이상	52,480	58,324	61,098	63,670	66,570	6.1	26.8
전체	691,164	764,861	811,862	848,430	933,481	7.8	35.1

※ 자료: 건강보험심사평가원, 2022:3

이렇듯 우울증이나 이와 유사한 정신적 병리 현상이 널리 퍼지면서 심각한 사회 문제로 떠오르게 되었다. 특히 우울증이 자살의 주된 원인으로 부각되면서 사회적 관심을 끌게 되었는데, 우울증이 자살의 원인이라는 것은 동의어 반복에 가깝다. 자살의 진정한 원인을 찾기 위해서는 개인이 우울증을 겪는 이유를 밝혀야 한다. 이러한 노력 없이 원자화된 개인의 심리적 고통을 단순히 우울증으로 범주화하는 것은 사회적 책임의 회피이다. 개인의 우울증이 상당한 정도로 사회적 구조의 문제에서 기인한다면 더욱 그러하다. 이를 이해하기 위해서 한국 사회에서 일어나고 있는 자살에 대한 분석이 필요하다.

세계적으로 한국 사회가 높은 자살률을 보이는 것은 이미 널리 알려져 있다. OECD 국가의 자살률 비교에서 한국은 압도적으로 높은 상태이다. 리투아니아와 함께 한국은 계속 높은 자살률의 국가라는 오명을 쓰고 있다. 리투아니아의 자살률은 점차 하향곡선을 그리는 데 반해, 한국은 계속 증가하여 2018년을 기점으로 1위로 올라섰다. 2022년 전체 자살자는 12,906명인데, 이는 하루 평균 35명 정도가 스스로 목숨을 끊고 있다는 의미이다. 전체 사망 원인에서 자살이 차지하는 비중도 꽤 높은데 2022년에는 6위에 이르고 있다. 특히 젊은 세대에서는 자살이 상당히 중요한 사망 원인이 되고 있다. 연령별 사망 원인에서 10세-39세에서는 자살이 가장 높은 위치를, 그리고 40대에서는 2위를 차지하고 있다. 그만큼 자살이 젊은 세대의 주된 사망 원인이 되고 있음을 알 수 있다(통계청, 2023c:6, 8).

그렇다면 한국 사회에서 자살이 이렇게 널리 퍼지게 된 이유는 무엇인가? 물론 한국 사회가 처음부터 자살이 흔히 일어나는 사회는 아니었다. 한국 사회에서 자살률의 증가를 보여주는 다음의 그림을 통해 우리는 중요한 시사점을 얻을 수 있다. 1990년에서 2021년에 걸친 장기간의 자살률 추이를 통해 자살률이 급격히 높아지는 것은 1990년대 후반 특히 경제위기 이후임을 알 수 있다. 연도별 가변성은 있지만 경제위기 이후 자살률은 전반적으로 상승하고 있다.

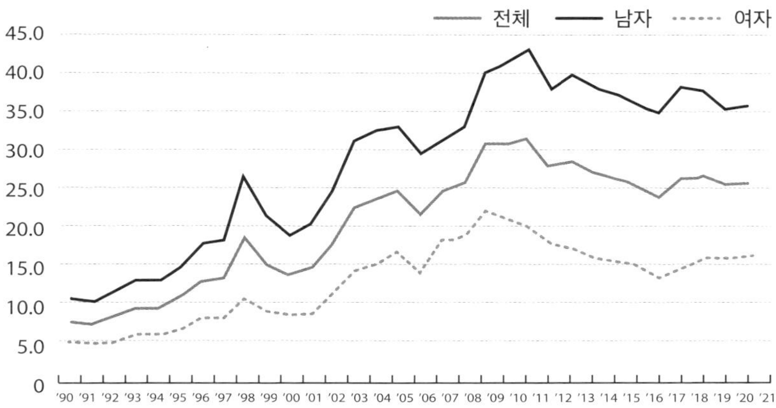

그림 6: 자살률 추이

※ 자료: 보건복지부, 2023b: 29

위의 그림에서 나타난 자살률의 변화 추이를 어떻게 해석할 수 있는가? 우선 추론할 수 있는 것은 경제위기 이후 경제적 상황의 변화에 따른 생활고가 자살률 증가의 직접적인 원인이 될 수 있을 것이다. 분명 이러한 측면이 있다. 특히 노년층과 같이 생존의 어려움에 처한 세대에서는 이러한 추론이 충분히 성립할 수 있다.

그러나 연령별에 따른 자살의 동기를 살펴보면 중요한 차이를 찾을 수 있다. 2021년의 경우 40대에서는 근소한 차이로 경제적 요인이 1위를 그리고 정신적 문제가 2위를 차지했고, 60대 이상에서는 육체적 질병이 1위를 그리고 정신적 문제가 2위를 차지했다. 나머지 세대에서는 모두 정신적 문제가 가장 우선적인 자살의 동기로 지목되었다. 특히 10대와 20대에서는 정신적 고통에 의한 자살이 압도적으로 높은 비율을 차지했다(보건복지부, 2023a:104). 이는 곧 한국 사회에 널리 퍼진 자살이 경제적 요인보다는 정신적 스트레스에 의해 촉발되고 있음을 보여준다.

그런 점에서 경제위기 이후에 자살이 지속해서 그리고 급격히 증가하는 현상은 경제위기가 가져온 경제적 요인에 의한 것이 아니라 다른 것에서 그 원인을 찾을 수 있다. 오히려 보다 중요한 이유는 신자유주의가 가져온 개인들 사이의 엄청난 경쟁과 공동체의 약화로 인한 개인에 대한 보호의 상실로 여겨진다. 모든 문제를 개인이 알아서 해결해야 하고, 이에 대한 실패는 개인의 잘못으로 돌려지는 신자유주의 시대의 개인주의적 사회 분위기가 개인을 극단적 선택으로 몰아가고 있다. 사회의 변화가 가져온 위기를 개인의 병리적 현상으로 돌리는 잘못이 신자유주의가 초래한 공동체의 약화와 개인주의의 확산을 무시하기 때문에 일어나고 있다. 이는 사회적 차원의 문제를 개인의 문제로 환원시키는 것과 다르지 않으며, 사회의 책임을 포기하고 개인이 스스로를 탓하도록 만드는 주객전도의 현상이다.

개인 삶의 불안함을 해소하기 위해 도입된 것이 국가에 의한 사회복지 체제이다. 경제위기 이전에 사회복지는 거의 존재하지 않았고 이를 보완했던 것은 가족복지였다. 도움이 필요한 상황이 되면 국가의 사회 안전망이 거의 없다시피 했기에 확대가족 네트워크가 그 역할을 대신했다. 이것이 가족의 형태가 압도적으로 핵가족으로 바뀌었음에도 확대가족의 네트워크와 가족주의가 지속해서 확장되었던 이유이기도 하다(김동노, 1997:90). 사회적으로 책임져야 할 문제들이 개인에 의해 해결되어야 한다면 이런 가족주의는 강한 힘으로 작동하게 된다. 한국 사회에서는 전반적으로 이러한 상황이 지속되고 있지만 특히 개발 국가의 독재 체제에서 더욱 그러했다. 경제위기 시기에 가족복지가 가장 강력하게 작동되었지만 동시에 절대적으로 무력함을 드러내기도 했다.

이를 해결하기 위해 국가가 경제위기 이후 본격적으로 사회복지 체계를 재정비하면서 일정한 변화가 일어났다. 한국의 복지 체계는 여전히 많이 부족하고 지속적으로 강화될 필요가 있다. OECD 국가 가운데 한국은 2022년 현재 국내 총생산(GDP) 대비 사회보장 지출에서 최하위를 차지했다. 전체 평균인 21.2%에 비해서 현저히 낮은 14.8%에 머무르고 있다. 그럼에도 불구하고 경제위기 이후 사회복지 비용이 계속 증가하고 있는 것도 사실이다. OECD 38개 회원국 가운데 최근 10여 년에 걸쳐 한국보다 공공 복지 지출이 증가한 나라는 없다(『한국경제』, 2023.01.27.). 1990년 이후 국내 총생산 대비 사회 복지예산의 지출 현황은 아래의 자료를 통해 확인할 수 있다.

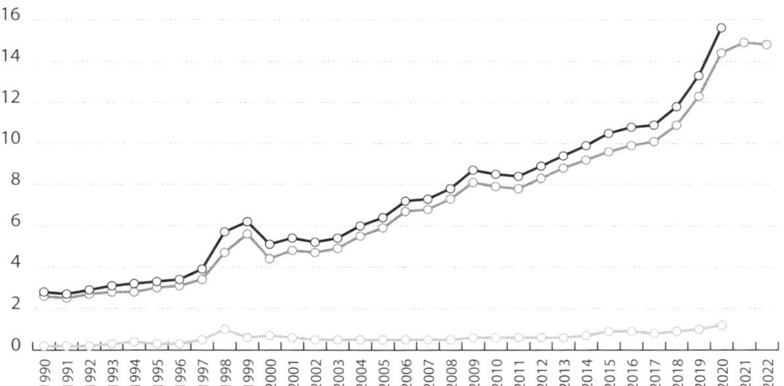

그림 7: 국내 총생산 대비 사회복지 지출

※ 자료: e-나라지표, 2023 ("GDP 대비 사회복지 지출 비율"); 보건복지부, 2023b

이 그림에서 알 수 있듯이, 한국에서 사회복지 지출이 제대로 늘어나기 시작한 것은 경제위기 이후이다. 이는 특히 중요한 의미를 지닌다. 경제위기 이후 한국 사회에 신자유주의가 본격적으로 퍼지기 시작했음에도 불구하고 국가의 사회복지 예산이 동시에 증가하는 것은 상당히 흥미롭다. 대부분 국가에서 시장 경제가 지배하는 신자유주의가 사회의 지배원리가 되면 사회복지 지출을 줄이는 방향으로 바뀐다. 한국에서 신자유주의가 도입되면서 사회복지 체계가 강화된다는 것은 분명 모순적이지만, 경제위기 이후 시장 경제와 복지 체제가 모두 국가에 의해 주도되었기 때문에 가능했다. 서구와 달리 한국에서는 시장 경제가 '보이지 않는 손'에 의해 움직이는 것이 아니라 경제위기를 극복하기 위해 국가 주도로 도입되었다. 따라서 사회적 약자에 대한 보호가 정치적 과제로 떠오르면서 국가가 일정한 수준의 복지제도도 동시에 마련하게 되었다. 그런 만큼 당장 시급한 문제를 해결해야 할 정도로만 복지를 제공하는 방식으로 복지제도가 도입되고 정착되었다.

사회의 전면적 개혁을 통해 복지를 강화하기보다는 신자유주의 체제에 의한 삶의 불확실성과 불안을 최소한으로 해결하려는 취지로 복지제도가 도입되었기 때문에 사회의 재생산 구조와 개인들의 재생산 역량을 근본적으로 높이는 효과는 가져올 수 없다. 대부분의 복지제도가 개인이 필요로 하는 삶의 조건을 충족시키는 것이 아니라 개인을 노동력으로 재활용하기 위한 방식으로 이루어지고 있다. 일자리를 찾으려는 노력을 계속해야만 실업수당을 받을 수 있는 것이 그러한 예이다. 노동 역량이 현저히 떨어지는 노년층도 공공 근로와 같은 형태로 노동력을 활용해야 복지 혜택을 받을 수 있다.

이러한 방식으로 이들이 다시 노동력으로 돌아가더라도 이들의 조건이 크게 나아지지는 않는다. 노동력을 삶의 기반으로 삼는 다수의 개인이 비정규직의 불안함과 차별적 대우를 겪고 있음에도 이를 근본적으로 해결하겠다는 의지는 없어 보인다. '동일노동 동일임금'이라는 원칙을 강력히 시행함으로써 같은 일을 하면서도 차별을 받는 개인을 보호하려는 정책은 제대로 도입되지 않은 채 구호로만 그치고 있다. 이는 한국보다 앞서 신자유주의를 도입하고 정부 주도로 복지 체계를 도입한 일본에서도 거의 유사하게 나타난 현상이다(Caroll, 2019:649). 신자유주의 시대에 국가 주도의 복지 체계가 강화되는 이러한 현상은 사회의 부분적 개혁을 통해 지배계급과 신자유주의 체제의 정당성을 확보하고 헤게모니를 형성하기 위한 시도로 이해된다.

제한된 목적으로 도입되었고 여전히 많은 개선의 여지를 갖고 있는 만큼 국가에 의한 공적 복지의 강화가 복지국가 체제의 수립으로 볼 수는 없지만 한국 사회에서 상당히 중요한 변화의 계기를 마련해 주었다. 이는 전통적으로 지속되던 공동체주의를 약화시키고 개인주의를 확산시키는 데에도 일정하게 기여한 것으로 여겨진다.

경제위기 이전 한국의 공적 복지는 국내 총생산 대비 겨우 3%에 이를 정도였기 때문에 개인이 어려움에 부닥치면 가족 네트워크에 의존해 해결할 수밖에 없었다. 공적 부조가 마련되지 않은 상황에서 개인이 생존과 안전을 위해 필요한 자원을 동원할 수 있는 방법은 개인의 사적 네트워크에 의존하는 것이 유일하다. 그렇기에 혈연, 지연, 학연의 연결망이 활성화되었고, 그 중에도 가족의 중요성은 사회가 변해도 그대로 유지되었다. 현대 사회에서도 확대가족 네트워크가 단단히 유지되는 사회적 기반이 이렇게 마련된 것이다.

그러나 가족복지에 의존하던 상황에서 국가에 의한 공적 복지가 점차 도입되고 개인이 이 변화의 중요성을 인식하면서 개인과 가족의 관계도 바뀌기 시작했다. 한국 사회에서 가족 혹은 가족주의의 중요성이 근본적으로 줄어든 것은 아니지만 개인이 가족의 의미를 새롭게 인식하는 계기가 되었다. 예전과 같이 경제적 상호부조를 위한 수단으로서의 가족 혹은 가족주의의 중요성은 약화되었다. 반대로 가족의 사회적 기능에서 구성원들의 감정적 연대가 차지는 비중이 상대적으로 커지게 되었다(권용혁, 2013:221-22).

여전히 위기 상황이나 도움이 필요할 때는 가족 네트워크를 찾게 되지만, 다른 한편으로 가족 구성원들이 독립적 자아로서 자아실현이나 자율적으로 살아갈 수 있는 사회적 환경은 어느 정도 확보되었다. 가족을 벗어나 혼자 살면서 부딪히는 문제들을 공적 복지를 통해 해결할 수 있게 되었다. 일자리를 잃더라도 가족에 손 벌리지 않고 실업수당을 통해 일정한 수준의 생활을 할 수 있게 된 것이 한 예이다. 이러한 사회적 환경이 제공하는 기회를 적극 활용하고 있는 것이 20-30대의 젊은 세대인 것으로 보인다. 이들은 이를 통해 개인화와 개인주의를 추구할 수 있게 되었다.

신자유주의 시대의 도래와 함께 개인화가 급속히 전개된 것은 분명하고, 이는 삶의 조건이 악화되면서 나타난 개인의 불가피한 선택의 측면도 있다. 특히 시장 경제의 경쟁 체제에서 취약한 사회적 약자에게서 이런 경향이 나타날 것이기 때문에 이는 '불행한 개인화(unhappy individualization)'의 특성을 내포하고 있다(Chang, 2014:56).

그러나 분명 한국 사회 내부의 분화는 일어나고 있고 그 가운데 하나는 개인화의 경향 속에서 개인성을 확보하고 이를 바탕으로 자신의 삶을 새롭게 구성하려는 것이다. 이들에게 우선 필요한 것은 기회 균등과 사회적 공정성이다. 신자유주의는 개인을 전면에 부각시키고 경쟁의 원리에 따라 개인의 능력을 가치화했다. 동시에 신자유주의는 개인을 원자화하는 위험성을 가지고 있지만 최소한의 긍정적 효과를 가져오기도 한다. 신자유주의는 개인에게 균등한 기회를 제공하고 능력 있는 이들이 우대받을 수 있는 능력주의의 가치를 강조함으로써 예측가능한 사회를 만들어가고 있는 것이다.

이러한 변화는 이전에 배제되었던 개인들에게 새롭게 기회를 제공해 준다. 고용 시장에서 학연, 지연, 혈연과 같은 연줄이 힘을 잃어가고 있는 것도 그러한 이유 때문이다. 2010년대에만 해도 인터넷에 취업과 관련된 연줄의 중요성을 강조하는 글들이 넘쳐났지만, 최근 들어 이러한 경향은 상당한 정도로 줄어들고 있다. 사회적 영향력이 있는 인사의 자녀가 연줄을 통해 비공식적 방식으로 취업하면 심각한 사회 문제로 떠오를 정도로 이 문제에 대한 감수성이 높아졌다.

또한 블라인드 심사와 같이 취업의 공정성을 높이기 위한 다양한 방안이 도입되면서 이전과 같이 연줄이 강력한 힘으로 작동하기 어렵게 되었다. 이는 경쟁 원리가 도입되면서 개인 이익을 집단이 보호해주는 집단주의의 원리가 깨졌기 때문이기도 하다(김수정, 2019:27-8). 그러나 보다 근본적으로 이는 사회 운영에서 기회균등과 공정한 절차에 대한 자유주의적 원리가 작동하고 있다는 표현이기도 하다. 물론 기회균등과 공정성의 요구는 삶의 조건 가운데 가장 기본 요소에 불과하다. 그럼에도 불구하고 예전에 찾아볼 수 없었던 이런 경향이 나타난 것은 한국 사회가 자유주의적 기반의 개인주의로 가는 길에 들어선 것을 충분히 보여준다.

Ⅶ 여전히 남은 문제들

VII 여전히 남은 문제들

한국 사회를 규정할 때 흔히 공동체주의의 전통 속에서 개인에 대한 억압이 지속된 것이 중요한 특징으로 언급된다. 이는 분명 사실이고 지금도 상당한 정도로 그러하다. 19세기 후반 처음 개인주의 사상이 도입된 이후 개인주의는 계속 공동체주의에 압도되어 왔고, 개인의 자유와 권리는 공동체의 대의를 위해 양보하도록 요청받았다. 그러나 90년대 후반 경제위기 이후 일정한 정도로 변화가 나타나고 있는 것은 분명하다. 시장 경제를 지향하는 신자유주의가 본격적으로 도입되면서 개인화의 경향은 뚜렷해졌다. 이는 개인들이 새로운 사회적 환경에 적응하기 위한 생존 전략에 따른 것일 수도 있다. 그러나 보다 중요하게 개인화의 이면에는 공동체로부터 분리된 개인이 발현되고 이들이 자발적으로 개인성을 추구하고 주체적으로 이전과는 다른 방식으로 삶의 형태를 설계하는 모습이 한국 사회 곳곳에서 목격되고 있다.

그런 만큼 개인주의의 확산이 가져올 장점과 더불어 위험성에 대해서도 성찰해 볼 필요가 있다. 한국 사회에서 개인주의의 억압과 개인에 대한 지나친 통제를 경고하는 소리는 꽤 많이 있다.[23] 정치적으로 억압적 독재 체제가 지속되면서 개인은 공동체를 위해 희생해야 할 존재로 사회화되었다. 독재 체제에 대한 저항도 이에 못지않게 공동체주의적 경향을 띠면서 사회 전체가 개인주의를 억압하는 특성을 보여주었다. 한국 사회에서는 개인의 자유, 권리, 자율성과 같은 덕목이 무시되면서 서구와 같이 개인주의가 자유주의와 결합할 수 있는 기반도 전혀 조성되지 못했다. 자신을 내세우거나 개인의 이익을 추구하는 개인에 대한 비난이 강화되면서 개인주의는 이기주의와 동일시되는 왜곡도 일어났다. 그런 점에서 최근 들어 개인주의가 확산되면서 개인의 자유와 권리라는 자유주의의 가치와 결합되는 것은 환영받아 마땅하다.

이러한 변화는 정치적 측면에서도 중요한 함의를 지니고 있다. 자유주의의 가치에 기반하여 민주주의의 제도화가 일어난 서구와 달리 한국의 정치는 민주주의와 자유주의가 분리된 채 진행되어왔다. 심지어 1987년 이후 형식적 민주화가 시작되고 나서도 자유주의의 가치가 한국 정치와 사회에서 얼마나 인정되고 있는가에 대해서는 의문이 제기되고 있다. 최근에 자유주의의 가치가 퍼지고 있는 것은 불완전한 민주주의를 공고화하는데 크게 기여할 수 있는 여지가 있다(Choi, 2009:252-253, 271). 대통령이나 국회의원을 선출하는 과정에 대한 민주적 절차는 어느정도 확립되었지만 개인의 자유, 권리,

23 대표적인 연구로는 강준만(2004), 김수정(2019), 박노자(2002), 조세희(2021), 최종덕(2018) 등을 참조.

존엄성을 인정하는 실질적 민주화로 나아가지 못하는 상황에서 자유주의의 가치가 널리 퍼지는 것은 분명 한국의 민주주의를 새로운 차원으로 향상시킬 수 있을 것이다.

그러나 동시에 고려해야 할 문제는 신자유주의와 개인주의 확산이 가져온 원자화된 개인의 존재 양식이다. '인간의 본성은 사회적'이라는 검증하기 힘든 선험적 명제를 거부하더라도 개인이 원하는 것을 이루기 위해서는 사회적 관계를 만들어야 한다. 그런 점에서 개인은 사회 속에서 태어나고 사회를 통해 본성을 실현할 수 있다는 명제는 여전히 설득력이 있다.

문제는 한국 사회에서 이런 특징이 잘 나타나지 않고 있다는 것이다. 집단이 개인을 억압하는 집단주의는 강하지만 집단 구성원에 대한 보호와 공존의 가치를 추구하는 공동체주의의 철학은 성숙되지 않았기 때문이다. 공동체주의의 가치를 지향하기보다는 집단의 배타적 이익을 추구하는 경향이 자리 잡으면서 개인주의가 이기주의로 왜곡되었듯이 집단주의도 흔히 집단 이기주의의 형태를 띠게 된다.

이 상황에서는 개인에 대한 공동체의 보호를 기대하기 힘들 수밖에 없다. 한국사회의 공동체는 개인을 일정한 정도로 보호했다. 전통사회의 경우, 동답(洞畓)이나 문중답(門中畓) 등을 통해 생존의 위기에 몰린 공동체의 약자에게 도움을 주기도 했다. 완전한 공유 경제는 아닐지라도 최소한의 안전망이 마련되어 있었던 것이다. 또한 현대에 들어 진행된 경제발전 과정에서도 가족 이데올로기가 기업의 운영 원리로 활용되었다. 회사와 직장을 가족과 같이 여기도록 만드는 이러한 이데올로기가 노동자에 대한 착취의 원리가 되기도 했지만 최소한의 보호를 포함하기도 했다. 노동자에게 기숙사를 제공하거나 보다 중요하게는 직업의 안정성을 확보해주었다. 특별한 문제가 생기지 않는 이상 직장에서 해고되는 일은 거의 없었기에 평생직장의 개념이 자리잡은 것이다.

그나마 이렇게 유지되던 개인에 대한 최소한의 보호도 1990년대 후반의 경제 위기와 함께 공동체가 무너지면서 사라졌다. 공동체가 와해된 상황에서 혼자서 모든 것을 해결해야 하는 개인주의 사회에서 개인을 보호하기 위해서 공동체주의의 기반을 확립하는 것은 중요하다. 특히 독자적 생존이 어렵고 사회적으로 취약한 위치에 있는 개인을 위해서는 더욱 그러하다.

한국 사회에서 개인주의의 확산이 경제위기 이후의 신자유주의 경제체제의 도입과 연관되어 있기 때문에 개인이 느끼는 삶의 불안과 불확실성은 더욱 크다. 공동체 속에서 보호받던 개인이 공동체의 울타리를 벗어나 벌판에 홀로 선 삶을 이끌어가야 하는 상황이 된 것이다. 때로는 사회적 조건이 이런 삶을 강요하기도 하지만 때로는 개인주의가 주는 개인의 해방에 이끌려 이런 삶을 선택했다. 어느 쪽이든 공동체에서 벗어난 개인이 가지는 불안감은 그리 다르지 않다. 이에 더하여 새롭게 형성된 개인주의와 전통적 공동체주의가 공존하는 사회적 환경은 개인을 더욱 혼란스럽고 불안하게 만든다. 개인주의와 공동체주의가 주로 세대에 따라 서로 다른 가치로 존중되고 추구됨에 따라 세대 간의 갈등이 나타나기도 한다. 이 갈등은 가족 속에서 그리고 사회 생활에서 수시로 분출되고 있다.

개인주의를 추구하는 개인도 스스로 개인주의와 공동체주의의 가치가 혼재된 삶을 살면서 수시로 내적 갈등과 모순을 겪기도 한다. 한편으로는 개인주의의 핵심 가치인 기회균등과 절차적 공정성을 주장하면서도 결과가 자신에게 불리하게 되면 곧 입장을 바꾸어 결과에 대한 재분배를 요구한다. 만약 기회가 균등하게 제공되었고 절차적 공정성이 지켜졌다면 결과에 대해서는 시비를 걸지 않고 이를 받아들이는 것이 개인주의의 미덕이다. 물론 롤스와 같이 개인주의의 입장을 지키면서도 차등의 원칙에 따른 최소한의 재분배를 주장하는 입장도 있다. 그러나 그가 정의로서 제시한 차등의 원칙도 여전히 개인의 자유와 평등, 기회균등의 원칙에 우선하지는 못한다. 그런 점에서 개인주의에서 가장 핵심은 기회 균등과 절차적 공정성이다.

그런데 희소 자원을 둘러싼 경쟁을 할 때 그 시작점에서는 기회균등과 공정성을 강조하다 막상 경쟁의 결과가 자신에 불리하면 이에 대한 시정을 요구하는 것은 분명 자기모순이다. 경쟁의 시작에서는 개인주의의 가치를 주장하고 결과에서는 공동체주의의 가치를 요구하는 것이다. 결과에 대한 재분배라는 공동체주의의 가치는 개인에게 공동체에 대한 책임을 요구하는데, 이에 대한 부담은 감당하지 않고 공동체의 이익을 배분받아 자신의 이익만을 취하게 되면 이는 분명 논리적 모순에 이르게 된다.

또한 개인주의의 입장에서 기회균등과 공정한 절차를 주장하면서 그 결과에 대한 재분배를 요구하는 것은 공정한 절차에 대한 부정을 의미하기도 한다. 개인주의이든 공동체주의이든 하나의 원칙에 충실한 것이 아니라 필요에 따라 그리고 자신의 이익을 극대화할 수 있는 방식으로 두 원칙을 모순되게 결합해서 받아들이는 것이다. 개인주의와 공동체주의가 본래의 철학적 기반은 잃어버리고 개인의 이익에 의해서만 결합된 결과이다. 어쩌면 지금 한국 사회에는 이런 모순된 개인이 넘쳐나고 있는 것은 아닌지 되돌아볼 필요가 있다.

그런 점에서 한국 사회를 진정한 자유주의와 공동체주의의 장점이 결합하는 방식으로 바꾸는 것은 미래지향적 관점에서 반드시 필요하다. 자유주의와 공동체주의는 서로 다른 철학적 원리와 가치에 기반하고 있지만 두 사상이 상호배타적일 필요는 없다. 개인의 자유와 권리에 대한 가치를 존중하는 것과 마찬가지로 공동체에 대한 개인의 책임을 강조할 필요가 있다. 공동체의 도덕성을 추구하는 것이 개인의 자율성과 조화를 이룰 수 있는 방법도 있을 것이다. 둘 사이의 관계를 반드시 영합 가정(zero-sum)의 다툼으로 이해할 필요는 없다. 실제로 둘 사이의 조화와 결합의 가능성은 충분히 열려 있고, 이러한 시도도 상당한 정도로 이루어지고 있다. 자유주의적 공동체주의나 공동체주의적 개인주의라는 이름으로 표현되는 이런 시도들이 앞으로 한국 사회를 위해 심각하게 고려해야 할 대안이다.

개인주의와 공동체주의를 모순되지 않는 방식으로 결합하는 데 있어 현실적으로 주의해야 할 우선 요인은 개인에 대한 공동체의 억압이다. 오랜 기간 한국 사회에서는 공동체가 개인에 우선한다는 생각이 지배해 왔기 때문에 공동체를 위한 개인의 희생을 당연시하는 사회적 분위기가 널리 퍼져있었다. 이는 개인에 대한 억압으로 작용하여 개인성이 발현될 수 없는 조건이 되었다.

개인의 자유와 권리라는 개인주의의 보편적 가치가 적절히 평가되고 존중되어야 함은 어느 사회에서나 마찬가지이다. 이를 통해 개인이 개인다울 수 있기 때문이다. 그러나 동시에 개인이 자신의 이익을 추구하는 것을 넘어 타인이나 공동체에 피해를 줌으로써 사회적 비용을 만드는 것도 삼가야 한다. 개인이 자신을 보호하기 위한 행동을 하더라도 스스로 넘을 수 없는 경계선을 그을 수 있는 자율적 자아가 되어야 한다. 이는 곧 개인이 자신의 이익과 함께 도덕성을 동시에 고려할 수 있는 그런 존재가 되기를 요구한다.

개인주의에서 평등하고 자율적인 개인이 사회적 관계를 맺는 방식은 계약이다. 그러나 개인주의의 계약이 갖는 형식성(formality)에 대해서도 유의할 필요가 있다. 개인들에게 균등한 기회를 제공하고 절차적 공정성이 보장된다면 개인들 사이의 계약은 절대성을 갖게 된다. 그러나 개인주의의 형식적 논리가 갖는 절대성에는 상당한 위험이 포함되어 있다. 계약의 우선적 조건은 상호 동의와 호혜성이다. 서로 동의한 개인들 사이에 계약이 맺어지고, 이 계약은 서로에게 이익이 된다는 것을 전제로 사회적 관계가 성립되는 것이다.

그러나 실제로 계약이 이 두 조건을 충분히 만족시키는 경우는 그리 많지 않다. 서로 이익이 될 것이라는 생각으로 맺어진 계약이 실제로는 계약 당사자의 한쪽에 일방적으로 이익이 되는 경우도 얼마든지 많기 때문이다. 서로 동의와 합의에 기반하고 있는 계약이라고 허더라도 계약 당사자들이 갖고 있는 정보의 불균등, 당사자들의 사회적 위치에 따라 실질적으로 불평등한 조건이 작동할 수 있다(샌델, 2010:203-205). 이처럼 호혜성의 원칙이 지켜지지 않는 경우가 실제로 매우 많다는 사실에 주목할 필요가 있다.

그런 점에서 개인주의에서 강조하는 기회균등, 공정성, 계약의 정당성과 같은 원칙들이 충분히 도덕적이지 않을 수 있다. 실질적으로 불평등한 위치에 있는 사람들 사이에 형식적으로 평등한 기회를 제공하고, 절차적 공정성이 보장된다고 하더라도 이들 사이의 계약은 기존의 불평등을 오히려 더 심화시킬 가능성도 있다. 흔히 '기울어진 운동장'으로 표현되는 사회적 조건의 실질적 불평등이 분명히 존재하는 상황에서 개인주의의 기회균등과 공정성만을 강조하는 것은 불평등을 정당화하는 도구에 그칠 수 있다.

이러한 한계를 극복하기 위해서는 계약이 보장해 주는 권리와 함께 개인이 공동체에 기여하는 몫에 대한 고려가 동시에 필요하다. 개인이 일단 계약을 맺게 되면 법적으로 보장된 권리를 갖게 되는 것은 당연하다. 그러나 실제로 이러한 법적 권리와는 다른 차원에서 공동체에 대한 기여의 몫이 큰 사람도 분명히 있다. 이것은 '권리'와는 구분되는 '자격'으로 표현될 수 있다(샌델, 2010:223-2227).

자격에 따른 보상은 개인이 계약을 통해 가진 법적 권리가 아니라 공동체에서 얼마나 중요한 역할을 하고 있으며 공동체를 위해 얼마나 기여하고 있는가에 의해 결정된다. 법적인 '권리'에 의한 보상과 공동체에 대한 기여에 따른 '자격'에 의한 보상의 차이를 최대한 줄이는 방향으로 사회가 운영될 필요가 있다. 그렇게 되면 개인이 단순히 자신의 이익만을 추구하지 않고 공동체에 대한 기여를 통해 책임을 다하는 도덕적 존재로 바뀔 수 있을 것이다.

결국 남은 문제는 어떻게 개인을 자율적이면서도 '책임' 있는 존재로 만들 것인가와 함께 어떻게 개인을 억압하지 않고 보호할 수 있는 공동체를 만들 수 있는가에 있다. 개인과 공동체의 관계를 이렇게 만들 수 있어야 개인과 공동체가 조화와 균형을 이루는 사회가 될 것이다. 이를 통해 개인에 대한 보호와 함께 사회에 대한 보호를 동시에 만족시킬 수 있을 것이다.

도움받은 글

- 강명희, 2014, 「20세기 전반기 한국 자유주의의 형성과 굴절」, 『인문논총』, 71권 4호:229-267.
- 강준만, 2004, 「[한국 '개인주의'의 역사] 「억울하면 출세하라」 이데올로기와의 결탁」, 『인물과 사상』, 76호:153-200.
- 강준만, 2016, 「"왜 자꾸 당신은 80년대에 뭐했어?"라고 묻는가?」, 『인물과사상』, 216호:37-70.
- 건강보험심사평가원, 2022, 『최근 5년(2017-2021) 우울증과 불안장애 진료 현황 분석』, 원주: 건강보험심사평가원.
- 『경향신문』, 2016.06.05., 「한국 '일과 삶의 균형·환경' OECD 최하위」, https://m.khan.co.kr/world/world-general/article/201606051024001#c2b.
- 『경향신문』, 2017.07.24., 「5만여 명 또 '떠돌이'로…기간제 교사의 정규직 전환 '딜레마'」, https://m.khan.co.kr/national/labor/article/201707240600025#c2b.
- 『경향신문』, 2020.08.04., 「MZ세대는 워라벨 보장, 개인 중시 등 이전 세대와 달라」, https://www.khan.co.kr/economy/economy-general/article/202008040947011.
- 『경향신문』, 2023.08.25., 「1분기 임금 근로 일자리 45만 개↑…4분기 연속 둔화·20대 일자리 감소 폭 커」, https://m.khan.co.kr/economy/economy-general/article/202308251325001#c2b.
- 『고대신문』, 2024.04.01., 「취업도 인플레이션 … 5년 새 토익 평균 100점 넘게 올랐다」, https://www.kunews.ac.kr/news/articleView.html?idxno=42259.
- 국가통계포털, 2022, 여성가족부, 「가족실태조사」, https://kosis.kr/statHtml/statHtml.do?orgId=154&tblId=DT_154001_091&vw_cd=MT_ZTITLE&list_id=B_1_154_154001_2020_009&scrId=&seqNo=&lang_mode=ko&obj_var_id=&itm_id=&conn_path=MT_

ZTITLE&path=%252FstatisticsList%252FstatisticsListIndex.do. https://kosis.kr/statHtml/statHtml.do?orgId=154&tblId=DT_154001_091&vw_cd=MT_ZTITLE&list_id=B_1_154_154001_2020_009&scrId=&seqNo=&lang_mode=ko&obj_var_id=&itm_id=&conn_path=MT_ZTITLE&path=%252FstatisticsList%252FstatisticsListIndex.do.

- 국가통계포털, 2023, 통계청, 「인구동향조사: 시도별 평균 초혼 연령 자료」, https://kosis.kr/statHtml/statHtml.do?orgId=101&tblId=DT_1B83A05&vw_cd=MT_ZTITLE&list_id=A23_2&scrId=&seqNo=&lang_mode=ko&obj_var_id=&itm_id=&conn_path=MT_ZTITLE&path=%252FstatisticsList%252FstatisticsListIndex.do.

- 국영희·장하림, 2011, 「미디어 담론 속 문화유형에 관한 연구: 개인주의 논의를 중심으로」, 『한국자치행정학보』, 25권 2호:177-195.

- 권용혁, 2013, 「한국의 가족주의에 대한 사회철학적 성찰」, 『사회와 철학』, 25호:203-232.

- 권인숙, 2005, 『대한민국은 군대다: 여성학적 시각에서 본 평화, 군사주의, 남성성』, 파주: 청년사.

- 김기옥·윤원아, 2000, 「소비자의 집단주의-개인주의 성향에 관한 척도 개발」, 『한국소비자학연구』, 11권 1호:1-14.

- 김기전, 1921 「社會奉貢의 根本意義」, 『개벽』, 10호:2-13.

- 김대중, 1975a, 「장공(長空) 김재준 목사에게 보내는 서신」, (1975.12.21.) 김대중도서관 자료, https://www.kdjlibrary.org/president/activity/view/41217?order=update_date&pageMax=20&target2=act_actDate&period=1974&period2=1975.12.21.&order=update_date&sort=desc&&sort2=asc&&sort3=desc&page=1.

- 김대중, 1975b, 「우리 민족의 역사적 특성에 입각한 '한국적 민주주의'에 대한 사설」, (1975.04.xx), 『민주구국의 길, 강연과 논문 1973-1980』, 김대중도서관 자료, https://www.kdjlibrary.org/president/activity/view/41193?order=update_date&pageMax=20&target2=act_actDate&period=1974&period2=1975.12&order=update_date&sort=desc&&sort2=asc&&sort3=desc&page=1.

- 김도태, 1972, 『徐載弼 博士 自敍傳』, 서울: 을유문화사.
- 김동노, 1997, 「국가의 정당성 결여와 생활세계의 왜곡」, 『현상과 인식』, 97호:71-96.
- 김동노, 1998, 「한말 개화파 지식인의 근대성과 근대적 변혁」, 『아시아문화』, 14호:27-60.
- 김동노, 1999, 「고비용 저효율의 정치경제와 IMF 위기」, 『사회발전연구』, 5호:1-45.
- 김동노, 2010a, 「박정희 시대 전통의 재창조와 통치 체제의 확립」, 『동방학지』, 150집:319-353.
- 김동노, 2010b, 「한국의 국가 통치전략으로서의 민족주의」, 『현상과인식』, 34권 3호:203-224.
- 김동노, 2011, 「개인, 국가, 그리고 사회의 공공성」, 연세대대학원 학술위원회 편, 『경쟁과 공존』, 서울: 오래.
- 김동노, 2013, 「시민 운동의 정치참여를 통해 본 시민 운동의 성장과 한계」, 『현상과인식』, 37권 3호:59-88.
- 김동노, 2014, 「개인주의, 공동체주의, 그리고 한국 사회의 공공성」, 『사회이론』, 45호:77-108.
- 김동노, 2023, 「개인주의, 집단주의, 자유주의, 공동체주의와 한국 사회의 변화」, 『사회이론』, 63호:153-196.
- 김성국, 2018, 「유아유심 개인주의: 마음의 사회학을 위하여」, 『한국 사회학』, 52권 2호:159-212.
- 김수자, 2008, 「해방 이후 우익 민족 담론의 공고화 과정(1945-1953): 일간지를 중심으로」, 『역사학보』, 198집:89-114.
- 김수정, 2019, 「개인화 시대의 '개인주의'에 대한 개념적 탐색」, 『한국언론정보학보』, 94호:7-33.
- 김영작, 1989, 『한말 내셔널리즘 연구』, 서울: 청계연구소.

• 김영정, 1998, 「신흥공업국의 경제위기와 대외 경제관리 방식의 변화」, 한국비교사회학회 편, 『동아시아의 성공과 좌절』, 서울: 전통과 현대.

• 김윤경, 1927, 「개인과 사회, 소아에서 대아로 부분심에서 전체심」, 『동광』, 9호:20-31.

• 김윤명, 2009, 「청소년과 성인이 지각하는 한국인의 특성: 집단주의-개인주의 문화 차원에서」, 『청소년문화포럼』, 21호:10-44.

• 김현주, 2004, 「1910년대 개인, 민족의 구성과 감정의 정치학: 이광수의 무정(無情)을 중심으로」, 『현대문학의 연구』, 22호:260-294.

• 김혜숙·조순경, 1995, 「민족민주운동과 가부장제, 최초로 제기하는 '민족민주운동권' 의 성차별: '진보적' 운동권의 뿌리 깊은 성차별」, 『사회평론 길』, 95권 8호:142-150.

• 『나무위키』, 2023.09.29., 「인천국제공항공사 보안요원 정규직 전환 절차 논란」, https://namu.wiki/w/%EC%9D%B8%EC%B2%9C%EA%B5%AD%EC%A0%9C%EA%B3%B5%ED%95%AD%EA%B3%B5%EC%82%AC%20%EB%B3%B4%EC%95%88%EC%9A%94%EC%9B%90%20%EC%A0%95%EA%B7%9C%EC%A7%81%20%EC%A0%84%ED%99%98%20%EC%A0%88%EC%B0%A8%20%EB%85%BC%EB%9E%80.

• 나은영·민경환, 1998, 「한국 문화의 이중성에 관한 소고」, 『지역과세계』, 24집:3-16.

• 나은영·차유리, 2010, 「한국인의 가치관 변화 추이: 1979년, 1998년 및 2010년의 조사 결과 비교」, 『한국심리학회지: 사회 및 성격』, 24호:63-93.

• 남궁식, 1907, 「자유론」, 『대한자강월보』, 9호:9-11.

• 내무부, 1977, 『새마을운동: 시작에서 오늘까지』, 서울: 내무부.

• 『노컷뉴스』, 2017.08.10., 「기간제 교사, 정규직 왜 안돼 vs 임용고사 있는데…」, https://www.nocutnews.co.kr/news/4829073.

• 『데일리팝』, 2022.07.14., 「MZ세대 「평생직장이 뭔가요?」…조기 퇴사 빨라진다」, https://www.dailypop.kr/news/articleView.html?idxno=61328.

• 『매일경제』, 2024.06.17., 「한국은 의대 가려고 난리났는데...반도체학과 최고 인

기인 '이 나라'」, https://www.mk.co.kr/news/business/11043733.

• 『매일노동뉴스』, 2023.12.22., 「'비정규직 통계' 뜨거운 공방은 옛말, 노동계-정부 차이 거의 사라져」, https://www.labortoday.co.kr/news/articleView.html?idxno=218940.

• 문화체육관광부, 2022, 『2022 국민 여가 활동조사』, 세종: 문화체육관광부.

• 민상기, 1998, 「아시아 외환위기의 확산」, 남덕우 외, 『IMF 사태의 원인과 교훈』, 서울: 삼성경제연구소.

• 박근혜정권퇴진비상국민행동기록기념위원회, 2018a, 『박근혜정권퇴진 촛불의 기록 1』, 서울: 박근혜정권퇴진비상국민행동기록기념위원회.

• 박근혜정권퇴진비상국민행동기록기념위원회, 2018b, 『박근혜정권퇴진 촛불의 기록 2』, 서울: 박근혜정권퇴진비상국민행동기록기념위원회.

• 박노자, 2002, 「한국적 근대 만들기 III: 한국 근대에서의 '나'의 계보」, 『인물과 사상』, 47호:96-108.

• 박선영, 2016, 「한국 사회 증상으로서의 집단주의와 개인주의: 정신분석적 고찰」, 『현대정신분석』, 18권 2호:40-77.

• 박선욱, 2020, 「민주헌법쟁취국민운동본부 결성 – 6월항쟁 승리의 주역」, 민주화운동기념사업회 open archive, https://archives.kdemo.or.kr/contents/view/22.

• 박영신, 2010, 「관심과 운동 세력: 우리 시민 운동 내다보기」, 박영신·이승훈, 『한국의 시민과 시민사회』, 서울: 북코리아.

• 박정희, 1962, 『우리 민족의 나갈 길: 사회 건설의 이념』, 서울: 동아출판사.

• 박정희, 1967, 『조국 근대화의 지표: 박정희 대통령 주요연설 문집』, 서울: 고려서책.

• 박정희, 1969, 『박정희 대통령 선집 6권-위대한 조상』, 서울: 지문각.

• 박정희, 1978, 『民族中興의 길』, 서울: 광명출판사.

• 박정희, 1997(1963), 『國家와 革命과 나』, 서울: 지구촌.

• 박진환, 2005, 『박정희 대통령의 한국경제 근대화와 새마을운동』, 서울: (사)박

정희대통령기념사업회.

- 박찬승, 2002, 「20세기 한국 국가주의의 기원」, 『한국사연구』, 117집:199-240.
- 박찬승, 2007, 『민족주의의 시대: 일제하의 한국 민족주의』, 서울: 경인문화사.
- 박혜경·김상아, 2018, 「한국인의 문화 성향에 관한 메타분석: 집단주의와 개인주의를 중심으로」, 『지역과 세계』, 42권 3호:5-37.
- 박태균, 2019, 「촛불의 역사적 의의와 한국 사회의 과제」, 『현안과 정책』, 162호, https://www.good21.net/issuepaper/?q=YToyOntzOjEyOiJrZXl3b3JkX3R5cGUiO3M6MzoiYWxsIjtzOjQ6InBhZ2UiO2k6MTQ7fQ%3D%3D&bmode=view&idx=1711407&t=board.
- 방희경·류지현, 2021, 「신자유주의 시대의 도덕(적 해이) 담론: 개인주의적 논리, 국가주의적 전략」, 『한국언론정보학보』, 110호:83-116.
- 『법률신문』, 2023.03.06., 「2023학년도 서울대 로스쿨 합격자 10명 중 9명은 'SKY' 출신」, http://www.lec.co.kr/news/articleView.html?idxno=742244.
- 『법률신문』, 2023.07.24., 「2024학년도 리트, 또 '역대 최다'… 1만5647명 응시」, https://www.lawtimes.co.kr/news/189648.
- 보건복지부, 2023a, 『2023 자살예방 백서』, 서울: 한국생명존중희망재단.
- 보건복지부, 2023b, 『통계로 보는 사회복지 2022』, 세종: 한국보건사회연구원.
- 북태생, 1931, 「生活改善과 우리의 大家族制度」, 『별건곤』, 37호:32-33.
- 샌델, 마이클, 2010, 『정의란 무엇인가』 (이창신 옮김) 서울: 김영사. [Michael J. Sandel, *Justice: What's the Right Thing To Do*, New York: Farrar, Straus and Giroux, 2009].
- 서중석, 1997, 「이승만 초기의 일민주의」, 『진단학보』, 83호:155-183.
- 송진우, 1915, 「思想改革論」, 『學之光』, 5호:2-8.
- 송진우, 1924, 「最近의 感, 무엇보다 「힘」」, 『개벽』, 46호:92.
- 송진우, 1931, 「世界大勢와 朝鮮의 將來」, 『동광』, 22호:2.

• 송호근, 2013, 『시민의 탄생: 조선의 근대와 공론장의 지각변동』, 서울: 민음사.

• 『시사저널』, 2022.07.29., 「대기업 신입사원 '입사스펙'은? .... 평균학점 3.7 토익 846」, https://www.sisajournal.com/news/articleView.html?idxno=243266.

• 『시사IN』, 2020.07.13., 「인천공항 정규직은 공정한가」, https://www.sisain.co.kr/news/articleView.html?idxno=42409.

• 신민당, 1968, 『우리 당의 기본 방침』, 서울: 신민당 정책위원회.

• 신채호, 1908, 「대아(大我)와 소아(小我)」, 『대한협회회보』, 5호:5-10.

• 심융택 편, 1972, 『자립에의 의지: 박정희 대통령 어록』, 서울: 한림출판사.

• 안창호, 1931, 「朝鮮民族의 文化向上과 民族的 大計」, 『삼천리』, 3권 10호:2-3.

• 안호상, 1950a, 『일민주의의 본바탕: 一民主義의 本質』, 서울: 일민주의연구원.

• 안호상, 1950b, 「일민주의란 무엇인가?: 새로운 철학을 말하는 좌담회」, 『연합신문』, 1950.01.21.

• 양문수·이우영, 2016, 「남북한 주민 마음의 비교: 물질주의와 개인주의에 대한 정량적 분석」, 『북한연구학회보』, 20권 1호:29-62.

• 양우정, 1949, 『李大統領 建國政治理念: 一民主義의 理論的展開』, 서울: 연합신문사.

• 연명흠, 2010, 「중국, 일본, 네덜란드, 한국의 개인주의 감성 비교」, 『감성과학』, 13권 1호:79-90.

• 『연합뉴스』, 2018.01.22., 「단일팀 확정에 여자 아이스하키팀 '착잡'」, https://www.yna.co.kr/view/MYH20180122014100003.

• 『연합뉴스』, 2023.12.10., 「'갓생'유행 속 자기 계발에 쏠린 독자의 눈」, https://www.yna.co.kr/view/AKR20231206172000005.

• 『연합뉴스』, 2024.01.25., 「공무원 9급 경쟁률 21.8대 1 작년보다 지원자 1만 7천900명 감소」, https://www.yna.co.kr/view/AKR20240125040400001.

• 『오마이뉴스』, 2002,12.31., 「촛불시위 제안 네티즌 '앙마' 오마이뉴스 선정, '올해의 인물'」, https://www.ohmynews.com/nws_web/view/at_

pg.aspx?CNTN_CD=A0000100917.

- 『오마이뉴스』, 2002.11.29., 「월드컵 환호 광화문서 '촛불시위'」, https://www.ohmynews.com/nws_web/view/at_pg.aspx?CNTN_CD=A0000096428.
- 오태환, 1920, 「急變하야 가는 新舊思想의 衝突」, 『개벽』, 1호:80-84.
- 유길준, 1976(1895), 『西遊見聞』, 서울: 박영사.
- 윤상철, 1977, 「6월민주항쟁의 전개 과정」, 『6월 민주항쟁과 한국 사회 10년』, 서울: 당대.
- 윤상현, 1909, 「자유성」, 『대한협회보』, 10호:3-5.
- 윤상현, 2019, 「『思想界』의 시기적 변화와 '개인' 개념의 양상」, 『인문논총』, 49집:153-180.
- 윤용중·서재만, 2010, 『외환위기 이후 일자리 정책의 성과와 과제』, 서울: 국회예산정책처.
- 윤평중, 1999, 「자유주의-공동체주의 논쟁의 한국적 의미」, 『철학연구회 1999년도 춘계연구발표회』, 195-206.
- 이건희, 2023, 「안호상 일민주의의 형성·굴절·변용: 비판적 관점」, 연세대학교 정치학과 석사학위 논문.
- 이광수, 1922, 「民族改造論」, 『개벽』, 23호:18-72.
- 이광수, 1932, 「옛 조선인의 근본도덕, 전체주의와 구실주의 인생관」, 『동광』, 34호:2-4.
- 이기홍, 2020, 「2018년 KPI 한국 사회 공동체성 조사에 대한 탐색적 분석」, 장혜경 편, 『한국 사회 공동체성에 대한 현재와 미래』, 서울: 명인문화사.
- 이돈화, 1922, 「空論의 人으로 楚越하야 理想의 人, 主義의 人이 되라」, 『개벽』, 23호:4-17.
- 이돈화, 1934, 「朝鮮民族性의 新建設」, 『개벽』, 신간1호:2-6.
- 이성태, 1923, 「사회주의자가 본 물산장려운동」, 『동아일보』, 1923.03.30.

- 이승만, 1949, 『一民主義槪述』, 서울: 일민주의보급회.
- 이영자, 2011, 「신자유주의 시대의 초개인주의」, 『현상과인식』, 114호:103-128.
- 이주희, 1998, 「IMF 위기에 대한 정치경제학적 해석」, 『경제와사회』, 38:49-72.
- 이한수, 2020, 「강준만 유시민, 조직 위해 성폭력도 감춘 운동권 논리 다시 꺼내」, 『조선일보』, 2020.04.08.
- 임미리, 2016, 「한국 학생운동에서 대학생의 저항적 자살에 관한 연구」, 『기억과 전망』, 34호:321-360.
- 임승빈, 2019, 「자치, 그리고 공동체주의 논거와 실천모색」, 『한국자치행정학보』, 33권 3호:23-38.
- 임종명, 2005, 「일민주의와 대한민국의 근대 민족국가화」, 『한국민족운동사연구』, 44호:267-311.
- 장덕수, 1922, 「새時代의 새사람」, 『개벽』, 19호:31-35.
- 장동진, 2005, 「식민지에서의 '개인', '사회', '민족'의 관념과 자유주의: 안창호의 정치적 민족주의와 이광수의 문화적 민족주의」, 『한국철학논집』, 16집:41-70.
- 장용석·조문석·정장훈·정명은, 2012, 「사회통합의 다원적 가치와 영향 요인에 관한 탐색적 연구: 국가주의, 개인주의, 공동체주의, 세계시민주의를 중심으로」, 『한국사회학』, 46권 5호:289-322.
- 전상숙, 2008, 「박열의 무정부주의와 민족의식」, 『한국동양정치사상사연구』, 7권 1호:99-118.
- 전상인, 1999, 「1946년경 남한 주민의 사회의식」, 한림대아시아문화연구소 편, 『미 군정기 한국의 사회변동과 사회사 I』, 춘천: 한림대 출판부.
- 전재호, 2004, 「자강론과 자유주의: 식민지 초기(1910년 - 20년대 초) 신지식층의 자유주의관」, 『정치사상연구』, 10집 2호:33-57.
- 정용인, 2016, 「혁명의 동력 촛불, 언제까지 들어야 할까」, 『주간경향』, 1204호, http://weekly.khan.co.kr/khnm.html?mode=view&code=115&artid=201611291053101&pt=nv.

• 정용화, 2006, 「근대적 개인의 형성과 민족: 일제하 한국 자유주의의 두 유형」, 『한국정치학회보』, 40집 1호:5-23.

• 정혜윤, 2022, 『정년제도의 정책과정: 한국과 일본의 비교사례 분석』, 서울: 국회미래연구원.

• 정호근, 1999, 「집단주의와 개인주의의 이중성」, 『사회비평』, 22호:30-43.

• 조긍호, 2000, 「문화유형과 동기의 차이: 한국인의 동기 이해를 위한 시론」, 『한국심리학회지: 사회 및 성격』, 14호:83-122.

• 조대엽, 2013, 「사회운동과 동원의 구조: 사회운동 조직과 '유연 자발 집단'」, 김동노·노중기 외, 『한국 사회의 사회운동』, 서울: 다산출판사.

• 조돈문, 2011, 『노동계급 형성과 민주노조운동의 사회학』, 서울: 후마니타스.

• 『조선일보』, 2018.01.19., 「이낙연 총리 여 아이스하키 단일팀, 상처받으신 분들께 사과」, https://www.chosun.com/site/data/html_dir/2018/01/19/2018011901204.html.

• 『조선일보』, 2023.08.04., 「올 상반기 베스트셀러 휩쓴 자기계발서… 30·40이 조언에 가장 목말랐다」, https://www.chosun.com/culture-life/culture_general/2023/08/04/VGAGIVCTLRAWBB2XJBZVH5Q4HI/.

• 조세희, 2021, 「개인주의가 공공성과 결합될 때: 세월호 사건을 기점으로 가시화된 '개인주의 양가성' 논의를 중심으로」, 『사회와이론』, 39호:193-240.

• 『중앙일보』, 2018.01.29., 「아이스하키 선수 이민지의 개인주의자 선언, 2030이 공감한 이유」, https://www.youtube.com/watch?v=82lSc_ecflc.

• 『중앙일보』, 2023.12.27., 「대졸 취업률 69.6% '12년 사이 최고'…5명 중 1명 '1년 내 이직'」, https://www.joongang.co.kr/article/25217851#home.

• 지표 누리, 2023, 「인구총조사」, 대전: 통계청, https://www.index.go.kr/unify/idx-info.do?pop=1&idxCd=5065.

• 『진학사캐치』, 2024.03.22., 「칼 취업은 꿈도 못 꿔요'… 높아진 취업 난이도에 빠르게 취업 준비」, https://www.catch.co.kr/News/RecruitNews/296525.

• 채오병, 2016, 「비교사의 시각에서 본 한국의 파시즘과 권위주의」, 『경제와사

회』, 111호:14-49.

• 채진원, 2022, 「청교도 습속이 586 운동권 그룹의 유교적 습속 개선에 주는 공화주의적 함의」, 『동향과전망』, 114호:151-188.

• 총선시민연대, 2001, 『총선시민연대 백서』, 서울: 총선연대.

• 최장집, 2009, 『민중에서 시민으로: 한국 민주주의를 이해하는 방법』, 서울: 돌베개.

• 최종덕, 2018, 「개인주의와 시민교육의 방향」, 『시민교육연구』, 50권 4호:197-224.

• 최주한, 2004, 「개조론(改造論)과 근대적 개인 - 1920년대 초반 <開闢>지를 중심으로」, 『어문연구』, 32권 4호:307-326.

• 통계청, 2022, 『2021 한국의 사회지표』, 대전: 통계청.

• 통계청, 2023a, 『2022 한국의 사회지표』, 대전: 통계청

• 통계청, 2023b, 『2023년 사회조사 결과』, 대전: 통계청.

• 통계청, 2023c, 『2022년 사망원인 통계 결과』, 대전: 통계청.

• 하승창, 2015, 『나의 시민 운동 이야기』, 서울: 휴머니스트.

• 『한겨레』, 2024.02.22., 「서울대 자연대 정시 합격생 21% 등록 포기…더 심해진 의대 쏠림」, https://www.hani.co.kr/arti/society/schooling/1129328.html.

• 『한국경제』, 2023.01.27., 「한국 공공복지 지출 증가 속도, OECD 1위」, https://www.hankyung.com/article/2023012784391.

• 『한국경제』, 2024.04.04., 「"공무원보다 연봉 높고 안정적" 역대급 인기…요즘 뜨는 직업」, https://www.hankyung.com/article/2024040408481.

• 한국개발원, 1989, 『한국개발원 경제전망』, 봄호.

• 한국갤럽, 2018, 「데일리 오피니언 (295호)」, (2018.02.22.).

• 한국갤럽, 2019, 「데일리 오피니언 (368호)」, (2019.08.29.).

• 한국갤럽, 2022a, 「데일리 오피니언 (483호)」, (2022.02.18.).

- 한국갤럽, 2022b, 「데일리 오피니언 (486호)」, (2022.03.09.).
- 한국갤럽, 2024a, 「데일리 오피니언 (577호)」, (2024.03.08.).
- 한국갤럽, 2024b, 「한국인이 좋아하는 50가지 2004-2024」, https://www.gallup.co.kr/gallupdb/reportContent.asp?seqNo=1492.
- 한국리서치, 2018, 「평창 올림픽과 대북 인식」, (2018.03.09.), 『여론 속의 여론』, https://hrcopinion.co.kr/archives/11801.
- 『한국일보』, 2014.11.21., 「'IMF 눈물의 비디오' 현장… 행원들 절규 맴돈다」, https://www.hankookilbo.com/News/Read/201411211693418673.
- 한국행정연구원, 2013, 『2013년 한국통합실태조사』, 서울: 한국행정연구원.
- 한국행정연구원, 2024, 『2023년 한국통합실태조사』, 서울: 한국행정연구원.
- 『漢城旬報』, 1883.11.10..
- 헌재결정례정보, 2017.03.10., 「대통령(박근혜) 탄핵」, https://www.law.go.kr/LSW/detcSc.do#licDetc54153.
- 헤겔, 게오르크 빌헬름 프리드리히, 1994, 『법철학』, 서울: 지식산업사, [G. W. F. Hegel, *Grundlinien der Philosophie des Rechts*, Frankfurt am Main: Suhrkamp, 1970]
- 홍일표, 2001, 「이제 다시 위태로운 모험의 기로에 선 한국 시민 운동」, 유팔무·김정훈 편, 『시민사회와 시민 운동 2』, 서울: 도서출판 한울.
- 홍태영, 2015, 「'과잉된 민족'과 '찾을 수 없는 개인': 일민주의와 한국 민족주의의 특수성」, 『한국정치연구』, 24집 3호:87-112.
- 황병주, 2007, 「식민지 시기 '공'의 개념의 확산과 재구성」, 『사회와역사』, 73집:5-44.
- e-나라지표, 2023, 한국교육개발원, 「교육통계분석자료집」, 대전:통계청, https://www.index.go.kr/unity/potal/main/EachDtlPageDetail.do?idx_cd=1520.
- e-나라지표, 2023, OECD, 「GDP 대비 사회복지 지출 비율」, 대전: 통계청,

https://www.index.go.kr/unity/potal/main/EachDtlPageDetail.do?idx_cd=2759#.

- e-나라지표, 2023, 한국교육개발원, 「고등교육기관 졸업자 취업통계연보」, 대전: 통계청, https://www.index.go.kr/unity/potal/main/EachDtlPageDetail.do?idx_cd=1551.
- 『KBS 뉴스』, 1999.04.14., 「5대 그룹, 김대중 대통령 기업 구조조정 경고에 바짝 긴장」, https://news.kbs.co.kr/news/pc/view/view.do?ncd=3800202.
- ST, 1925, 「자유권과 생존권」, 『개벽』, 56호:42-45.

- Alford, C. Fred, 1999, *Think No Evil: Korean Values in the Age of Globalization*, New York: Cornell University Press.
- Beck, Ulich, 1992, *Risk Society: Towards a New Modernity,* translated by Mark Ritter London: Sage Publications.
- Bell, Daniel A., 2011, "Communitarianism: From Philosophy to Politics," 『21세기 시대정신을 찾아서: 공동체자유주의 국제 심포지엄』.
- Bellah, Robert, Richard Madsen, William M. Sullivan, Ann Swidler, and Steven M. Tipton, 1985, *Habits of the Heart: Individualism and Commitment in American Life*, Berkeley: University of California Press.
- Calhoun, Craig, 1997, "Nationalism and the Public Sphere," Jeff Weintraub and Krishan Kumar, eds., *Public and Private in Thought and Practice,* Chicago: University of Chicago Press.
- Carroll, Myles, 2019, "From Nationalist Communitarianism to Fragmentary Neoliberalism: Japan's Crisis of Social Reproduction," *Capital and Class,* Vol. 43, No. 4:637-652.
- Chang, Kyung-Sup, 2014, "Individualization without Individualism: Compressed Modernity and Obfuscated Family Crisis in East Asia," Ochiai Emiko and Hosoya Leo Aoi, eds., *Transformation of the Intimate and the Public in Asian Modernity,* Leiden and Boston: Brill.

- Choi, Jang Jip, 2009, "The Fragility of Liberalism and its Political Consequences in Democratized Korea", *Asea Yonku*, Vol. 52, No. 3:252-272.
- Etzioni, Amitai, ed., 1995, *New Communitarian Thinking: Persons, Virtues, Institutions, and Communities,* Charlottesville: University of Virginia Press.
- *Financial Times,* 1998.02.16.
- Gauthier, David, 1992, "The Liberal Individual," Shlomo Avineri and Avner de-Shalit, eds., *Communitarianism and Individualism,* New York: The University of Oxford press.
- Grieder, Jerom B., 1981, *Intellectuals and the State in Modern China*, New York: Free Press.
- Hobbes, Thomas, 1968, *Leviathan,* C. B. McPherson, ed., New York: Penguin Books.
- Hofstede, Geert H., 1997, *Cultures and Organizations: Software of the Mind,* New York: McGraw-Hill.
- Kant, Immanuel, 1963, *On History,* edited by Lewis White Beck, Indianapolis: Bobbs-Merrill.
- Kim, Dong-no, 1990, "The Transformation of Familism in Modern Korean Society," *International Sociology,* Vol. 5 No. 4:409-425.
- Knight, Kelvin, 2005, "Aristotelianism versus Communitarianism," *Analyse and Kritik,* No. 27:259-273.
- Koo, Hagen and Eun-Mee Kim, 1992. "The Development State and Capital Accumulation in South Korea," Richard Appelbaum and Jeffrey Henderson, eds., *States and Development in the Asian Pacific Rim,* Newbury Park: Sage Publications.
- Krugman, Paul, 1994, "The Myth of Asia's Miracle," *Foreign Affairs,* Vol. 73, Issue 6:62-78.
- Krugman, Paul, 2009, *The Return of Depression Economics and the Crisis of 2008,* New York: W. W. Norton and Co..

- Kulp Jr., D. H,, 1966, *Country Life in South China: The Sociology of Familism,* New York: Columbia University Press.
- Lukes, Steven, 1969, "Durkheim's 'Individualism and the Intellectuals'," *Political Studies,* Vol. 17, No. 1:14-30.
- Lukes, Steven, 1973, *Individualism,* Oxford and New York: Basil Blackwell.
- Marx, Karl, 1967, *Capital Vol. 1: A Critical Analysis of Capitalist Production,* Frederick Engels, ed., New York: International Publishers.
- Marx, Karl, 1970, *Critique of Hegel's Philosophy of Right,* Joseph O'Malley, ed., Cambridge: Cambridge University Press.
- Miller, D. Market, 1990, *State and Community,* Oxford: Clarendon Press.
- *New York Times,* 1997.12.27., "Korean Companies Are Looking Ripe to Foreign Byers."
- Parboteeah, K. Praveen, John B. Cullen, and Lrong Lim, 2004, "Formal Volunteering: A Cross-national Test," *Journal of World Business,* Vol. 39 No. 4:431-441.
- Polanyi, Karl, 1957, *Great Transformation: The Political and Economic Origins of Our Time,* Boston: Beacon Press.
- Sandel, Michael, 1992, "The Procedural Republic and the Unencumbered Self," Shlomo Avineri and Avner de-Shalit, eds., *Communitarianism and Individualism,* Oxford: Oxford University Press.
- Simmel, Georg, 1971, *On Individuality and Social Forms,* Chicago: The University of Chicago Press.
- Smith, Adam, 1937, *The Wealth of Nations,* New York: Modern Library.
- Smith, Anthony, 1986, *The Ethnic Origins of Nations,* Cambridge: Blackwell.
- Song, Bok, 2000, "Concepts of Public and Private in Korean Society," *Korea Focus,* Vol. 8 No. 4:85-90.

- Stiglitz, Joseph E., 2002, *Globalization and Its Discontents,* New York: W. W. Norton and Company.
- Tarrow, Sydney, 1996, "States and Opportunities: The Political Structuring of Social Movements," Doug McAdam, John D. McCarthy and Mayer N. Zald, eds., *Comparative Perspectives on Social Movements*, Cambridge: Cambridge University Press.
- Triandis, H. C. and Michele J. Gelfand, 1998, "Converging Measurement of Horizontal and Vertical Individualism and Collectivism," *Journal of Personality and Social Psychology,* Vol. 74 No. 1:118-128.
- Walzer, Michael, 1995, "The Communitarian Critique of Liberalism," Amitai Etzioni, ed., *New Communitarian Thinking: Persons, Virtues, Institutions and Communities,* Charlottesville: University Press of Virginia.
- Weber, Max, 1976, *The Protestant Ethic and the Spirit of Capitalism,* translated by Talcott Parsons, London: George Allen and Unwin.
- https://fetzer.org/sites/default/files/images/stories/pdf/selfmeasures/CollectiveOrientation.pdf.